Dimitri Speck

DIE GRÖSSTE FINANZ-BLASE ALLER ZEITEN

Dimitri Speck

DIE GRÖSSTE FINANZ-BLASE ALLER ZEITEN

Wieso das globale Finanzsystem in Kürze kollabiert
und wie Sie Ihre Ersparnisse vor Enteignung,
Euro-Crash und Inflation schützen

Bibliografische Information der Deutschen Nationalbibliothek
Die Deutsche Nationalbibliothek verzeichnet diese Publikation in der Deutschen Nationalbibliografie. Detaillierte bibliografische Daten sind im Internet über http://dnb.d-nb.de abrufbar.

Für Fragen und Anregungen
info@finanzbuchverlag.de

Originalausgabe
2. Auflage 2023

Türkenstraße 89
80799 München
Tel.: 089 651285-0
Fax: 089 652096

Verfasst unter Verwendung von Material des Autors aus dem Börsenbrief »Sicheres Geld« des Investor Verlags.

Redaktion: Silvia Kinkel
Umschlaggestaltung: Sonja Vallant
Umschlagabbildung: Wieslaw Smetek
Autorenfoto: Michele Pauty
Satz: Röser MEDIA GmbH & Co. KG, Karlsruhe
Druck: GGP Media GmbH, Pößneck
Printed in Germany

ISBN Print 978-3-95972-547-7
ISBN E-Book (PDF) 978-3-98609-038-8
ISBN E-Book (EPUB, Mobi) 978-3-98609-039-5

INHALT

12.
DROHT DIE GRÖSSTE KRISE ALLER ZEITEN? SO KÖNNEN SIE SICH SCHÜTZEN! 239

VORWORT

Liebe Leserin, lieber Leser,

herzlich Willkommen in der Größten Blase aller Zeiten! In den vergangenen Jahren durchlebten Sie nämlich eine historisch einmalige Epoche: In den 2010er-Jahren fielen beispielsweise die Zinsen auf 0 Prozent und teilweise sogar darunter. Noch nie zuvor in der mehrtausendjährigen Wirtschaftsgeschichte der Menschheit gab es so niedrige Zinsen! Wer sich Geld lieh, musste keine Zinsen zahlen. Wenn das kein Zeichen für besonderen Fortschritt ist! Oder ist es ein Hinweis auf eine besonders große Schieflage des Finanzsystems?

Es gibt noch mehr Merkwürdigkeiten. In den gleichen 2010er-Jahren stiegen nach fundamentalen Kriterien bewertet die Aktien an der Weltleitbörse in den USA auf das höchste Kursniveau ihrer mehrhundertjährigen Geschichte. Hier in Deutschland erreichten die Preise von Immobilien ein nie zuvor gekanntes Bewertungsniveau, und auch viele andere Anlagen weltweit stiegen stark im Preis. Der Reichtum – zumindest einiger Personen – hat extreme Ausmaße angenommen. Keine Zinsen, großer Reichtum: Das Paradies ist angebrochen!

Doch ist dieser Reichtum echt? Oder ist alles nur ein Schein, der irgendwann – vielleicht schon bald! – in sich zusammenfällt? Ein derartiger Zusammenbruch könnte verheerende Folgen für die Wirtschaft sowie das Wohlergehen und den Wohlstand aller haben. Aus welchen

Gründen wäre es dann dazu gekommen, und was droht Ihnen als Anleger und Bürger konkret?

Die Finanzkrise 2008 war ein großer Schock. Die Banken misstrauten einander so sehr, dass sie untereinander den Geschäftsbetrieb einstellten. Die Wirtschaft brach ein. Politiker und Zentralbanker konnten gerade noch den Zusammenbruch von Finanzsystem und Wirtschaft verhindern. Sie sind, vielleicht zu Recht, stolz darauf. Was aber, wenn all ihre Maßnahmen das zugrundeliegende Problem nur kaschiert, aber nicht gelöst haben – und wenn es womöglich sogar größer geworden ist? Dann wäre die Finanzkrise 2008 nur ein Vorbote kommender Verwerfungen, die weitaus gravierender ausfallen könnten.

Doch nicht nur der Reichtum hat extreme Formen angenommen. Zugleich stieg die weltweite Verschuldung auf Rekordniveau. Trotz der starken Entlastung bei den Zinszahlungen gelang es den Schuldnern insgesamt nicht, das Schuldenniveau zurückzuführen. Im Gegenteil: Die niedrigen Zinsen verführten viele Bürger, Unternehmer und Staaten, zusätzliche Kredite aufzunehmen. Das Schuldenkartenhaus wurde weiter ausgebaut. Der paradiesische Reichtum hat anscheinend eine Kehrseite: einen extrem hohen Schuldenstand.

Gibt es einen Zusammenhang zwischen dem Vermögensstand und dem Schuldenstand – und liegt darin vielleicht der Schlüssel zum Verständnis der gegenwärtigen Lage des Finanzsystems? Ein solcher Zusammenhang könnte sogar beim Verständnis des Geld- und Finanzsystems insgesamt helfen. Der extrem hohe Schuldenstand, der sich schrittweise über viele Jahre aufgebaut hat, könnte sich dann als die zugrundeliegende Kraft erweisen, die viele weitere Phänomene erklärt.

Was wir derzeit erleben, ist aber auch nicht völlig neu. Seit der Antike gibt es Finanzexzesse, bei denen steigende Schulden mit steigenden Vermögenspreisen einhergehen. Diese »Finanzblasen« sind alle geplatzt: Entweder fielen die Preise wieder und mit ihnen der hochgebuchte Wohlstand. Oder der Geldwert löste sich hochinflationär auf. Das Ergebnis war dasselbe: Wohlstandsverlust und Rezession.

Der aktuelle Exzess an Schulden und Vermögenspreisen ist ebenfalls eine Finanzblase, wenn auch eine besonders große: Es ist die Größte Blase aller Zeiten, wie Sie sehen werden. Wenn nun aber alle Blasen der Vergangenheit geplatzt sind: Wird dann nicht auch die aktuelle platzen? Da die aktuelle Finanzblase aber die größte der Geschichte ist: Wird dann nicht auch ihr Platzen besonders dramatisch ausfallen?

Bedenken Sie ein wichtiges, oft unterschätztes ökonomisches Gesetz: Zu jeder Schuld gehört ein Gegenstück, das Volumen aller Schulden ist stets exakt gleich hoch dem aller Guthaben und anderer finanzieller Forderungen. Es gibt daher keine Schuldenreduktion ohne Guthabenreduktion. Gebuchter Wohlstand nimmt dabei ab! Einen einfachen Weg aus einer Finanzblase gibt es somit nicht.

Haben auch Sie den Eindruck, dass das Finanzsystem ganz gehörig in eine »Schieflage« geraten ist? Sie liegen richtig. Diese Schieflage beginnt, sich gerade aufzulösen, die steigenden Inflationsraten sind nur der erste Schritt. Dieser Prozess der Auflösung kann viele Jahre dauern und erhebliche finanzielle, wirtschaftliche und politische Verwerfungen mit sich bringen. Dies ist daher nicht die Zeit, Ihre Hände in den Schoß zu legen und abzuwarten. Vielmehr sollten Sie sich vorbereiten – und informieren.

Auf den folgenden Seiten erfahren Sie, dass wir uns tatsächlich in der Größten Blase aller Zeiten befinden, die sich über Jahrzehnte aufgebaut hat, die global ist und die alle Anlageklassen umfasst. Sie lernen die Mechanismen kennen, die zur Entstehung von Blasen im Allgemeinen und der Größten Blase aller Zeiten im Speziellen führten. Ich zeige Ihnen, wie Blasen in der Vergangenheit platzten und wieso auch das Platzen der Größten Blase aller Zeiten unvermeidbar ist. Sie werden erkennen, wieso das Platzen der Finanzblase jetzt droht und mit ihr die Kontraktion von Finanzsystem und Wirtschaft. Außerdem erfahren Sie, was das für Sie als Anleger und Bürger beutet – und wie Sie sich schützen können.

1.

DAS WELTFINANZSYSTEM IST IM GRÖSSTEN FINANZEXZESS ALLER ZEITEN

Stellen Sie sich vor, Sie würden aus der fernen Zukunft in die Zeit Anfang der 2020er-Jahre reisen. Was würden Sie mit Blick auf Wirtschaft und Finanzen sehen? Werfen Sie als Erstes einen kurzen Blick auf die weltgrößte Aktienbörse in den USA: Deren Kurse haben sich seit der Finanzkrise 2008 mehr als verfünffacht. Die Anleger sind wie im Rausch, sie kennen nur steigende Kurse. Geld zu verdienen, scheint problemlos möglich zu sein. Eine große Zahl von Privatanlegern wendet sich erstmals der Börse zu. Viele verwenden riskante Hebelinstrumente, um den Gewinn noch weiter zu steigern. Sie sehen, dass diejenigen, die das nötige Startkapital hatten und rechtzeitig investierten, bereits viel Geld verdient haben. Es scheint ein Boom an den Finanzmärkten vorzuliegen.

Weltweit Preisexzesse bei Immobilien

Blicken wir nun auf den Immobilienmarkt in Deutschland. In diesem gab es jahrzehntelang kaum Bewegung, er galt als sehr konservative Geldanlage. Doch ab etwa 2008 hat sich das radikal geändert. Die Immobilienpreise hierzulande konnten zwar nicht mit den Aktienkursen in den USA mithalten, haben sich aber oft mehr als verdreifacht, was auch unter Berücksichtigung des Zuzugs in dem Zeitraum ein sehr starker Anstieg ist. Die Abbildung zeigt die Entwicklung bei Neubauwohnungen als Index errechnet aus den Angaben für zuletzt 127 deutsche Städte – es fließen also nicht nur die Werte der besonders beliebten Großstädte hier ein. Deutlich erkennbar ist der außergewöhnlich starke Anstieg in den vergangenen Jahren.

Deutschland: Immobilienpreisindex Neubauwohnungen, 1975 bis 2021

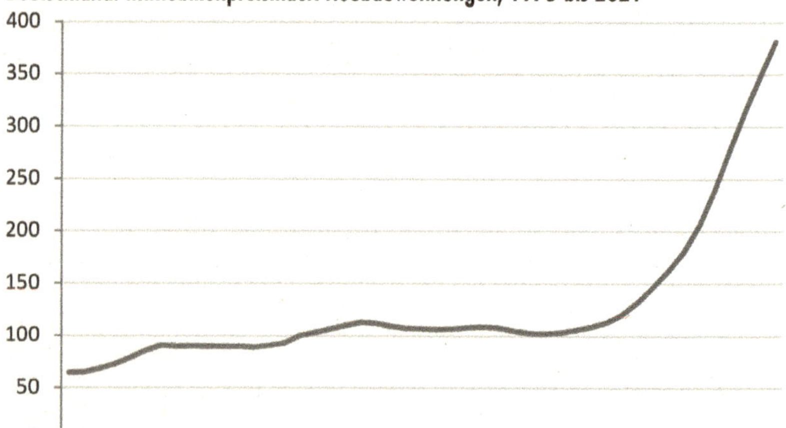

Quellen: BulwienGesa AG, Berechnungen der Deutsche Bundesbank (ab 2003)

Doch der deutsche Immobilienmarkt ist nur einer unter vielen und nicht der größte. Im globalen Maßstab ragt China hervor, neben den

USA die größte Volkswirtschaft der Welt. Dort haben die Immobilienpreise noch stärker »abgehoben« als in Deutschland. Insgesamt betrug der Wert aller Immobilien Chinas Ende 2021 nach Schätzungen der US-Großbank Goldman Sachs 62 Billionen US-Dollar oder umgerechnet zum damaligen Wechselkurs etwa 55 Billionen Euro! Die chinesischen Immobilien kosteten damit fast doppelt so viel wie die US-amerikanischen. Doch diese befanden sich im historischen Vergleich ebenfalls auf einem sehr hohen Preisniveau. Das verdeutlicht Ihnen das gigantische Ausmaß der chinesischen Immobilienblase im globalen Maßstab. In China wurden ganze Städte – sogenannte Geisterstädte – allein zu Spekulationszwecken errichtet und erworben und stehen nun leer.

Dabei beschränkt sich diese Entwicklung nicht auf einzelne Länder. Nach Angaben des britischen Immobiliendienstleisters Savills stieg der Wert aller Immobilien weltweit binnen nur fünf Jahren um 50 Prozent von 217 Billionen im Jahr 2015 auf 326 Billionen US-Dollar[1] im Jahr 2020. Der Immobilienmarkt ist der größte Anlagemarkt überhaupt – noch vor Aktien und festverzinslichen Wertpapieren. Nirgendwo steckt mehr Geld, und dieser große Markt überhitzte stark. Er steckte 2020 in wirtschaftlich wichtigen Weltgegenden – darunter Deutschland, China und den USA – in einer Blase![2] Doch es gibt nicht nur bei Immobilien Rekorde.

1 Ende 2020 entsprach das umgerechnet 265 Billionen Euro, im Juli 2022 fiel der Euro jedoch gegenüber dem US-Dollar auf 1 – ein Wert, mit dem wenigstens leicht zu rechnen ist.

2 Der Begriff »Blase« ist in diesem Zusammenhang besser geeignet als der Begriff »Spekulation«, die jedes auf die Zukunft gerichtete Handeln meint und folglich weiter gefasst ist. Blase ist zwar eine Metapher, aber die Sprache der Ökonomie (wie die anderer Wissenschaften) ist voller Metaphern.

Bitcoin: Der stärkste Kursanstieg aller Zeiten

Einen Blasen-Rekord besonderer Art kann der Shootingstar unter den Geldanlagen für sich beanspruchen: Bitcoin. Hierbei handelt es sich um einen kryptographisch abgesicherten Datenbankeintrag, der dezentral übertragen werden kann. Die Anzahl der Bitcoins ist auf 21 Millionen Stück begrenzt. Das reicht in den Augen einiger Anleger bereits, um Bitcoin als »Geld« anzusehen. Im Juli 2010 war ein Bitcoin für 0,05 USDollar zu haben. Elf Jahre später, am 5. November 2021, lag der Kurs bei 68.521 US-Dollar. Das entspricht einem Anstieg von 137 Millionen Prozent! Der Chart zeigt den Kursverlauf in logarithmischer Skalierung, sodass zwischen zwei horizontalen Linien jeweils eine Verzehnfachung des Kurses liegt. Sie sehen, dass diese Verzehnfachung in der Anfangsphase mitunter binnen weniger Monate stattfand, der Trend sich seitdem aber abgeflacht hat.

Bitcoin in US-Dollar, 2010 bis 2022

Quelle: Coindesk, Yahoo

Beim beispiellosen Anstieg von 137 Millionen Prozent handelt es sich um den stärksten Kursanstieg aller Zeiten. Er ist etwa 100-mal stärker als der zweitstärkste, der der Coca-Cola-Aktie. Somit fällt dieser Blasen-Rekord in unser Zeitalter. Dabei benötigte die Aktie von Coca-Cola für ihren Anstieg fast zehnmal so lange. Außerdem stellt Coca-Cola ein weltweit stark nachgefragtes Produkt her. Bitcoin produziert nichts, außer der Hoffnung auf schnelle Gewinne. Einige Menschen kauften früh und sind durch den Anstieg des Bitcoin-Kurses reich geworden. Die meisten jedoch stiegen später ein und kauften den Früheinsteigern ihre Bitcoins zu hohen Preisen ab. Sie hoffen jetzt auf weitere Gewinne.

Willkommen in der besten Welt aller Zeiten!

Es sieht somit auf den ersten Blick so aus, als wären wir in der besten aller Zeiten angekommen. Viele Menschen sind zufrieden, wenn sie vom Anstieg bei Aktien, Immobilien oder Bitcoins profitiert haben. Der Wohlstand nahm zu. Die Übrigen hatten dadurch zumindest keinen offensichtlichen Schaden. Insgesamt können sich die Bürger so reich fühlen wie nie zuvor.

Das alles passiert nur ein gutes Jahrzehnt nach der schweren Finanzkrise 2008, als die Banken am Abgrund und das Finanzsystem vor dem Kollaps stand. Couragierte Zentralbanker führten den Zins auf 0 Prozent zurück, die Krise wurde überwunden und diese paradiesischen Zeiten eingeleitet – so sieht es zumindest aus.

Aber wieso ist vorher noch nie jemand auf die Idee gekommen, mit Nullzinsen die Menschheit zu beglücken? Sind wir wirklich so viel fortschrittlicher? Oder erliegen wir bloß einer Illusion, sind in Wahrheit nicht reich und werden bald böse aus unseren schönen Träumen erwachen? Es stellt sich somit die Frage, ob wir besonders fortschrittlich und genial oder lediglich gewiefter im Betrügen und Selbstbetrügen sind. Doch sehen wir uns zuvor noch weitere Märkte an, die im historischen Vergleich Rekorde aufweisen.

Wie teuer sind US-Aktien im historischen Vergleich?

Der US-Aktienmarkt ist der bedeutendste der Welt. Seit den 1920er-Jahren dominieren die USA die Weltwirtschaft. Anfang 2022 machte der Wert aller US-Aktien etwa 43 Prozent des Wertes aller Aktien weltweit aus. Das Kursniveau der US-Aktien ist somit von globaler Bedeutung.

Doch wie hoch stiegen die Preise der US-Aktienunternehmen im historischen Vergleich? Mit einem bloßen Zahlenvergleich kann angesichts des Wirtschaftswachstums und der laufenden Geldentwertung keine Aussage zur Bewertung getroffen werden. Ein Unternehmen produziert heute in der Regel mehr als vor beispielsweise 50 Jahren, und es kann wegen der Inflation höhere Preise für seine Produkte verlangen. Daher ist ein höherer Unternehmenswert gerechtfertigt und ein Kursanstieg berechtigt.

Für einen historischen Vergleich müssen deshalb die Unternehmenspreise in Relation zu einer anderen Größe gesetzt werden. Da bei Unternehmen nicht nur Gewinne, sondern auch andere Größen wie der Umsatz im konjunkturellen Ablauf schwanken, nehmen wir eine andere Bezugsgröße: die Wirtschaftsleistung eines Landes. Dies geschieht in Form des Bruttoinlandsprodukts (BIPs), in das alle Waren und Dienstleistungen eingehen, die innerhalb eines Jahres erbracht werden.

Damit haben wir eine Kennzahl, die ohne subjektive Einflüsse direkt den gesamten Aktienmarkt bewertet. Mit ihr können wir historische Vergleiche anstellen. Je mehr alle Aktien in Relation zur Wirtschaftsleistung kosten, desto eher sind sie überbewertet. Die Kennzahl ist weitgehend unabhängig von kurzfristigen Schwankungen der Konjunktur. Die nachfolgende Abbildung zeigt den Börsenwert, die Marktkapitalisierung, aller US-Aktien, in Relation zum BIP ab 1885 in Prozent.

US-Aktien: Verhältnis der Marktkapitalisierung zum BIP, 1885 bis 2022

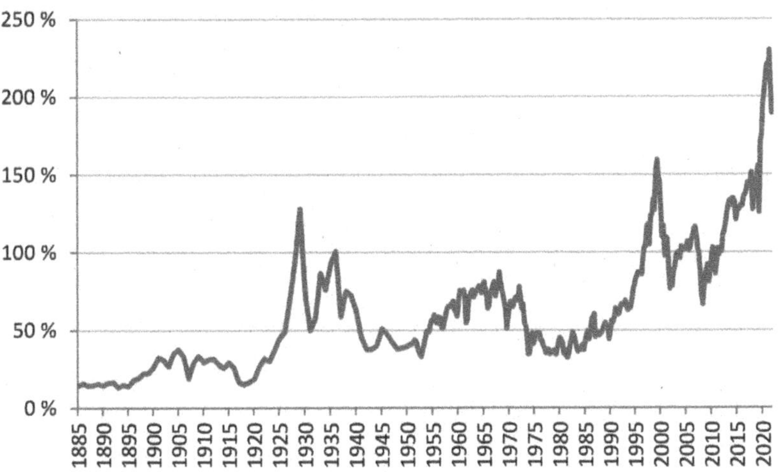

Quellen: CRSP, FED, FRED, eigene Berechnungen und Schätzungen

Sehen Sie sich nun an, wo diese Kennzahl Anfang 2022 stand: auf dem Allzeithoch! Alle US-Unternehmen zusammen kosteten über 200 Prozent der jährlichen US-Wirtschaftsleistung. Anfang der 1980er-Jahre oder in den 1950er-Jahren stand der Wert bei etwa 30 Prozent. Die Aktien in den USA waren Anfang 2022 in Relation dazu mehr als siebenmal so teuer! Wohlgemerkt: Diese Angabe ist durch die

Anwendung dieser Kennzahl um Inflation[3] und Wirtschaftswachstum bereinigt. Der Anstieg der Aktienbewertung ist somit keinem Wachstum geschuldet. In der Vergangenheit haben sich solche Überbewertungen dementsprechend auch wieder abgebaut, der Wert der Aktien ging relativ zur Wirtschaftsleistung wieder zurück.

Diese Kennzahl stand auch deutlich über dem Niveau von 2000, dem Höhepunkt der Blase vor allem bei den Technologieaktien. In den darauffolgenden Jahren verloren US-Aktien im Mittel etwa 50 Prozent, die Technologiewerte in der Spitze sogar fast 85 Prozent. Sie kamen aber nicht wieder auf das tiefe Ausgangsniveau von Anfang 1980 zurück. Die Aktienkurse stehen fundamental bewertet auch deutlich höher als 1929. Damals kam es im Anschluss an die hohe Bewertung zum Aktienkrach mit Kursverlusten von bis zu 90 Prozent. Anfang 2022 stand die Kennzahl noch höher, die Aktien sind somit noch stärker überbewertet!

Anfang 2022 standen die Aktienkurse des wichtigsten Aktienmarktes der Welt relativ zur Wirtschaftskraft somit so hoch wie nie zuvor. Die US-Aktienkurse befanden sich in der größten Blase ihrer Geschichte! Der Anstieg begann Anfang der 1980er-Jahre. Bisherige Korrekturen wie der Aktienkrach 1987, die Baisse nach 2000 und die Finanzkrise ab 2008 haben diesen Aufwärtstrend jeweils nur vorübergehend unterbrochen.

Der Aufbau dieser Blase zog sich somit seit 40 Jahren hin und ist das Werk mehrerer Generationen. Das ist einmalig in der Weltgeschichte, bisherige Blasen wie etwa die am US-Aktienmarkt von 1925 bis 1929 dauerten nur wenige Jahre. Seinerzeit kam es im Anschluss zu einer schweren wirtschaftlichen Depression, die weltweit viele Men-

---

3 Im gebräuchlichen Sinne der Teuerung, nicht im wörtlichen der Aufblähung. Des Weiteren beziehe ich den Begriff auf die Konsumenten- und nicht die Anlagepreise (etwa von Aktien). Umgekehrt ist eine Deflation ein Rückgang der Konsumentenpreise, nicht bloß eine Seitwärtsbewegung (wie der Begriff für Japan mitunter gebraucht wird).

schen in die Verarmung und die Arbeitslosigkeit schickte. Droht beim Abbau der aktuellen Blase Ähnliches, womöglich gar Schlimmeres?

Die Zinsen sind sogar auf dem tiefsten Stand seit 5000 Jahren!

Mit Aktien und Immobilien stehen die beiden größten Sachanlagen preislich auf historischem Extremniveau. Hohe Vermögenspreise kommen aber nicht von allein. Sie werden von einem finanziellen Umfeld begleitet, das diese Blasen hervorruft. In ihm liegt das eigentliche Kernproblem, und es droht, noch viel Kummer zu bereiten. Denn Blasen wie die der 1920er-Jahre sind nicht deswegen problematisch, weil die Kurse steigen. Vielmehr werden sie durch Kräfte hervorgebracht, die zeitverzögert entgegengesetzt wirken und dadurch Krisen verursachen.

Um zu erfassen, in welcher Schieflage sich das Finanzsystem befindet, sehen wir uns nun den Zins an. Die Abbildung zeigt dazu den Zins über den sehr langen Zeitraum der vergangenen 5000 Jahre. Diesen langen Zeitraum habe ich gewählt, um untersuchen zu können, ob die aktuelle Situation wirklich einmalig extrem ist. Verwendet wurden – 20:1 komprimiert dargestellt – Zinsen aus Mesopotamien, Griechenland, Rom, Byzanz, und dann mit jährlichen Daten aus Italien ab 1310, aus Großbritannien ab 1727 und aus Deutschland ab 1900 (ohne Kriegs- und Hyperinflationszeiten).

Langfristige Zinssätze: Antike, Italien, Großbritannien, Deutschland

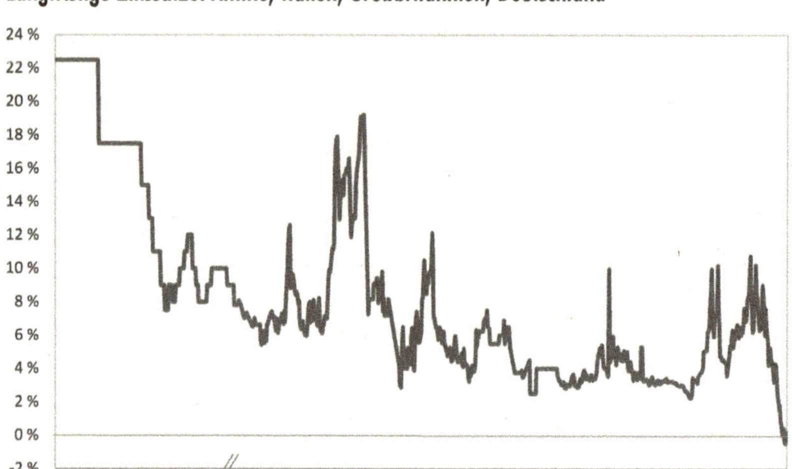

Quellen: Homer und Sylla, Paul Schmelzing, Deutsche Bundesbank

Wie Sie sehen, pendelte sich der Zins ab etwa dem Jahr 1500 unter Schwankungen im Mittel bei circa 4 Prozent ein. In den vergangenen fünf Jahrhunderten hatten wir also ein relativ konstantes Zinsniveau. Wenn die Inflation höher lag, wie Mitte der 1970er-Jahre, lag der Zins auch schon mal bei 10 Prozent. In der Antike lag er noch höher, wobei die Datenlage dünn ist und sich die Verhältnisse damals von den heutigen unterschieden. Auf jeden Fall lag der Zins über fünf Jahrtausende stets über 2 Prozent. Lediglich in den vergangenen Jahren fiel der Zins tiefer, erreichte die eingezeichnete Nullmarke und dann sogar negative Werte!

Erstmals wurden Schuldner dafür bezahlt, dass sie Schulden aufnahmen. Das gab es, von wenigen Sondersituationen wie in der Schweiz in den 1970er-Jahren abgesehen, noch nie in größeren Wirtschaftsräumen. Es hat sich also etwa Neues ergeben, etwas, das es in 5000 Jahren moderner Wirtschaftsgeschichte mit Kapitalanlagen, Eigentum, verbrieften Schuldverschreibungen und Zins zuvor nicht gegeben hat. Doch was ist so extrem an der heutigen Zeit?

Die weltweite Verschuldung ist auf Allzeithoch

Die ersten Punkte betrafen Kapitalanlagen. Die erste Abbildung zeigte Ihnen dazu den stark gestiegenen deutschen Immobilienmarkt, die zweite mit Bitcoin das am stärksten spekulativ gestiegene Wertpapier aller Zeiten. Dann legte die Dritte dar, dass die Preise für US-Aktien selbst gemessen relativ zur Wirtschaftsleistung auf Allzeithoch gestiegen waren. Die letzte Abbildung zeigte Ihnen nun, dass der Zins für Finanzanlagen auf Allzeittief ist. Wir sehen also eine historische Ausnahmesituation in wichtigen Anlagebereichen. Doch was ist der tiefere Grund hinter all diesen Extremen?

Wenden wir uns daher als Nächstes den finanziellen Verhältnissen in der Welt zu. Die nächste Abbildung weist die Welt-Gesamtverschuldung ab 1950 aus. Sie wird wie bei der Aktienbewertung relativ zur Wirtschaftsleistung, dem Weltsozialprodukt, gesetzt, da die Wirtschaft wuchs und der Geldwert geringer wurde. Die Abbildung umfasst die Schulden aller Wirtschaftssubjekte, also aller Staaten, privaten Haushalte und Unternehmen der Welt und nicht nur die der Staaten wie oft üblich.[4]

4 Nicht berücksichtigt sind die Schulden der Banken, um Doppelzählungen zu vermeiden, und Rentenverpflichtungen, da die zugehörigen Forderungen nicht verbrieft sind.

Globale Verschuldung relativ zum Weltsozialprodukt, 1950 bis 2021

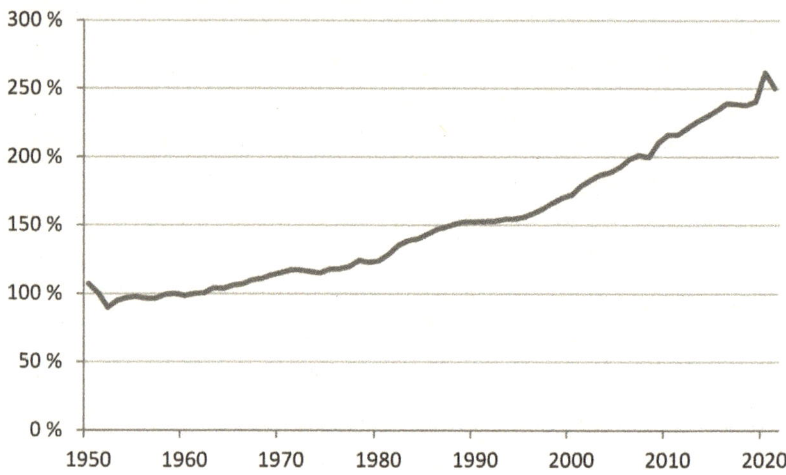

Quellen: Nationale Notenbanken, IWF, IIF, BIZ, EZB Weltbank, eigene Berechnungen und Schätzungen

Wie Sie sehen, sind wir auch hier auf einem extrem hohen Niveau angekommen. Der weltweite Schuldenstand lag 2021 bei etwa 250 Prozent des Weltsozialprodukts und damit etwa zweieinhalb Mal so hoch wie in den 1950er- und 1960er-Jahren. In der Nachkriegszeit handelt es sich um einen Rekordwert. Für die Zeit zuvor ist die Datenlage zu dürftig für eine valide Schätzung. Es ist aber möglich, dass der globale Schuldenstand in Kriegszeiten – vor allem am Ende des Zweiten Weltkrieges – aufgrund von Kriegsschulden und Zerstörungen ähnlich hoch war. Aber dies war nur kurzfristig, denn es folgte dann sogleich eine Entschuldung durch Währungszerrüttungen (Hyperinflation oder Währungsreformen). Auch der globale Schuldenstand in Friedenszeiten steht somit bereinigt gemessen auf Allzeithoch! Ist er vielleicht der Schlüssel zu den gleichzeitig hohen Anlagepreisen und der Spekulationsmanie?

Beachten Sie zudem, dass die Linie des Schuldenstandes im Wesentlichen nach oben weist. Es gab nur wenige kurze Unterbrechungen, in denen sie seitwärts lief oder kurz fiel. Im Großen und Ganzen stiegen die Kurve und damit das Volumen der Schulden schneller als die nominelle Wirtschaftsleistung (also als das reale Bruttosozialprodukt zuzüglich Inflation).

In den 1950er- und 1960er-Jahren stieg die Linie nur moderat. Damals wuchs die Wirtschaft ordentlich. Vor allem aber war der Schuldenstand niedrig. Das bedeutet, es mussten kaum neue Schulden aufgenommen werden, um die bestehenden Schulden zu bedienen. Dies konnte aus der Realwirtschaft selbst erfolgen, die ja umgekehrt relativ zu den Schulden größer war. Hohe Schuldenstände erzwingen regelrecht neue Schulden, um die bisherigen zu bedienen. Seitdem stieg das Schuldenniveau immer weiter.

Wichtig: Die Schulden stiegen auch nach der Finanzkrise 2008, als die Zinsen weltweit sehr stark gedrückt wurden und bei 0 Prozent oder darunter lagen. Obwohl daher die Schuldner kaum Zinsen zahlen mussten und den ersparten Betrag zur Tilgung hätten verwenden können, stieg die Verschuldung. Der Grund: Die niedrigen Zinsen verleiteten zur Schuldenaufnahme und zur Verschwendung! Immobilienkäufer waren wegen des niedrigen Zinses eher bereit, Hypotheken aufzunehmen, Politiker hatten keinen Anreiz, sparsam zu haushalten, und Unternehmen nahmen Kredite für nicht-produktive Zwecke wie den Kauf eigener Aktien auf.

In den vergangenen 50 Jahren gelang es somit tragischerweise nicht, die Verschuldung relativ zur Wirtschaftsleistung, aus der letztlich die Schulden bedient werden müssen, zu senken. Selbst in den Jahren nach 2008 glückte es nicht, als die Zinsen bei 0 Prozent lagen und eine reguläre Rückführung durch Tilgung und Wirtschaftswachstum noch am ehesten möglich gewesen wäre. Die Dynamik der Schulden weist somit eine verheerende Tendenz auf. Eine reguläre

Zurückführung erscheint auf dem erreichten hohen Niveau de facto unmöglich.

Die Welt steckt in der Größten Finanzblase aller Zeiten

Doch liegt tatsächlich die »Größte Blase aller Zeiten« vor? Die Frage lässt sich nun beantworten. Sie ist von großer Bedeutung zum Verständnis des Finanzsystems, aber auch der Lehren, die daraus gezogen werden können. Diese betreffen auch Sie als Anleger und Bürger, denn das Platzen der Größten Blase aller Zeiten wird nicht ohne weitreichende soziale und wirtschaftliche Folgen bleiben. Vielleicht gelingt es aber auch, mit den richtigen Schlussfolgerungen, im kommenden Zyklus in den kommenden Jahrzehnten das Bilden einer erneuten Mega-Blase zu verhindern. Bewerten wir nun abschließend die fünf genannten wichtigen Bereiche in Bezug darauf, ob sie in der bisherigen Geschichte Extremwerte aufweisen:

1.) Die Immobilienpreise haben trotz aller regionalen Unterschiede insgesamt weltweit ein extrem hohes Niveau erreicht. Die Verhältnisse in China, immerhin eine der beiden größten Volkswirtschaften der Welt, sind regelrecht absurd. Aber auch in anderen großen Ländern liegen starke Übertreibungen vor.

2.) Der größte Aktienmarkt der Welt, der der USA, ist im historischen Vergleich deutlich höher bewertet als bei früheren Exzessen. Das Bewertungsniveau übertrifft selbst die »Goldenen Zwanziger«, die bisher als Maßstab der Übertreibung herhalten mussten (und auf die die schwere Depression der 1930er-Jahre folgte), und die Technologieblase bis zur Jahrtausendwende.

3.) Ein Datenbankeintrag namens Bitcoin erzielt in nur elf Jahren den mit Abstand größten Kursgewinn aller Zeiten. Die spekulative Euphorie kennt kein Halten, es kommt zu extremen Exzessen. Diese Exzesse übertreffen historische Vorläufer wie die »Tulpenmanie«, bei der in den 1630er-Jahren in Holland Tulpenzwiebeln zu horrenden Preisen gehandelt wurden. Deren Kursgewinne waren aber weit geringer, sie waren regional eingegrenzter, und Tulpenzwiebeln haben – bei aller Preis-Übertreibung damals – wenigstens einen Substanzwert.

4.) Die Zinsen fielen auf 0 Prozent und sogar darunter. Es handelt sich um die niedrigsten Zinsen der vergangenen 5000 Jahre. Nichts kann deutlicher zeigen, dass das Finanzsystem in einer extremen Lage ist. Der Zins ist der wichtigste Preis im Finanzbereich. Sein Extremwert betrifft aber nicht nur Anleger, wie viele Beobachter meinen. Auf der Schuldnerseite sind Staaten und Investoren betroffen, die Darlehen aufnehmen und die Mittel investieren, und in der Folge deren Investitionsströme. Die Bedeutung des rekordtiefen Zinses kann kaum überschätzt werden.

5.) Zugleich sind mit den hohen Anlagepreisen, den spekulativen Exzessen und dem Niedrigzins die weltweiten Schulden relativ zur Wirtschaftsleistung auf den höchsten Stand zumindest seit dem Zweiten Weltkrieg gestiegen. Liegt im Schuldenniveau der Schlüssel, der alle genannten Sachverhalte verknüpft?

Es sieht somit ganz danach aus, dass die gegenwärtige Ära im historischen Vergleich außergewöhnlich ist. Der gebuchte Wohlstand in Immobilien und Aktien ist sehr hoch, mit Bitcoin gab es die extremste spekulative Kurssteigerung in einem Einzelwert, und auf der Finanzseite sind die Zinsen so niedrig wie nie in der Wirtschaftsgeschichte. Zugleich sind die Schulden auf Höchststand. Exzessiv hoch gehandelte Vermögen, zugleich niedrigste Zinsen und hohe Schulden sprechen somit dafür, dass wir tatsächlich in der Größten Blase aller Zeiten stecken.

Doch kommen wir zurück zu den Anlagepreisen, die auf Rekordhoch stehen und die Investoren freuen. Sind die hohen Vermögenswerte womöglich nur hochgebucht? Dieses Phänomen heißt Finanzblase oder einfach Blase. Damit definiere ich diesen Begriff nicht wie meist üblich als sehr starken Anstieg der Vermögenspreise, sondern über den Anstieg des Anscheins von Reichtum. Die Gegenthese zum beinahe paradiesischen Wohlstand lautet somit, dass es sich weitgehend bloß um Scheinreichtum handelt. Doch gibt es das Phänomen des Scheinreichtums überhaupt?

2.

DIE 2 FORMEN DES SCHEINREICHTUMS

Es geht beim Begriff »Scheinreichtum« nicht darum, zwischen Sach- und Finanzwerten zu unterscheiden. Manche Kritiker des Finanzsystems lehnen schließlich weitgehend alles ab, was mit Finanzen zu tun hat, seien es Banken, Schulden, unsere kreditbasierten Währungen oder Zinsen. Andere wiederum, speziell in den USA, sehen undifferenziert alles als »Assets«, als Vermögen, wie aufgebläht auch immer diese Vermögenswerte sein mögen.

»Scheinreichtum« bezieht sich auf jeden Reichtum, der in der Volkswirtschaft durch bloßen Buchungsvorgang entsteht. Der Begriff bezieht sich somit auf die Gesamtheit und nicht den einzelnen Wirtschaftsteilnehmer. Ein Kredit selbst führt nicht zu Scheinreichtum, denn zu jedem Gläubiger gehört ein Schuldner, und die Beträge auf der Gläubigerseite und der Schuldnerseite gleichen einander aus. Beide Formen des Scheinreichtums entstehen nichtsdestoweniger zusammen mit Krediten, und zwar bei Neuverschuldungsvorgängen: der eine bei Blasen,[5] der andere bei der Staatsverschuldung. Wenden wir uns als Erstes den Blasen zu, die – scheinbar! – so viele Menschen reich gemacht haben.

Blasen kamen in der Wirtschaftsgeschichte häufig vor

Die Wirtschaftsgeschichte ist voller Blasen: Es gab um 1635 die erwähnte Blase mit Tulpenzwiebeln in Holland, 1720 die Mississippi- und zugleich die Südseeblase, um 1760 einen Boom in Preußen, um 1835 den Landboom in den Vereinigten Staaten und ein Jahrzehnt später den Eisenbahnboom in Deutschland. Die bereits erwähnten Blasen in den 1920er-Jahren und vor der Jahrtausendwende bei den Technologieaktien, bei der viele Kurse raketenartig nach oben schossen, gehören zu den bekanntesten. Doch wie entstehen diese Blasen, und inwiefern handelt es sich um Scheinreichtum?

Schuldenaufnahme treibt Immobilienpreise

Sehen wir uns dazu als Erstes am Beispiel von Immobilien an, welche Preise auf Anlagegüter wirken. Natürlich gibt es verschiedene Einflüsse auf die Preise am Immobilienmarkt wie beispielsweise Zu- oder

5 Die Erwähnung von Scheinreichtum bei Blasen finden wir 1818 von Lord Liverpool (dem späteren britischen Premierminister) im Kontext des Papiergeldes: »Die Tendenz eines ungedeckten Papiergeldes besteht darin, fiktiven Reichtum zu schaffen, Blasen, die bei ihrem Platzen Schwierigkeiten verursachen« (»The tendency of an inconvertible paper money is to create fictitious wealth, bubbles, which by their bursting, produce inconvenience«). Aus: Hansard, Thomas: The parliamentary debates from the year 1803 to the present time, Band 38, London 1818, S. 948.

Wegzug, Bautätigkeit oder Bevölkerungswachstum. Doch zum Verständnis von Blasen an den Anlagemärkten ist ein ganz anderer, oft unterschätzter Einflussfaktor maßgeblich: die Neuverschuldung.

Die Abbildung zeigt den Zusammenhang zwischen Neuverschuldung und Immobilienpreisen von 1976 bis 2020 in den USA.[6] Die durchgehende Linie zeigt die jährlichen Preisänderungen in Prozent bei Immobilien. Die gestrichelte Linie weist aus, wie sich das Volumen der Hypotheken im Vergleich zum Vorjahr veränderte. Sie können einen deutlichen Zusammenhang erkennen: Je stärker das Hypothekenwachstum, je stärker also die Neuverschuldung zum Zwecke eines Hauskaufs, desto stärker stiegen die Preise – und umgekehrt. Was ist der Grund dafür?

USA: Wachstum Hypotheken vs. Immobilienpreise, 1976 bis 2020

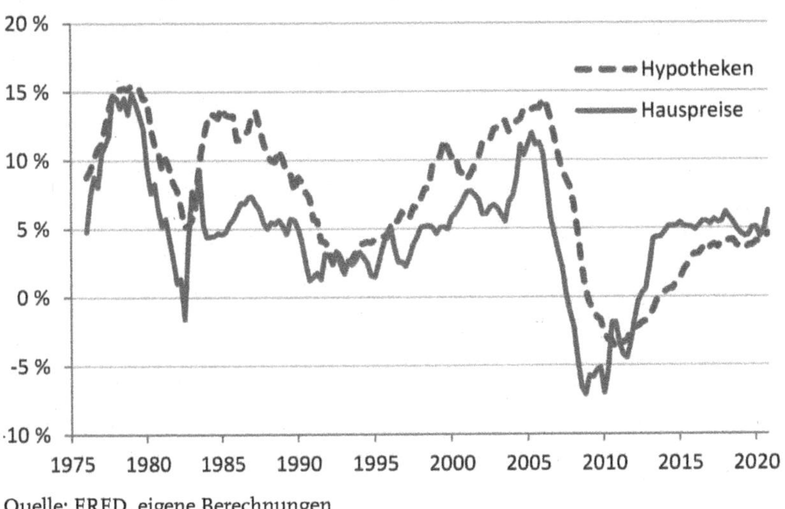

Quelle: FRED, eigene Berechnungen

6 Vor einer corona- und geldmengenbedingten Sonderbewegung 2021.

Kreditfinanzierte Käufe können Scheinreichtum schaffen

Sehen wir uns dazu einen einzelnen kreditfinanzierten Immobilienkauf genauer an: Nehmen wir an, Sie als Person »A« hätten 100.000 Euro auf dem Konto und wollten ein Haus kaufen, das 200.000 Euro kostet und Person »B« gehört. Sie als künftiger Käufer und der spätere Verkäufer haben somit zusammen ein Vermögen von 300.000 Euro. Jetzt gehen Sie zur Bank, leihen sich 100.000 Euro und kaufen das Haus. Die Vermögensbilanz beider Parteien lautet nun wie folgt: Sie besitzen das Haus für 200.000 Euro und haben Schulden über 100.000 Euro, nach Abzug der Schulden beträgt Ihr Vermögen 100.000 Euro. Der Verkäufer hat nun die 200.000 Euro auf seinem Konto. Das Gesamtvermögen beider Beteiligter beträgt somit erneut 300.000 Euro. Dies war zu erwarten, denn es wurden keine Werte geschöpft.

Allerdings gilt dies nur in der statischen Betrachtung des Einzelfalls. Die reale Welt ist aber dynamisch, und es gibt viele einzelne Fälle. Betrachten wir den kreditfinanzierten Kauf deshalb erneut: Die Kreditfinanzierung hat den Kauf doch erst ermöglicht! Ohne sie hätten Sie das Haus nicht erwerben können. Die Kreditfinanzierung selbst hat somit Nachfrage ermöglicht. Zusätzliche Nachfrage erhöht aber nach dem Gesetz von Angebot und Nachfrage den Preis!

Obwohl also im Einzelfall und in einer statischen Betrachtung das Gesamtvermögen beider Beteiligter vor und nach dem Kauf exakt gleich hoch war, ändert es sich in einer dynamischen Welt mit vielen kreditfinanzierten Käufen. Tatsächlich sorgen die kreditfinanzierten Käufe für einen Anstieg des Preisniveaus. Wenn also viele Personen Kredite aufnehmen, um Häuser zu erwerben, steigen deren Preise. Sie tun dies, ohne dass sich real etwas geändert hätte. Die Kreditfinanzierung ist der einzige Grund des Preisanstiegs!

Wenn nun beispielsweise der Wert Ihres Hauses durch viele kreditfinanzierte Käufe in Ihrer Umgebung von 200.000 Euro auf 300.000 Euro steigen sollte, bedeutet das auch für die Vermögensbilanz einen Anstieg um 100.000 Euro. Da Ihre Schulden und der Kontostand des Verkäufers unverändert bleiben, hat sich das Gesamtvermögen beider Beteiligter auf nun 400.000 Euro erhöht! Es kam somit zu einem Vermögenszuwachs von 100.000 Euro, ohne dass jemand auch nur einen Finger gekrümmt und etwas Reales hergestellt hätte.

Vermögensbilanz beim Immobilienkauf

Immobilienkauf auf Kredit		Vorher	Nachher	in Blase
Person A	Guthaben:	100.000 €	-100.000 €	-100.000 €
	Immobilie:		200.000 €	300.000 €
Person B	Guthaben:		200.000 €	200.000 €
	Immobilie:	200.000 €		
Gesamtvermögen beider:		300.000 €	300.000 €	400.000 €

Bewirkt wurde dieser Vermögenszuwachs, indem zusätzliche Käufe, die durch zusätzliche Kredite überhaupt erst ermöglicht wurden, die Preise der Immobilien steigen ließen. Kreditfinanzierte Käufe haben somit zu einem Anstieg des Preisniveaus der Immobilien und damit des Gesamtvermögens geführt. Ansonsten hat sich in der realen Welt nichts geändert, es gab keinen Zuzug, keine bauliche Verbesserung der Immobilien oder dergleichen. Somit haben kreditfinanzierte Käufe Scheinreichtum erzeugt!

Blasen entwickeln eine Eigendynamik

In der realen Welt gibt es natürlich nicht nur kreditfinanzierte Käufe, sondern auch Tilgungen von Krediten, Vermögensumschichtungen und dergleichen mehr. Das alles kann auch eine stabile Entwicklung darstellen, sofern sich das Kreditvolumen nicht überproportional erhöht. Das Beispiel der vielen kreditfinanzierten Hauskäufe bei ansonsten unveränderten Bedingungen zeigt aber deutlich die Entstehung von Scheinreichtum. Durch viele Kreditaufnahmen werden zusätzliche Zahlungsmittel geschaffen, die die Nachfrage erhöhen und in Folge die Preise.

Dieser Vorgang wiederum kann eine Eigendynamik bei der Erschaffung von Scheinreichtum entwickeln. Denn auch wenn es sich um Scheinreichtum handelt und durch ihn in der gesamten Volkswirtschaft keine realen Werte geschaffen wurden, so ist für den einzelnen Marktteilnehmer der Buchgewinn doch ein realer Gewinn. Er kann sich sogar mehr leisten, denn der Anstieg der Immobilienpreise im Beispiel ist erstmal völlig unabhängig von der Entwicklung bei den Konsumentenpreisen.

Kreislauf zum Exzess

Dadurch bewirken die durch zusätzliche kreditfinanzierte Käufe steigenden Immobilienpreise aber einen Anreiz für weitere kreditfinanzierte Immobilienkäufe. Es müssen nur Schulden aufgenommen und damit ausreichend viele Häuser gekauft werden, sodass deren Preis steigt. Für die Käufer entsteht dadurch ein Gewinn, auch wenn dieser für die Gemeinschaft nur einen Scheingewinn darstellt. Jeder Gewinn regt wiederum kreditfinanzierte Folgekäufe an. Die Preise steigen immer weiter. Der Vorgang ist dynamisch, der Wert der Immobilien im

Beispiel springt also nicht auf einen Schlag um 100.000 Euro nach oben. Vielmehr steigen die Preise durch immer weitere Kreditaufnahmen und damit finanzierte Käufe und Anschlusskäufe sukzessive nach oben. Da diese Blase nicht durch Vermögensumschichtungen, sondern durch Kredite entsteht, handelt es sich um eine kreditfinanzierte Blase.

Kreditfinanzierte Blasen sind somit selbstrentabel. Daraus folgt der typische Blaseneffekt, dass sich Blasen selbst verstärken und den Scheinreichtum immer weiter vergrößern. Die Abbildung verdeutlicht den sich selbst verstärkenden Kreislauf bei einer kreditfinanzierten Blase.

Kreislauf der kreditfinanzierten Blase

Das ist nicht nur Theorie, sondern vielfach gelebte Praxis – die Geschichtsbücher sind voll davon, und die Gegenwart ist davon geprägt. Dieser Mechanismus der Blasenentstehung hat das Leben vieler Menschen entscheidend geprägt, einige reich gemacht, andere ruiniert, bei Dritten die Berufswahl bestimmt. Er hat ganze Nationen und jetzt sogar die Menschheit auf andere Wege – beziehungsweise Abwege – gebracht.

Denn der in Blasen gebuchte Scheinreichtum beeinflusst Vermögensverhältnisse und viele gravierende Entscheidungen; dazu später mehr. Zudem sind Blasen bisher immer geplatzt, was erhebliche wirtschaftliche und soziale Verwerfungen zur Folge hatte; auch dazu später mehr. Damit droht aber infolge der Größten Blase aller Zeiten auch das Größte Blasenplatzen aller Zeiten und entsprechend gigantische Verwerfungen, und das global; auch hierzu später mehr. Nun erst einmal zu konkreten Beispielen, bei denen der Blasenmechanismus gewirkt hat.

Wie der Kamelmarkt in Kuwait zur drittgrößten Börse der Welt wurde

Die reale Welt ist komplexer als das abstrakte Immobilien-Beispiel. Es gibt die doppelte Buchführung, Banken und Zentralbanken und vor allem eine Vielfalt von Einflüssen auf die Preise. Funktionieren Blasen auch in der Realität wie geschildert? Zum Glück gibt es einen Markt in moderner Zeit, an dem sich unverfälscht und klar das Blasenphänomen zeigen lässt: den früheren Kamelmarkt in Kuwait Anfang der

1980er-Jahre. Dort kam es zu einer der spektakulärsten Blasen der Geschichte.[7]

Die Blase in dem Scheichtum entstand beinahe beiläufig. Seit den 1970er-Jahren schwamm Kuwait in immer mehr Geld. Schließlich sitzt das kleine Land auf großen Ölreserven, und im Zuge der ersten Ölkrise 1973 hatte sich der Ölpreis mehr als verdreifacht. Dem folgten in den Jahren danach weitere Ölpreisanstiege. Die Einnahmen explodierten regelrecht und steigerten den Wohlstand des kleinen Volkes. Die Bürger suchten für das viele Geld nach Anlagemöglichkeiten, was zu einem Börsenboom führte. An der Hauptbörse in Kuwait kam es allein von Januar 1976 bis April 1982 zu einer Verachtfachung der Kurse.[8]

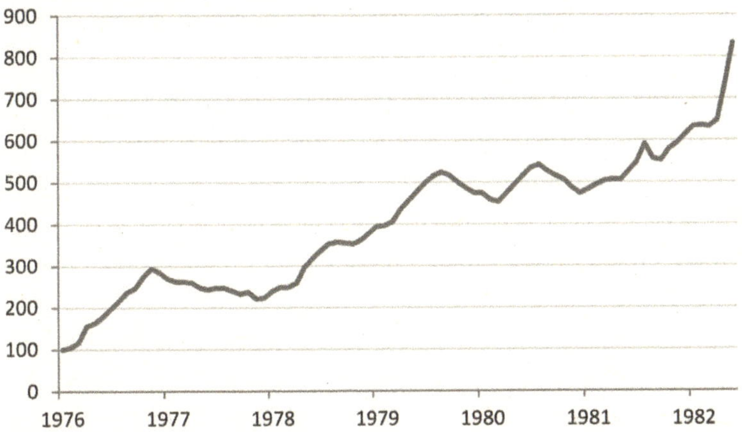

Quelle: Fida Darwiche, eigene Berechnungen

7 Die Angaben in diesem Kapitel entstammen Darwiche, Fida: The Gulf Stock Exchange Crash. The Rise and Fall of the Souq Al-Manakh, London u. a. 1986, und Veneroso, Frank; Pasquali, Mark: »The Souk Al-Manakh: The Anatomy of a Pure Price-Chasing Bubble«, Levy Economics Institute Working Paper Nr. 987, New York März 2021.

8 Frühere Kurse liegen mir nicht vor, das genaue Ausmaß des gesamten Anstiegs bleibt unbekannt.

Allerdings wurde die Hauptbörse von den Aufsichtsbehörden zunehmend reguliert. Daher wichen immer mehr Anleger und Emittenten von Wertpapieren auf den ehemaligen Kamelmarkt mit dem Namen »Souk al-Manakh« aus, der sich auf Unternehmen der umliegenden arabischen Länder spezialisiert hatte. Dort konnte sich nun eine Spekulationsmanie ungezügelt entfalten.[9]

Diese wurde nämlich durch vordatierte Schecks zusätzlich angefeuert. Als Ehrenmänner akzeptierten die Kuwaiter aus alter Tradition Schecks als Zahlungsmittel. Aktien konnten also einfach mit Schecks bezahlt werden, die erst zu einem späteren Zeitpunkt eingelöst werden.

Die Wirkung dieser Zahlungsmittelschöpfung durch Scheckausstellung ist letztlich dieselbe wie die eines Kredits, den die Bank vergibt: Es entsteht zusätzliche Nachfrage. Diese ließ die Kurse steigen – und die steigenden Kurse sorgten für weitere Käufe durch frisch ausgestellte Schecks. Die Kurse explodierten regelrecht, phasenweise waren Kursanstiege von 100 Prozent binnen weniger Wochen die Regel. Fundamental erreichten die Aktien ein völlig aberwitziges Bewertungsniveau.

Im Jahr 1982 erreichte die Blase ihren Höhepunkt. Die Marktkapitalisierung, der Wert aller Aktien, der beiden Börsen Kuwaits betrug nun damals sehr hohe 100 Milliarden US-Dollar. Sie war damit die drittgrößte der Welt! Nur die Unternehmen an den Börsen in den USA und Japan waren mehr wert. Die im internationalen Maßstab unbedeutenden und oft nur auf dem Papier bestehenden Unternehmen der von Rohöl abgesehen wirtschaftlich recht unbedeutenden Region waren höher bewertet als beispielsweise alle Industriekonzerne Deutsch-

9 Auch zu diesem Nebenmarkt liegen mir keine Kurse vor. Der Anstieg dürfte aber weit stärker gewesen sein als der bereits spektakuläre der Hauptbörse, in einer Phase beispielsweise um das Vierfache (Tabelle in Craig, Ben: »The Souk al-Manakh Crash«, Economic Commentary Federal Reserve Bank of Cleveland, Number 2019-20, DOI: 10.26509/frbc-ec-201920).

lands zusammen! Verführt durch den Ölreichtum glaubten Spekulanten und Offizielle, eine »neue Ära« hätte begonnen; sie hatten jeden Realitätssinn verloren. Skeptiker wurden als verständnislos gebrandmarkt und verlacht. Die gesamte Region wurde vom Spekulationsfieber erfasst.

Wie bei vielen Blasen erreichten die Unternehmen aberwitzige Bewertungen. Zudem wurden weitgehend oder gänzlich substanzlose Anteilsscheine unter die Anleger gebracht – ähnlich wie aktuell beim Datenbankeintrag Bitcoin. Eine Hühnerfarm ohne Hühner, Unternehmen ohne jeden Geschäftszweck – das alles wurde zu steigenden Preisen gehandelt. Die Preise stiegen dabei durch immer mehr und immer höher ausgewiesene neue Schecks.

Auf dem Höhepunkt hatten allein acht Spekulanten Schecks über 55 Milliarden US-Dollar in Umlauf gebracht, am »erfolgreichsten« war dabei ein einfacher Angestellter des Passamtes in seinen Zwanzigern mit 14 Milliarden US-Dollar. Zum Vergleich: Der reichste Amerikaner hatte damals ein Vermögen von »nur« 2 Milliarden US-Dollar.[10] In der Spitze waren etwa 29.000 wertlose Schecks in Höhe von 94 Milliarden Dollar ausgestellt. Diese Summe korrespondierte weitgehend mit dem Gesamtwert aller Aktien. Genauso wertlos wie die Schecks waren aber letztendlich auch die Unternehmen.

Zusätzliche Kredite lassen Preise steigen

Auch wenn Schecks traditionell dem Zahlungsverkehr dienen und meist zügig eingelöst werden, begründeten diese vordatierten Schecks de facto konventionelle Kreditverhältnisse mit dem Scheckinhaber als

10 Basierend auf der Milliardärs-Liste des US-Wirtschaftsmagazin Forbes. Der reichste Mensch der Welt wird erst seit 1987 festgestellt; der Japaner besaß damals ein Vermögen von 20 Milliarden US-Dollar.

Gläubiger und dem Scheckaussteller als Schuldner. Diese Kredite entstanden somit in Form der nur zwischen Privatpersonen ausgestellten Schecks, vollkommen ohne Beteiligung von Banken.

Auch einen Zins gab es. Dieser wurde aber nicht direkt ausgewiesen, denn die Kuwaiter dürfen als strenggläubige Muslime keinen Zins nehmen. Stattdessen wurden die Schecks vor Ablauf der Frist mit deutlichem Abschlag gehandelt, sodass sich über den höheren Nominalbetrag der Schecks ein impliziter Zins von etwa 100 Prozent pro Jahr ergab – der schnelle Kursanstieg und die Erwartung an weitere entsprechend starke Kursanstiege ließen einen so hohen Zins gerechtfertigt erscheinen. Mit dieser Vorgehensweise wurde das Zinsverbot dem Anschein nach befolgt.

Die Blase platzte gnadenlos. Anlass war, dass eine Frau einen Scheck über 30 Millionen US-Dollar nicht zur weiteren Spekulation verwendete, sondern bei der Bank einreichte. Leider war nicht genügend Geld auf dem Konto des Scheckausstellers. Das sprach sich schnell herum, und auf einmal rannten die Spekulanten in großer Zahl zu den Banken und wollten ihre Schecks einlösen. Doch auch sie erhielten kein Geld. Die Kurse der Aktien fielen ins Bodenlose – und das ist wörtlich zu nehmen: Der Markt brach völlig zusammen, es gab keinerlei Nachfrage mehr nach den weitgehend substanzlosen Unternehmen. 1984 wurde der Souk al-Manakh offiziell geschlossen.

Das konkrete Beispiel zeigt deutlich, wie durch immer mehr kreditfinanzierte Käufe und Anschlusskäufe Blasen und mit ihnen Scheinreichtum entstehen. Dabei wurden Schecks ausgestellt, aber nicht eingelöst, sondern als Zahlungsmittel zum Kauf von Aktien verwendet. In Kuwait schuf somit das bloße Ausstellen eines Schecks nicht nur eine Gläubiger-Schuldner-Beziehung zwischen Scheckaussteller (als Schuldner) und Scheckinhaber (als Gläubiger). Vielmehr wurde der Schuldschein selbst, der Scheck, zum allgemein akzeptierten Zahlungsmittel.

Normalerweise ist heutzutage dazu ein Bankensystem nötig. Dieses überprüft Bonität und Pfand des Schuldners. Zudem tritt das Bankensystem in die Gläubiger-Schuldner-Beziehung ein. Dadurch wird für den privaten Gläubiger, also den Inhaber eines Bankkontos, die Bank selbst zum Schuldner. Damit wird seine Forderung, das Bankguthaben, leichter übertragbar. Umgekehrt wird für den privaten Schuldner dessen Bank zum Gläubiger. An die Stelle der direkten Gläubiger-Schuldner-Beziehung tritt somit eine über das Bankensystem vermittelte.

Betrachten wir dazu nochmal das Eingangsbeispiel des Immobilienkaufs auf Kredit. Dabei kommt es nämlich genauso wie durch das Ausstellen vordatierter Schecks zu einem Zuwachs an Zahlungsmitteln, bloß dass jetzt das Bankensystem dazwischengeschaltet ist: Der Immobilienkäufer nimmt ein Darlehen auf, seine Bank erhält im Gegenzug eine Forderung (einen »Schuldschein«) gegen den Immobilienkäufer. Sobald der Immobilienkauf getätigt ist, landet diese Forderung als Guthaben beim Verkäufer der Immobilie bei dessen Bank. Das Guthaben des Gläubigers ist Zahlungsmittel und wird heutzutage »Geld« genannt (»Giralgeld« oder »Kreditgeld«). Es ist zusätzlich entstanden; es bestand zuvor nicht!

Höheres Schuldenniveau, höhere Anlagepreise

Der Vorgang der Schaffung von Zahlungsmitteln über das Ausstellen von Schuldscheinen ist bei der Scheckausstellung wie in Kuwait lediglich leichter verständlich als die Geldschöpfung im Bankensystem.[11] Es gilt aber unabhängig davon, ob durch Scheckausstellung oder durch Kreditschöpfung mittels Bankensystem: In Bezug auf die ökonomi-

11 Bei Letzterer kann man das Wesentliche zwischen doppelter Buchführung und Mindestreserve schon einmal aus den Augen verlieren.

sche Wirkung schafft jedes zusätzliche Zahlungsmittel zusätzliche Nachfrage und treibt somit Preise nach oben.

Wenn also bei ansonsten unveränderten Bedingungen in einer Volkswirtschaft mehr Kredite geschaffen als getilgt oder abgeschrieben werden, steigen irgendwo Preise. Dies kann die Konsumentenpreise betreffen – dann spricht man von Inflation. Oder es betrifft die Anlagepreise – dann handelt es sich um eine Finanzblase und es entsteht Scheinreichtum. Letzteres ist dann der Fall, wenn das Schuldenniveau schneller als die Wirtschaft wächst (was wiederum von der Häufigkeit des Umschlags der Zahlungsmittel abhängt; dazu später mehr).

Jetzt sehen Sie auch den Zusammenhang zwischen dem aktuellen hohen Schuldenstand und dem hohen Preisniveau an den Anlagemärkten. Es wurden einfach über viele Jahre und Jahrzehnte immer mehr Kredite geschaffen. Diese trieben die Preise an den Anlagemärkten immer weiter nach oben auf das höchste Niveau aller Zeiten.

Doch um vollkommen in der Größten Blase aller Zeiten anzukommen, mussten wir und die Generationen vor uns noch einen zweiten Schritt umsetzen. Denn durch Kreditexzesse erzeugte Blasen gab es bereits viele in der Geschichte. Doch sie blieben alle kleiner als die aktuelle Mega-Blase. Für diese ist zusätzlich eine zweite Form von Scheinreichtum nötig.

Der beliebte Staatskredit: Wie ein Buchungstrick Scheinreichtum erzeugt

Eine spezielle Art des Kredits schafft nämlich ebenfalls Scheinreichtum: der Staatskredit. Auch er vermag aus eigener Kraft eine gesamtgesellschaftliche Reichtumsillusion zu schaffen. Wie macht er das? Zur Beantwortung dieser Frage möchte ich Sie erneut zu einem Gedankenexperiment mit Immobilien einladen.

Stellen Sie sich diesmal vor, Sie als Person »A« und Ihr Nachbar als Person »B« hätten je ein Haus im Wert von 200.000 Euro. Zudem hätten Sie 100.000 Euro Schulden bei Ihrem Nachbarn. Sie haben also ein Vermögen von 100.000 Euro, Ihr Nachbar eines von 300.000 Euro. Das Gesamtvermögen beider Beteiligter beträgt somit 400.000 Euro.

Nun muss die Straße vor den beiden Häusern wieder instandgesetzt werden, was 100.000 Euro kosten würde. Sie bieten Ihrem Nachbarn an, die Reparatur vollständig vorzunehmen und sich für seinen Anteil von ihm mit 50.000 Euro bezahlen zu lassen. Sie wären dann die Hälfte Ihrer Schulden los, und würden Ihren eigenen Anteil über ebenfalls 50.000 Euro abarbeiten.

Ihr Nachbar will aber nichts zahlen. Stattdessen kommt er auf eine geniale Idee: Sie beide gründen zusammen einen Reparaturverein. Sie nennen ihn »Staat«. Dieser nimmt bei Ihnen beiden einen Kredit von jeweils 50.000 Euro auf. Sie als Person »A« führen nun die Arbeiten genauso aus, wie Sie es geplant hatten. Doch statt von Ihrem Nachbarn erhalten Sie nun vom Staat dafür die 100.000 Euro.[12]

Die Bilanz lautet nun: Sie sind durch Ihre Arbeitsleistung Ihre Schulden los und haben ein Vermögen 200.000 Euro in Form Ihres Hauses. Ihr Nachbar hat unverändert ein Vermögen von 300.000 Euro. Das Gesamtvermögen beider Beteiligter beträgt somit jetzt 500.000 Euro! Ihrer beider Gesamtvermögen hat sich also durch diesen Buchungstrick um 100.000 Euro vermehrt.

Anstatt dass Ihr Nachbar Sie aus seinem Guthaben bezahlt – also quasi Steuern zahlt, wenn auch ohne Umweg über den Staat –, bezahlt Sie der Staat durch Kreditaufnahme. So kommt es zu keinem Vermögensverlust bei Ihrem Nachbarn. Zugleich bekommen Sie Ihren Anteil

12 Den Zwischenschritt der reinen Finanztransaktion übergehe ich zur Vereinfachung: Mindestens für eine Schaltsekunde findet lediglich ein Forderungstausch statt, denn der Staat erhält für seine beiden Schuldscheine gleich hohe Guthaben, mit denen er anschließend im Realgeschäft die Reparatur durch Person A bezahlt.

an der Reparatur ebenfalls vom Staat bezahlt. Die Funktion des Staatskredits besteht somit darin, den bilanziellen Nachteil auf Seiten des Steuerzahlers – also bei Ihrem Nachbarn und bei Ihnen – zu vermeiden. Natürlich hat der Staat jetzt 100.000 Euro Schulden – und es hat sich nichts verändert, wenn diese in einer Gesamtbilanz berücksichtigt würden. In Ihrer beider Vermögensbilanz tauchen diese Schulden aber nicht auf. Jeder von Ihnen hat jetzt 50.000 Euro mehr.

Vermögensbilanz bei gemeinschaftlicher Ausgabe ohne vs. mit Staatskredit

Zeitpunkt:		Vorher	Nachher	
Staatskredit:			ohne	mit
Staat	Guthaben:	–	0 €	-100.000 €
Person A	Guthaben:	-100.000 €	-50.000 €	0 €
	Immobilie:	200.000 €	200.000 €	200.000 €
Person B	Guthaben:	100.000 €	50.000 €	100.000 €
	Immobilie:	200.000 €	200.000 €	200.000 €
Gesamtvermögen beider:			400.000 €	500.000 €

Der Effekt beim Staatskredit ist, dass in der Realität nahezu kein Mensch seinen Anteil an den Staatsschulden als seine persönlichen Schulden ansieht. Diese Schulden sind abstrakt und fern. Daher nehmen Politiker auch so gerne Schulden auf. Denn sie könnten die Staatsausgaben alternativ natürlich auch regulär durch Steuereinnahmen begleichen. Dann hätten die Bürger aber weniger Geld auf ihren Konten und würden genauer hinsehen, wofür das Geld verwendet wird. So nimmt der Staat einen Kredit auf und bezahlt damit seine Ausgaben.

Das Ergebnis ist aber bei ansonsten unveränderten Bedingungen[13] dasselbe: Das, was der Staat damit bezahlt, fehlt den Bürgern. Im Beispiel ist es Ihre Arbeitsleistung für die Reparatur der Straße, die Sie auch für die Reparatur Ihres Hauses hätten verwenden können. So nimmt der Staat Schulden auf, die die Bürger als Guthaben auf ihren Konten wiederfinden. Dadurch fühlen sie sich nicht um ihr Geld gebracht und somit wohlhabender.

An den realen Verhältnissen hat sich aber durch die staatliche Kreditaufnahme anstelle einer Steuer nichts geändert. Das gilt nicht nur für das Beispiel, sondern generell. Wenn der Staat etwa eine Straße baut, entstehen entsprechend weniger Wohnungen, da das Material verbraucht wurde und die Bauarbeiter in der Zeit fehlen. Es entsteht aber durch den Staatskredit ein Scheinreichtum, da diese Schulden von niemandem persönlich gebucht werden. Indem der Staat einen Kredit aufnimmt, schafft er eine Reichtumsillusion.

Der Staat täuscht[14] die Bürger, denn real werden sie um Güter und Dienstleistungen gebracht. Die Bürger bilanzieren aber in Geld und nicht in Waren und Dienstleistungen. Ihnen entsteht aufgrund des Staatskredits kein Geld-Abzug, den Sie auf dem Konto beziehungsweise in ihrer Haushaltskasse erkennen können. Die Bürger bilanzieren somit relativ zur Steuerfinanzierung gesehen einen Gewinn, der Staat als abstrakte Institution bucht die Schulden. Den Bürgern fehlen den-

---

13 Eine veränderte Bedingung wäre beispielsweise, dass staatliche Kreditaufnahme zusätzliche Importe ermöglicht und damit einer Nation einen (tendenziell vorübergehenden) Konsumvorteil über andere Nationen verschafft.

14 Staatliche Kreditaufnahme ist wegen dieser Täuschung des Souveräns zutiefst undemokratisch.

noch die Waren und Dienstleistungen, die sie ohne die kreditfinanzierte staatliche Wegnahme hätten genießen können.[15]

Schulden können auf zwei Arten Scheinreichtum schaffen

Es gibt somit zwei Formen des Scheinreichtums. Der zuvor besprochene Blaseneffekt schafft dabei auf andere Weise Scheinreichtum als der Staatskredit. In beiden Fällen entsteht der Scheinreichtum aber zusammen mit neu geschaffenen Krediten.

1.) Beim Blaseneffekt sorgen zusätzliche Kredite für höhere Anlagepreise, die als Vermögensgewinn gebucht werden, ohne dass sich ansonsten real etwas geändert hätte. Somit stellen sie Scheinreichtum dar.

2.) Beim Staatskredit hingegen landet die mit ihm geschaffene Forderung als Kontenguthaben bei Bürgern, während die Verbindlichkeit beim abstrakten Staat fast niemanden interessieren. Dieser Scheinreichtum entsteht also aus der Buchung und folglich Wahrnehmung der Staatschuld als vom Bürger Getrenntes.

---

15 Der Kredit zwischen Privathaushalten oder auch Unternehmen erzeugt hingegen in der Regel keinen Scheinreichtum (obwohl er ebenfalls eine rein finanzielle Forderung kreiert und keinen Sachwert). Der Schuldner bilanziert ihn und sieht ihn als Belastung. Sollte er dies nicht tun, zwingt ihn letztlich der Gläubiger, meist die Bank, dazu. Außerdem verlangt der Gläubiger für die überwiegenden Kreditvolumina ein Pfand in Form sachlicher Vermögenswerte wie Fabriken oder Immobilien. Der Staat bezieht seine Bonität als Schuldner hingegen ausschließlich aus seiner Macht, Steuern eintreiben zu können, und nicht aus ertragreichen Vermögenswerten. Macht ist aber keine ökonomische Kategorie. Allerdings kann in volumenmäßig unbedeutenden Fällen ein nicht-staatlicher Kredit zu Scheinreichtum werden, wenn beispielsweise ein ungesicherter Konsumentenkredit, der nicht eintreibbar ist, vom Kreditinstitut nicht abgeschrieben wird.

Scheinreichtum ist hierbei so definiert, dass sich durch bloßen Buchungsvorgang der Wohlstand, wie er in der Praxis entscheidungsrelevant bilanziert wird, der gesamten Gesellschaft mehrt.

Die Maximierung beider Formen des Scheinreichtums führte zur Größten Blase aller Zeiten

Wie am Anfang des Kapitels erwähnt, gab es Blasen schon vor vielen Jahrhunderten. Analoges gilt auch für den Staatskredit; die Staaten im antiken Griechenland beispielsweise nahmen bereits fleißig Schulden auf. Auch Exzesse gab es bei beiden Formen des Scheinreichtums bereits in der Vergangenheit. Die Blase am früheren Kamelmarkt in Kuwait war sicher exzessiv. Genauso gab es insbesondere nach Kriegen auch bereits Episoden exzessiver Staatsverschuldung. Doch diese Exzesse waren meist regional begrenzt und hielten zeitlich nicht sonderlich lange an. Außerdem traten sie tendenziell einzeln beziehungsweise nur als kurze Abfolge einzelner Blasen oder auch von Staatskreditausweitungen auf.

Beide Formen des Scheinreichtums – kreditfinanzierte Blasen wie Staatskredit – entstanden aus einem einfachen Grund immer wieder und an vielen Orten: Der Wunsch nach Reichtum beziehungsweise der Wunsch, nichts zu verlieren, ist sehr stark. Diese Haupttriebkraft wirkt hinter beiden Formen des Scheinreichtums und ruft diese immer wieder hervor.[16] Blasen und staatliche Kreditaufnahmen sind daher ein universelles Phänomen.

---

16 Scheinreichtum kann daher auch bei jeder Geldart beziehungsweise in jedem Finanzsystem entstehen. Es spielt bei dessen Erzeugung schließlich keine Rolle, ob ein Kredit beispielsweise auf Euro oder Gold lautet.

Doch die Menschheit entwickelt sich weiter. Sie kann alles, auch Illusion und Selbstbetrug, perfektionieren. Ihr ist die optimale Kombination und Maximierung von beiden Arten des Scheinreichtums gelungen. Die Folge ist die größte Reichtumsillusion aller Zeiten.

Wie es also zur Größten Blase aller Zeiten kommen konnte? Es liegt in der maximal ausgeprägten Kombination der beiden durch Kredit erzeugten Formen des Scheinreichtums: extreme Blase und sehr hohe Staatsverschuldung – beides auf globaler Ebene. Das wurde auch noch in Reihe immer weiter aufgetürmt. Ab dem übernächsten Kapitel erfahren Sie die Schritte dahin, die Folgen für Wirtschaft, Geldanlage und Gesellschaft und was uns konkret beim Platzen der Größten Blase aller Zeiten droht. Zuvor aber möchte ich noch auf einige konkrete Nachteile des Scheinreichtums eingehen, denn viel zu oft werden sowohl Blasen als auch der Staatskredit verharmlost oder sogar gutgeheißen.

3.

DIE 3 FATALEN FOLGEN DES BLASEN- UND KREDITEXZESSES

Sie fragen sich vielleicht: Wir sind in einer Blase, aber was ist daran so schlimm? Das gab es doch schon in der Vergangenheit! Was soll außerdem so schlecht am Staatskredit sein? Den gibt es ebenfalls seit langem. Oft wird ja auch von Ökonomen behauptet, eine Verschuldung in eigener Währung sei irrelevant, da ein »Rausdrucken« stets möglich sei. Warum soll zudem der Scheinreichtum stören, solange man damit etwas kaufen kann? Selbst wenn alles im extremen Maße zusammentrifft wie aktuell und es ein großes Ausmaß an Scheinreichtum gibt: Heutzutage sind doch viele Dinge extremer. Was ist an Extremen negativ?

Die Reichtumsillusion forciert Fehlentwicklungen in der realen Welt

Träume sind Schäume und in der Regel harmlos, das gilt auch für viele Illusionen. Bei der Reichtumsillusion ist dies aber anders. Dies gilt sowohl für die Reichtumsillusion durch Blasenbildung, wie für die durch den Staatskredit. Blasenbildung und Staatskredit sind nicht neutral, wie mitunter behauptet wird. Der Grund: Beide beeinflussen Entscheidungen in der realen Welt, die konkrete Nachteile hervorrufen. Außerdem hat die Kreditzunahme, die sowohl die Blasenbildung als auch den Staatskredit begleitet, auch unabhängig von der Illusionswirkung negative Folgen. Kredite können beispielsweise platzen und schwere Krisen hervorrufen.

Diese Nachteile des Verschuldungsexzesses lassen sich in zwei Gruppen einteilen. Manche Nachteile entstehen relativ zeitnah mit der Kreditaufblähung – wobei es auch Gewinner gibt, sonst gäbe es den Exzess schließlich nicht. Diese Folgen sind bereits beim Aufschulden beobachtbar, wenn sie auch oft ignoriert werden – eben weil es auch Gewinner gib, die eine mächtige Stimme haben.

Andere Nachteile entladen sich erst nach Jahren oder Jahrzehnten auf brutale Weise. Dies geschieht, wenn sich der Prozess des übermäßigen Schuldenwachstums umkehrt. Dieses »Verschwinden« von Schulden ist alles andere als ein gemütlicher Vorgang. Viele schwere Finanzkrisen mit gravierenden wirtschaftlichen, politischen und gesellschaftlichen Folgen begleiteten Schuldenkontraktionen. Auf exzessives Schuldenwachstum folgt eben häufig eine exzessive Krise. Mitunter gelingt ein Prolongieren, doch nur äußerst selten gelingt ein reguläres Zurückfahren durch Tilgung und Wirtschaftswachstum. Dieser Ausweg kann bei der Größten Blase aller Zeiten aufgrund der extremen Verschuldungshöhe und mangelnden politischen Willens ausgeschlossen werden. Daher droht wegen des besonders hohen

Schuldenstands jetzt eine besonders schwere Krise, wenn es zum gesamtgesellschaftlichen Entschuldungsprozess kommt. Bei diesem Prozess gibt es fast keine Gewinner mehr. Sie können sich dennoch schützen – darauf gehen wir später ein.

Drei Folgen des Kreditexzesses sind besonders fatal:

1.) die Ausweitung der Kluft zwischen Arm und Reich,

2.) realwirtschaftliche Fehlinvestitionen,

3.) Krise und Crash beim unvermeidlichen Blasenplatzen.

Diese Folgen zeigen deutlich, dass Kreditexzesse und Scheinreichtum kein Spaß sind, sondern reale, negative wirtschaftliche und gesellschaftliche Entwicklungen zur Folge haben. Es gibt viele Menschen, denen konkret Schaden entsteht, und es droht ein noch viel größerer Schaden für die gesamte Gesellschaft. Das gilt auch und erst recht für die Größte Blase aller Zeiten.

1. Die Blase vergrößert die Kluft zwischen Arm und Reich

Beide, die Blasenbildung und der hohe Schuldenstand, vergrößern die Kluft zwischen Arm und Reich: Der Scheinreichtum macht vor allem die Reichen reicher, die Armen jedoch ärmer. Bei der kreditfinanzierten Blase profitieren schließlich überwiegend wohlhabende Haushalte von den Kursgewinnen an den Aktien- oder Immobilienmärkten. Die einkommensschwachen Haushalte mit ihrem geringen Vermögen, relativ hohen Schulden und oft sogar negativem Vermögenssaldo ohne Aktien- und Immobilieneigentum profitieren nicht von diesen Wertsteigerungen. Sie fallen daher relativ zurück – durch die bloßen Buchungsvorgänge, die der Blasenbildung letztlich zugrunde liegen. Blasen stellen daher eine sozialpolitische Fehlentwicklung ersten Ranges dar.

Ein hoher Schuldenstand weitet die Schere zwischen Arm und Reich ebenfalls. Höhere Schulden bedeuten schließlich zugleich höhere Guthaben, denn jedem Schuldner steht ein Gläubiger gegenüber. Das Volumen der Schulden ist schließlich stets gleich hoch wie das der Guthaben.[17]

Ein Mehr an Guthaben bedeutet aber aufgrund höherer Zinserträge automatisch auch höhere Erträge aus Vermögen. Umgekehrt sinkt damit der Anteil des Einkommens aus Arbeit und unternehmerischer Tätigkeit[18] an der gesamten Wirtschaftsleistung – denken Sie auch an die vielen Kleinunternehmer! Hintergrund ist die grundsätzlich ungleiche Verteilung an Vermögen, die aus verschiedenen Gründen (wie dem dadurch geschaffenen Anreiz) eigentlich ökonomisch sinnvoll ist. Sie bedeutet aber eben auch, dass sich ein Zuwachs an Guthaben ebenfalls ungleich verteilt, sodass dieser Prozess die Schere zwischen Arm und Reich weitet. Bei den Netto-Schuldnern, die die Kredite bedienen müssen, handelt es sich wiederum weit überproportional um einkommensschwache Haushalte. Auch wenn der Staat der Schuldner ist, finden sich auf der Gläubigerseite überwiegend Wohlhabende. Der Staatskredit trägt somit wie jeder andere Kredit zur relativen Verarmung der bereits Ärmeren bei. Auch das ist eine sozialpolitische Fehlentwicklung ersten Ranges, die noch dazu vom Staat selbst ausgeht.

17 Einschließlich anderer finanzieller Forderungen wie Anleihen; auch an anderen Stellen.

18 Ohne den Wertzuwachs des Unternehmens, der sich bei Blasen tendenziell einstellt.

Schulden und Blasen fördern ungleiche Vermögensverteilung

Sehen wir uns den Verlauf der Vermögensverteilung in den USA an. Die nächste Abbildung zeigt den Anteil des Vermögens der 0,1 Prozent vermögendsten Haushalte am Gesamtvermögen in den USA ab 1920. Diese wenigen Haushalte besaßen 1980 geschätzt etwa 8 Prozent des gesamten Vermögens. 2021 waren es hingegen etwa 24 Prozent – ihr Anteil hat sich in etwa verdreifacht!

Dieser Trend der Vermögenskonzentration wird durch andere Kennzahlen nicht nur bestätigt. Vielmehr war der Zuwachs der Konzentration bei den sehr wenigen Superreichen sogar noch stärker. So stieg der Anteil des Vermögens der oberen 0,01 Prozent besonders stark, nämlich um etwa das Fünffache!

USA: Vermögensanteil der oberen 0,1-Prozent, 1920 bis 2021

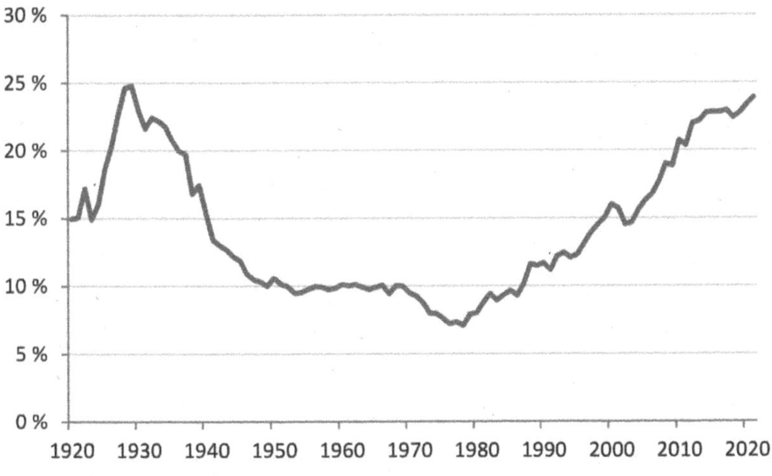

Quellen: Saez und Zucman, FED, eigene Berechnungen und Schätzungen

Der Anstieg des Anteils der Reichen am Gesamtvermögen ab 1980 korrespondiert eng mit dem Anstieg der Verschuldung und mit der Blasenbildung. Denn seit den 1980er-Jahren stieg das Verschuldungsniveau in den USA wieder deutlich auf die heutigen Extremwerte, nämlich von 141,7 auf 271,0 Prozent relativ zum BIP.[19] Parallel dazu kam es ab 1980 zu den Blasen erst an den Aktien- und dann an den Immobilienmärkten, die später zur derzeitigen allumfassenden Mega-Blase in nahezu allen Anlageklassen wurde. Die Größte Blase aller Zeiten und die sehr hohe Verschuldung haben die Armen relativ verarmen lassen und die Reichen übermäßig begünstigt.

Die Abbildung verdeutlicht außerdem die Ähnlichkeit mit den 1920er-Jahren. Damals gab es ebenfalls eine Blase am US-Aktienmarkt; zudem kam es zu einem Anstieg der Verschuldung. Zeitgleich weitete sich die Kluft zwischen Arm und Reich auch damals aus, der Anteil der oberen 0,1 Prozent am Gesamtvermögen stieg von etwa 15 auf etwa 25 Prozent. Mit dem Platzen der Blase, das mit dem spektakulären Crash am Aktienmarkt im Oktober 1929 begann, ging der Anteil zurück, fiel anschließend weiter und blieb dort viele Jahre, bis er ab etwa 1980 mit der nächsten Blase eben wieder stieg. Das unterstreicht noch einmal den Zusammenhang zwischen Blasenbildung und Ausweitung der Kluft zwischen Arm und Reich.

Die Abbildung zeigt zudem, dass die Spanne jahrzehntelang fallen konnte. Es gibt somit keinen zwingenden Grund, dass sich diese mit der Zeit stets ausweitet. Letzteres wird manchmal beispielsweise unter Verweis auf den Zinseszinseffekt behauptet, der ebenfalls als Ursache für die Vergrößerung der Kluft diskutiert wird. Solche Faktoren sind aber anscheinend nicht stark genug, beziehungsweise nicht unüberwindbar.

---

19 Auf Basis der Daten der FED und des U.S. Bureau of Economic Analysis.

Es gibt noch andere Einflüsse auf die Kluft zwischen Arm und Reich. Dazu zählen das Steuersystem und der Sozialstaat – Letzterer begünstigt die unteren Einkommensschichten –, die Migration – sie vergrößert tendenziell die unteren Einkommensschichten – oder Korruption (im weiten Sinne) – die seit Jahren sowohl in den USA wie auch in der Europäischen Union (EU) Großunternehmen und damit deren Eigentümer regulatorisch und steuerrechtlich bevorzugen. Solche weiteren Einflussfaktoren ändern aber nichts daran, dass es grundsätzlich einen engen Zusammenhang zwischen der Entwicklung des Schuldenniveaus und der Blasenbildung auf der einen Seite und der Kluft zwischen Arm und Reich auf der anderen gibt.

Mit dem Anstieg der »oberen« Vermögensschichten ab 1980 sank umgekehrt der Anteil der »unteren« Vermögensschichten am Gesamtvermögen. Aber nicht nur dieser fiel: Auch der Anteil des Arbeitnehmereinkommens am gesamten Volkseinkommen ging zurück. Er sank in den USA zwischen 1980 und 2017 um 5,8 Prozentpunkte und in Deutschland sogar um 7,3 Prozentpunkte auf jeweils etwa 56 Prozent. Die unteren 50 Prozent der Einkommensbezieher haben sogar noch höhere Einbußen erlitten. Ihr Anteil am BIP in den USA sank von 20,1 Prozent auf nur noch 13,5 Prozent oder um etwa ein Drittel.[20] Dementsprechend blieben insbesondere die unteren und mittleren Löhne hinter dem Wirtschaftswachstum zurück. Aufgeblähte Vermögenspreise und hohe Verschuldung haben dazu ihren Beitrag geleistet, denn aus ihnen resultieren höhere Zinszahlungen, Dividenden und Realisierungen von Kursgewinnen.

Die unteren und mittleren Bevölkerungsschichten haben somit einen hohen Vermögensverlust relativ zu den Reichen erlitten. Hinzu

20 Angaben aus McKinsey Global Institute, Manyika, James et al.: »A new look at the declining labor share of income in the United States«, Mai 2019, und World Inequality Database, https://wid.world/country/usa.

kommt ein relativer Einkommensverlust – eine dramatische soziale Schieflage, verursacht durch bloße Buchungsvorgänge.

Schuldenfinanzierte Wohlfahrt macht die Armen ärmer

Sie sehen also, dass reine Buchungsvorgänge – um nichts anderes handelt es sich bei der Blasenbildung und Schuldenausweitung – das Wohlergehen ganzer Generationen nachhaltig beeinflusst. Dies ist durch nichts gerechtfertigt. Die Reichtumsillusion, die die Buchwerte nach oben befördert, sorgt in der realen Welt bei breiten Bevölkerungsschichten für Vermögens- und Einkommensnachteile.

Diese Art der Ausweitung der Schere zwischen Arm und Reich überrascht auch aus einem anderen Grund: Viele Politiker und Ökonomen, die sich politisch dem linken Spektrum zuordnen, plädieren nämlich für eine kreditfinanzierte Ausweitung der Staatsausgaben und insbesondere der Wohlfahrtsprogramme. Was aber kurzfristig die Armut mindert, vergrößert diese mittel- und langfristig! Schließlich weitet sich mit dem Schuldenstand die Spanne zwischen Arm und Reich. Gut gemeint ist eben nicht immer gut gemacht.

Doch nicht nur linke Politiker weiten die Staatsverschuldung aus, konservative tun es ebenfalls gern – das beliebte Bild guten Haushaltens konservativer Politiker hält einer Überprüfung nicht stand. Politiker aller Couleur neigen dazu, um des kurzfristigen Vorteils willen viele mittel- und einige katastrophale langfristige Folgen in Kauf zu nehmen. Der Staatskredit ist daher eine Konstante der bisherigen Geschichte. Dabei wäre er leicht vermeidbar: Denn immer wieder haben Staaten nach Jahren des Defizits einen nach Zinsendienst positiven

Haushaltssaldo geschafft: Wieso dann nicht gleich von Anfang an positiv wirtschaften?[21]

2. Fehlinvestitionen durch Luftschlösser und Zombies

Die Ausweitung der Schere zwischen Arm und Reich betrifft letztlich jeden Bürger, sei es auf der Gewinner- oder Verliererseite. Blasenbildung und Überschuldung wirken auch in anderen Beziehungen auf die Realwirtschaft. Aber auch diese Effekte werden sich mit dem Blasenplatzen umkehren. Betrachten Sie dazu beispielsweise die Immobilienblasen in südeuropäischen Ländern wie Spanien und Griechenland Anfang der 2000er-Jahre. Durch die um Jahre verfrühte Anbindung an den Euro konnten diese Länder plötzlich günstig Kredite in harter Währung, dem Euro, aufnehmen. Viele Menschen und Unternehmen nahmen Hypotheken auf und kauften Immobilien. Diese stiegen durch den Blaseneffekt, also bedingt durch die zunehmenden kreditfinanzierten Käufe, im Preis – ein Bauboom war die Folge. Dieser Bauboom hatte realwirtschaftliche Folgen: Bauunternehmen oder Maklerbüros profitierten, oft auch der Staat durch erhöhte Steuereinnahmen. Allerdings wurden viele Immobilien über den Bedarf hinaus errichtet, der sich ohne die künstlich bewirkten Preissteigerungen eingestellt hätte. Bis heute können Sie in Griechenland und anderswo Bauruinen aus dieser Zeit sehen. Sie waren nur durch die Preissteigerungen der Immobilienblase motiviert. Die Immobilienblasen führten

---

21 Sowohl Deutschland als auch Italien hatten in den 2010er-Jahren insgesamt einen positiven Primärsaldo, also vor Schuldendienst einen Haushaltsüberschuss. Es wäre also – wenn es keine Verschuldungsvorgeschichte gäbe – ohne weiteres möglich, Staatsverschuldung zu vermeiden.

also zu Fehlinvestitionen. Diese sind dauerhaft verloren, man hätte besser woanders investiert.

Mit dem Platzen der Blase am Immobilienmarkt mussten zudem die überschüssigen Kapazitäten beispielsweise im Bausektor Spaniens wieder abgebaut werden. Das Beispiel zeigt, dass Blasen realwirtschaftliche Schäden anrichten: Fehlinvestitionen werden getätigt, Menschen in die falschen, nicht dauerhaft benötigten Berufe gelockt. Auf den künstlichen Boom folgt zudem anschließend meist eine schmerzhafte Korrektur.

Solche Fehlinvestitionen gibt es auch in der aktuellen Mega-Blase beispielsweise am chinesischen Immobilienmarkt. Dort herrscht derzeit die größte Immobilienblase der Geschichte. Es gibt ganze Städte – sogenannte Geisterstädte –, in denen zehntausende Wohnungen leer stehen. Diese wurden nur in der Erwartung steigender Preise errichtet und gekauft. Die US-Großbank Goldman Sachs schätzt den Wert aller chinesischen Immobilien auf 62 Billionen US-Dollar und damit fast doppelt so hoch wie den aller US-amerikanischen und mehr als sechsmal so hoch wie den aller japanischen! Das Platzen dieser Blase wird weltweit Wellen schlagen. Wenn aufgeblähte Werte in dieser Größenordnung zuerst ressourcenvernichtend aufgebaut werden und später ausgebucht werden müssen, hat dies erhebliche real- und finanzwirtschaftliche Verwerfungen zur Folge.

Doch selbst die größte Immobilienblase der Geschichte, die in China, ist nur Teil der Größten Blase aller Zeiten. Diese umfasst beispielsweise auch den US-Aktienmarkt. Die aufgeblähten Preise dort führten zu höheren Gewinnen der Unternehmen über Beteiligungen und ermöglichten Aktienemissionen für kaum werthaltige Unternehmen. Prominentes Beispiel ist die Firma »Nikola«, die sich auf Elektro-Lkws spezialisiert hat. Das milliardenschwere Unternehmen ließ einen nicht motorisierten Lkw wie eine Seifenkiste den Hang runterrollen und suggerierte damit, dieser würde aus eigener Kraft fahren. Aber nicht nur solche Slapstick-Einlagen sorgen dafür, dass viele Milliarden in Projekte fließen, die ohne Blase einer Überprüfung wohl kaum standgehalten hätten. Die Finanz- und Investitionsströme sind durch die Blase grundsätzlich fehlgelenkt.

Insgesamt sorgt die Blase – zusammen mit dem Niedrigzins, der günstige Kredite ermöglicht – dafür, dass Unternehmen im Markt bleiben, die ansonsten verschwinden und anderen Platz machen würden. Es werden manche Sektoren künstlich favorisiert und andere vernachlässigt. Kein Mensch weiß, wie viele solcher sogenannten »Zombies« es gibt, niemand kennt das Ausmaß der Fehlinvestitionen. Wenn die Blase aber platzt und die günstigen Finanzierungsmöglichkeiten wegfallen, werden viele Unternehmen vom Markt verschwinden.

Der Finanzsektor verdient hier eine eigene Erwähnung. Die weltweite Mega-Blase wird durch Kredite finanziert, das Kreditvolumen ist heute weltweit relativ zur jährlichen Wirtschaftsleistung mehr als doppelt so hoch wie in Vor-Blasenzeiten. Das Gegenstück der Schulden sind aber immer die Guthaben, die in gleicher Höhe vorliegen. Das Volumen aller finanziellen Forderungen ist somit auch mehr als doppelt so hoch. All das wird verwaltet, was einen über die Jahrzehnte aufgeblähten Finanzsektor mit teilweise aberwitzigen Gehältern und Boni zur Folge hat. Der überdimensionierte Finanzsektor ist ein direktes Kind der Größten Blase aller Zeiten. Er ist weit jenseits seines Normalmaßes, das er ohne Blase nie verlassen hätte.

Zudem gibt es einen Bereich, der quasi über allen Blasen steht: der Staat. Er kann durch höhere Steuereinnahmen unmittelbar von Blasen profitieren. Zudem konnte sich der Staat durch die eigene Kreditaufnahme im Zuge der Entstehung der Größten Blase aller Zeiten problemlos finanzieren. Zu guter Letzt haben die Notenbanken in den vergangenen Jahren die Zinsen auf 0 Prozent manipuliert und damit den verschuldeten Staaten beim Schuldendienst geholfen. All das hat den Politikern einen Anreiz zu noch mehr Verschwendung gegeben.

Teile des Staatssektors sind somit aufgrund der Größten Blase aller Zeiten ebenfalls überdimensioniert oder zumindest fehlgelenkt.

Rationaleres Haushalten ist etwas, das nur ohne Mega-Blase und ohne Staatskredit zu erwarten ist, aber nicht, wenn den Politikern das Geld bequem zufließt. Blasen und exzessive Verschuldungsvorgänge sind eben nicht neutral, sondern berühren die reale Welt erheblich und führen zu realwirtschaftlichen Verzerrungen. Die beiden bisher besprochenen Fehlentwicklungen – die Ausweitung der Spanne zwischen Arm und Reich und die Fehlinvestitionen – treten zeitnah bei der Blasenentstehung auf.

Diese Fehlentwicklungen sind zwar gravierend, aber nichts gegenüber dem, was am Ende der Blasenbildung passiert, nämlich wenn die Blasen platzen und die Schuldenberge verschwinden. Denn die Hauptrechnung für die Fehlentwicklungen bei der Blasenentstehung ist erst später zu bezahlen. Rezessionen, Krisen und herbe Vermögensverluste für Anleger sind typische Begleiterscheinungen, wenn Blasen platzen. Gerade angesichts der aktuellen Exzesse an den Finanzmärkten müssen wir womöglich auch mit einer besonders großen Krise und außergewöhnlich schweren Verwerfungen rechnen, wenn die Blase platzt. Auf welche Arten aber können Blasen überhaupt platzen, wie können Schulden eigentlich gesamtwirtschaftlich verschwinden?

3. Krisen und Crashs beim unvermeidlichen Blasenplatzen

Kommen wir als Erstes zum klassischen Ausgang, den Überschuldungssituationen und Blasen nehmen: die Deflation. Unter Deflation versteht man einen allgemeinen Preisrückgang. Deflationen können harmlos, aber auch sehr gefährlich sein. Zu einem Preisrückgang kann es beispielsweise durch technischen Fortschritt kommen, wie es in den vergangenen Jahrzehnten im Bereich der Elektronikgeräte gut zu beobachten war. Diese Art Deflation ist nicht bedrohlich und hat nichts mit dem Blasenplatzen zu tun.

Der klassische Schuldenabbau ist deflationär

Eine Deflation entsteht aber auch beim Platzen einer Blase, wenn zu viele Schuldner ihre Schulden nicht bedienen und Bankrott gehen. Wenn dies der Fall ist und die Banken die Schulden ausbuchen müssen, verschwinden die Schulden und auch das Volumen der Schulden geht zurück. Es findet also eine echte Entschuldung statt. Bedenken Sie aber: Die Menge an Schulden ist stets gleichhoch mit der Menge an Guthaben. Es kommt daher auch zu einem Rückgang der Zahlungsmittel.

Der Preis dieser Art Entschuldung durch Bankrott und Ausbuchung ist daher hoch. Schließlich findet auch eine Reduktion der Guthaben im gleichen Umfang statt. Das bedeutet, Sparer verlieren einen Teil ihres Vermögens, Unternehmen können ihre Rechnungen nicht bezahlen, die allgemeine Nachfrage geht zurück, und die Wirtschaft tritt in eine mitunter schwere Rezession ein. Die Depression der 1930er-Jahre, die Millionen in die Arbeitslosigkeit schickte und Hitler zum Aufstieg verhalf, ist wohl das extremste Beispiel.

Deflationen waren über Jahrhunderte die klassische Form des Überschuldungsabbaus und des Blasenplatzens. Sie wurden in den vergangenen Jahren unpopulär, politisch weitgehend vermieden und daher selten.

Eine starke Inflation bringt Blasen ebenfalls zum Platzen

Aber auch Inflationen können Schulden so weit zum Verschwinden bringen, dass das Schuldenniveau insgesamt sinkt. Das ist aber keineswegs so leicht durchführbar wie es auf den ersten Blick scheinen mag. Denn dafür sollte die Inflation tendenziell größer sein als die Verzinsung, sonst wachsen die Schulden mit der Inflation einfach mit. Am ehesten ist dies der Fall, wenn die Inflation plötzlich in die Höhe schießt, sodass die Zinsanpassungen nicht rechtzeitig erfolgen können. Bei sehr starken Inflationen, insbesondere bei Hyperinflationen mit Inflationsraten von 50 Prozent pro Monat oder mehr ist dies regelmäßig der Fall und es findet eine radikale Entschuldung statt. Ferner entschuldet eine Inflation auch nur dann gesamtwirtschaftlich, wenn es nicht parallel dazu zu vielen Neuverschuldungen kommt.

Der wirtschaftliche Schaden einer starken Inflation ist erheblich, bei einer Hyperinflation kommt es sogar regelmäßig zum Kollaps, da der monetäre Erlös beim Wirtschaften zu schnell entwertet wird. Lediglich ein stabiles Parallelgeld in Form einer harten Fremdwährung oder von Gold kann den Schaden abmindern.

Sowohl bei der deflationären wie auch bei der inflationären Entschuldung kommt es parallel zur gleichgroßen Entwertung der finanziellen Forderungen, also der Sparguthaben. Bei der inflationären Entschuldung geschieht das in einer inflationsbereinigten Sichtweise: Das Geld ist also noch vorhanden, aber real weniger wert – was aber für den Geldhalter auf dasselbe hinausläuft.

Andere Entschuldungsmethoden sind unrealistisch

Neben diesen beiden dramatischen gesamtwirtschaftlichen Entschuldungsmethoden gibt es noch weitere. Diese erwähne ich der Vollständigkeit halber; als Ausgang der Größten Blase aller Zeiten sind sie unwahrscheinlich. Zu ihnen gehören das stetige Tilgen oberhalb der Neuverschuldung oder das Herauswachsen aus der Verschuldung. Angesichts der Höhe des Schuldenbergs und auch angesichts des mangelnden politischen Willens sind diese beiden Möglichkeiten aber so gut wie sicher auszuschließen. Kontenschnitte und Sondersteuern wiederum entfalten wie die Entschuldung durch Bankrotte eine deflationäre Wirkung und gehören so gesehen zum Bereich Deflation. Eine Währungsreform wiederum nach dem Vorbild beispielsweise Deutschlands 1948 ist aus dem Stand heraus kaum vorstellbar.

Die Größte Blase aller Zeiten droht besonders »laut« zu platzen

Es sind schon viele Blasen geplatzt, und schon oft haben sich Überschuldungssituationen aufgelöst. Meist geschah dies deflationär oder inflationär – ob die aktuelle Blase deflationär oder inflationär platzt, entscheiden letztlich die Politiker.

In der Vergangenheit ging das Platzen von Blasen in aller Regel mit Krisen einher. Dies dürfte diesmal nicht anders werden. Die aktuelle Blase ist die Größte Blase aller Zeiten. Daher droht ihr Platzen mit besonders schweren Folgen einherzugehen. Wie gravierend diese ausfallen werden, lässt sich naturgemäß nicht genau vorhersagen. Allerdings gibt es etwas, das am Ende bereinigt sein wird: Der extrem hohe Schuldenberg als Triebkraft der Größten Blase aller Zeiten wird am Ende verschwunden sein.

Nehmen wir vergangene Schuldenniveaus aus stabileren Zeiten wie vor Beginn der Bildung der Mega-Blase in den 1960er-Jahren als Maßstab, müssen bis zum Ende des Prozesses des Blasenplatzens mindestens 50 Prozent der Schulden verschwinden – und damit der Guthaben. Eine schwere Krise als Begleiterscheinung ist bei diesem Umfang wahrscheinlich. Auch eine sehr schwere Krise ist in diesem Kontext nicht auszuschließen – extreme gesellschaftliche und politische Verwerfungen miteingeschlossen.

Doch bei dieser Perspektive stellen sich die Fragen: Wie kamen wir überhaupt in diese Lage? Wer hat uns hier in die Größte Blase aller Zeiten hineinmanövriert? Am Ende stehen dann die Fragen: Wie kommen wir da wieder heraus, und was bedeutet das für Sie als Anleger und Bürger?

4.

DIE VORGESCHICHTE DER GRÖSSTEN BLASE ALLER ZEITEN

Eine Hauptthese dieses Buches ist, dass sowohl der Staatskredit als auch kreditfinanzierte Blasen zu Scheinreichtum führen. Dieser wiederum verzerrt die wirtschaftlichen Entscheidungsgrundlagen für die gesamte Gesellschaft. Dadurch entstehen viele Schäden, wie die Beispiele im vorherigen Kapitel gezeigt haben.

Ein Blasenzyklus kann über Generationen gehen

Einige der Schäden entstehen zeitnah, andere stark zeitversetzt und treten erst beim Blasenplatzen auf. Aber auch sie gehören in eine Betrachtung des Gesamtschadens. Diese muss über den gesamten Blasen-Zyklus von der Blasenbildung bis zum vollständigen Platzen mit

Reduktion des Schuldenniveaus gehen. Ein Blasenzyklus kann über Jahre, Jahrzehnte und sogar mehrere Generationen andauern, wie es bei der aktuellen Größten Blase aller Zeiten der Fall ist. Der Gesamtschaden über den ganzen Zyklus überwiegt den Nutzen, da die Täuschung durch den Scheinreichtum wie jede Täuschung zwingend die Tendenz zu Fehlentscheidungen innehat.

Schulden liegen beiden Formen des Scheinreichtums zugrunde

Sowohl beim Staatskredit als auch bei kreditfinanzierten Blasen entsteht der Scheinreichtum im Kontext der Aufschuldung, also beim Prozess der überproportionalen Schuldenaufnahme in einer Volkswirtschaft. Beide Arten des Scheinreichtums sind jedoch grundverschieden. Bei Blasen entsteht der Scheinreichtum durch das überproportionale Wachstum des Gesamtkredits. Das bedeutet, dass mehr neuer Kredit entsteht, als bestehende Schulden getilgt oder abgeschrieben wurden, und zusätzlich dieses »Mehr«, also die Differenz, das nominelle Wirtschaftswachstum übersteigt. Dabei steigen Anlagepreise, und in diesem Anstieg liegt der Scheinreichtum.

Beim Staatskredit hingegen liegt beim Kredit selbst bereits eine Täuschung vor, womit sich die negative Wirkung entfalten kann, und nicht erst bei dessen Wachstum. Der Staatskredit selbst bildet den Scheinreichtum in Form des Guthabens des Gläubigers des Staates. Die Größe des Scheinreichtums ist beim Staatskredit somit absolut messbar, und nicht nur über eine Differenz wie bei der Blasenbildung. Jeder Staatskredit bildet Scheinreichtum.

Beide Formen des Scheinreichtums sind aber über die Menge an Schulden in der gesamten Wirtschaft miteinander verknüpft. Wachsen die Schulden in einer Gesellschaft schneller als die nominelle Wirtschaftsleistung, ist dies ein starkes Indiz für eine Fehlentwicklung und die Bildung zusätzlichen Scheinreichtums. Genau diese Entwicklung ist spätestens seit den 1980er-Jahren zu beobachten, wobei die Vorläufer bis in die Mitte der 1960er-Jahre zurückreichen.

Zur Größten Blase aller Zeiten kam es nicht ohne Vorgeschichte

Nun gab es sowohl hohe Staatsschulden als auch Finanzblasen in der Vergangenheit immer wieder. Aber was hat die Menschheit in den vergangenen Jahrzehnten gemacht, um Staatskredit und Blasenbildung auf ein insgesamt nie zuvor gekanntes Niveau zu treiben? Sie hat – insbesondere natürlich die Politiker, Notenbanker, Banker und Ökonomen – Staatskredit und Blasenbildung erstmals nachhaltig kombiniert. Zugleich hat sie beides in Perfektion auf die Spitze getrieben. So sind wir in einem gigantischen Schuldenexzess und der Größten Blase der Geschichte gelandet.

Ihr Platzen gefährdet nun unseren Wohlstand und unser Wohlergehen. Welche Ideen und Erfahrungen haben zur Größten Blase der Geschichte geführt? Irgendetwas muss diese gigantische Fehlentwicklung schließlich angestoßen haben.

Wie eine Blase klassischerweise wächst und platzt

Betrachten wir dazu als Erstes eine klassische Blase. Eine klassische Blase eignet sich am besten zum Verständnis der vollständigen Blasenmechanik, denn sie umfasst den gesamten Blasenzyklus vom Aufbau bis zum vollständigen Platzen. Zudem stehen klassische Blasen auch am Beginn der historischen Entwicklung, die zur aktuellen Mega-Blase führte.

Ein gutes Beispiel dafür ist die erste Blase, für die tägliche Aktienkurse vorliegen: die Südseeblase. Zu ihr kam es 1720 in Großbritannien und sie zeigt die Blasenentwicklung in schöner Klarheit. Aus alten Aufzeichnungen konnten die täglichen Kurse von Aktien ab dem Jahr 1698 extrahiert werden. Dadurch ist es möglich, sich für die Südseeblase den taggenauen Kursverlauf anzusehen. Der Chart weist den Kursverlauf eines Index aus drei Aktien[22] von 1719 bis 1721 aus, der die Südseeblase 1720 miteinschließt.

Südseeblase 1720, Index aus drei Aktien, Startwert 100, 1719 bis 1721

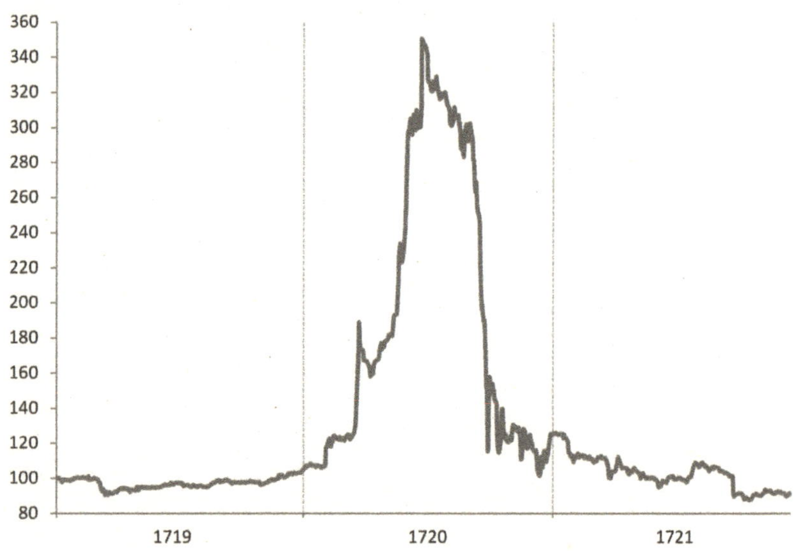

Quellen: Larry Neal, eigene Berechnungen

22 Gleichgewichteter Kettenindex mit täglichem Rebalancing der Bank of England, der East India Company und der South Sea Company.

Der Chart zeigt gut, wie die Kurse in kürzester Zeit regelrecht explodierten – binnen weniger Monate hatten sie sich mehr als verdreifacht! Es handelt sich um eine frühe Spekulationsmanie moderner Art mit Aktien. Einer der Spekulanten war übrigens der Physiker Isaac Newton, der die Gesetze der Schwerkraft entdeckte. Was Newton nicht berücksichtigte: Eine Art »Schwerkraft« wirkte auch auf die Aktienkurse. Nach dem raschen Anstieg fielen die Kurse rasend schnell wieder auf ihr Ausgangsniveau zurück. Newton verlor viel Geld.[23]

Südseeblase 1720: Anstieg und Fall zusammen mit den Krediten

Wie kam es konkret zu dieser ersten modernen Blase am Aktienmarkt, zum Anstieg der Kurse und zum darauffolgenden Crash? Wenige Jahre zuvor, 1711, war die Südsee-Gesellschaft gegründet worden. Doch der Kolonialhandel, der der Gesellschaft ihren Namen gab, machte nur einen kleinen Teil des Geschäfts aus. Tatsächlich ging es um etwas ganz anderes. England war stark verschuldet, der Schuldendienst war zur Last geworden. Die Südsee-Gesellschaft sollte dem Land helfen, seine Schulden loszuwerden. Dies geschah – wie bei Pleite-Staaten nicht anders zu erwarten – nicht durch reguläre Tilgung. Stattdessen wurde folgender Trick angewendet: Die Gläubiger wurden gezwungen, ihre Forderungen gegen Aktien zu tauschen. Es lag somit wie so oft bei Finanzblasen kein solides Geschäftsmodell vor, und das wenige, was als solches hätte durchgehen können, wurde massiv überbewertet.

Allerdings trauten viele Investoren dem Geschäftsmodell – oder sie trauten zumindest den steigenden Kursen. Als die Kurse nämlich stie-

23 Odlyzko, Andrew: »Newton's financial misadventures in the South Sea Bubble«, The Royal Society Journal of the History of Science, Notes and Records, Vol. 73, Nr. 1, März 2019, https://doi.org/10.1098/rsnr.2018.0018.

gen, wurden die Aktien der Südsee-Gesellschaft zunehmend auf Kredit gekauft. Dadurch »explodierten« die Kurse regelrecht. Die Kurse waren aber lediglich durch frische Kredite getrieben. Als die Gesellschaft schließlich mangels Gewinn keine Dividende zahlen konnte, brach ihr Kurs ein.

Universal ist die Blasen-Mechanik, die zu den Kursanstiegen und dem anschließenden Platzen führte. Während bei der Blase am früheren Kamelmarkt in Kuwait als frisch geschaffenes Zahlungsmittel vordatierte Schecks die Kurse ansteigen ließen, waren es im Fall der Südseeblase – wie beim abstrakten Immobilienbeispiel – Kredite.

Das Schöne an der Südseeblase: Die Blasenmechanik lässt sich an ihr wie beim Souk al-Manakh direkt aufzeigen. Es gibt umfassende Aufzeichnungen zu den Darlehensgeschäften, die vor gut 300 Jahren von den Aktieninvestoren erfolgten.[24] So gab es beispielsweise einen Handwerker, der in großem Umfang auf Kredit mit Aktien spekulierte. Er nahm, umgerechnet auf heutige Kaufkraft, Darlehen in Höhe von mehreren Millionen Euro auf, die er vollständig in Aktien investierte. Nach dem Platzen der Südseeblase war er wie viele andere Anleger über beide Ohren verschuldet. Er hatte aber nur Aktien als Sicherheit, die jetzt weitgehend wertlos waren.

Viele Kredite wurden nicht bedient und mussten abgeschrieben werden, die Gläubiger verloren ihr Geld. Was bedeutet es aber, wenn Schuldner beim Platzen der Blase nicht mehr leisten können? Die Zahlungsmittel, die die Blase einst in die Höhe trieben, fallen weg. Die Nachfrage implodiert, die Kurse fallen immer weiter. Damit fällt auch der Wert der Sicherheit für die Darlehen anderer Marktteilnehmer, die dann ebenfalls verkaufen müssen. Es entsteht eine Abwärtsspirale. Der beim Aufbau der Blase entstandene Scheinreichtum verschwindet.

---

24 Braggion, Fabi et al.: »Does credit affect stock trading? Evidence from the South Sea Bubble«, Dezember 2019, CEPR Discussion Paper Nr. 14532, https://ideas.repec.org/p/cpr/ceprdp/14532.html.

Schließlich war beim Blasenanstieg der kreditfinanzierte Kauf der Aktien selbstrentabel, denn durch die vielen kreditfinanzierten Käufe und Nachfolgekäufe stiegen die Kurse immer weiter. Dies schuf den Scheinreichtum. Beim Platzen ist es genau umgekehrt. Während die Aktien, die als Sicherheit für die Darlehen dienen, im Kurs fallen, bleiben die Schulden nominell erhalten. Der Wert der Aktien fällt und macht das ursprünglich auf steigende Kurse setzende Anlagegeschäft zunehmend unrentabel und schließlich verlustreich. Als Folge werden wegen mangelnder Rentabilität immer mehr Aktien verkauft. Fällt der Wert der als Sicherheiten dienenden Aktien unter das Volumen der Schulden, erzwingen zudem die Gläubiger meist einen Notverkauf, um noch etwas für ihr Darlehen zu bekommen. Die vorherigen Verkäufe lösen weitere Verkäufe von Anlegern aus, die durch Kreditfinanzierung und damit mit Hebelwirkung auf steigende Kurse setzten. Ein Kreislauf des Platzens der Kreditblase entsteht, der invers zum Kreislauf des Blasenaufbaus ist. Die Abbildung zeigt diese Inversion.

Inversion: Kreislauf des klassischen Platzens der Kreditblase

Durch die Verkäufe der auf Kredit gekauften Aktien fallen deren Kurse, die Darlehen werden nicht mehr bedient und fallen aus, und der Scheinwohlstand verschwindet wieder. Beim klassischen Blasenplatzen verschwinden also nicht nur Buchwerte aufgrund der gefallenen Aktienkurse. Typischerweise werden auch die Gläubiger – heute entspräche das den Sparern bei den Banken[25] – hart getroffen, denn die Schuldner können ihre Schulden nicht mehr bedienen.

Wichtig: Beim klassischen Blasenplatzen fallen somit nicht nur die Kurse. Vielmehr fallen auch die zuvor aufgenommenen Kredite aus.

25 Direkte Gläubiger sind formal natürlich die Banken selbst, diese sind aber nur Intermediäre des Kreditschöpfungsprozesses. Letztlich vergibt der Sparer via Bankensystem dem Schuldner das Darlehen (s. a. das Eingangsbeispiel des kreditfinanzierten Immobilienkaufs).

Damit verschwinden auch die zugehörigen Guthaben. Das Ausmaß des Scheinreichtums, das mit dem Blasenplatzen verschwindet, ist daher enorm. Das hat gravierende Auswirkungen auf die Realwirtschaft.

Wieso es beim klassischen Blasenplatzen zu Wirtschaftskrisen kommt

Auch wenn die Blasenmechanik mit Anstieg und Fall der Kurse, des Kreditvolumens und des Scheinreichtums im Kern ein Buchungsvorgang ist, hat sie wie bereits gezeigt auch Auswirkungen auf die reale Welt. Beim Anstieg der Kurse in einer Blase rechnen sich Geschäfte, die ohne die Kreditaufblähung und den Anstieg der Kurse unrentabel wären. In den Büchern steht der Scheinreichtum schließlich als Gewinn. Daher boomt die Wirtschaft, wenn Blasen entstehen. Zum einen verhält es sich ähnlich wie bei einer Konkursverschleppung: Wenn Unternehmen nicht pleitegehen, produzieren sie erst einmal weiter, bevor sich etwas Neues herauskristallisiert. Zum anderen dürfte der entstehende Scheingewinn auch Ansporn für viele Arbeitnehmer und Unternehmer sein, sich besonders anzustrengen.

Dieser Boom findet außerdem schwerpunktmäßig in den Branchen statt, die vom Hochbuchen durch die Preisanstiege profitieren, beispielsweise bei den betroffenen Unternehmen im Falle einer Aktienblase oder im Immobiliensektor im Falle einer Immobilienblase. Es findet also eine Verlagerung in durch die Blasenbildung präferierte Wirtschaftsbereiche statt. Das ist doppelt fatal. Zum einen orientieren sich Arbeitnehmer und Unternehmer in Bereiche um, die es ohne die Blase in diesem Ausmaß nicht gäbe. Zum anderen produzieren sie Produkte und verbrauchen Ressourcen nur aufgrund der Blase. Denken Sie beispielsweise an Immobilien, die nicht benötigt werden, oder auch an die Energieverschwendung bei Bitcoin. Nur wegen der Blase geschaffene Produkte gehen zudem in gängige volkswirtschaftliche Kennzahlen wie das BIP ein und täuschen wirtschaftliche Stärke vor.

Beim anschließenden Platzen der Blase wird nun umgekehrt die Wirtschaft in Mitleidenschaft gezogen. Das war bereits beim Platzen der Südseeblase der Fall, eine Rezession ereignete sich aber auch beim Platzen von vielen weiteren Blasen. Finanziell wird die Wirtschaft dabei gleich von mehreren Seiten unter Beschuss genommen. So haben die Unternehmen kaum noch frisches Kapital zur Verfügung, denn kaum jemand kauft noch Aktien. Auf der Nachfrageseite fehlt außerdem den Aktionären plötzlich das Geld – sie kaufen weniger ein beziehungsweise sie investieren weniger, wenn es sich um Unternehmer handelt wie den Handwerkermeister der Südseeblase.

Grundsätzlich gilt beim klassischen Platzen einer Blase: Der Ausfall der Schuldner bedeutet auch einen Ausfall von Forderungen bei den Gläubigern beziehungsweise von Sparguthaben bei den Banken.[26] Das schwächt die Wirtschaft, denn die Gläubiger haben weniger Geld beziehungsweise die Sparer weniger auf dem Konto – sie können somit weniger ausgeben. Die gesamtwirtschaftliche Nachfrage schrumpft. Damit bricht den Unternehmen der Umsatz weg. Außerdem sind die Unternehmen insofern betroffen, als sie selbst Ausfälle durch den Verlust der Guthaben zu erleiden haben.

Neben dem Einbruch der Nachfrage gibt es noch weitere Gründe, die sich beim Blasenplatzen negativ auf die Wirtschaft auswirken. Diese betreffen beispielsweise die durch die Blase bevorzugten Branchen. Die Unternehmer und Arbeitnehmer, die sich auf diese spezialisiert

---

26 Heute werden Banken meist gerettet, deswegen können sich manche Beobachter das gar nicht mehr vorstellen. Beim klassischen Blasenplatzen ohne diesen staatlichen Rettungseingriff gehen Banken einfach Bankrott und können nicht mehr für alle Guthaben gerade stehen, da sie selbst ihre Forderungen nicht mehr eintreiben können. Dennoch kann das Bankensystem als Puffer wirken, wenn beim Platzen kleiner Blasen nur geringe Ausfalle entstehen, die im normalen Geschäftsbetrieb abgefangen werden können.

hatten, müssen sich umstellen. Zudem muss eine Abschreibung vor allem auf Investitionen (und im geringeren Maße auf Produkte) erfolgen, die nur wegen der Blase erfolgten.

Das klassische Blasenplatzen invertiert direkt das Aufpumpen

Es ist aus diesen Gründen kein Wunder, dass mit Crashs am Aktienmarkt oft schwere Rezessionen einhergehen. Alles, was der Boom begünstigte, kehrt sich ins Gegenteil. Dabei werden Konkurse »nachgeholt«, Unternehmen werden nicht mehr künstlich durch die ihnen gewogenen Blasenbedingungen am Leben erhalten. Des Weiteren schwindet die Motivation – man spricht bei schweren Rezessionen auch von »Depression«. Außerdem müssen sich viele Unternehmer und Arbeitnehmer auf neue Bereiche umstellen – auch dabei kommt es natürlich zu vielen Konkursen. Vor allem aber verschwindet der Scheinreichtum und mit ihm die monetäre Nachfrage. Auf diesen Teilaspekt konzentrieren sich seit bald hundert Jahren Wissenschaft und Politik.

Wichtig an dieser Stelle: Eine Blasenbildung und das anschließende Blasenplatzen betreffen nicht nur die Anlagemärkte, sondern die gesamte Wirtschaft und damit Gesellschaft. Auch die vorherigen Entwicklungen in der Realwirtschaft werden beim Platzen invertiert. Anlagemärkte, Verschuldung und Wirtschaft hängen zusammen und sind in ihrer Gesamtheit zu betrachten, um den Blasenzyklus zu verstehen. Zudem umfasst der Blasenzyklus zeitlich den Aufbau und das Platzen der Blase in seiner Gesamtheit, und damit bei der Größten Blase aller Zeiten einen sehr langen Zeitraum von Jahrzehnten.

In den vergangenen bald hundert Jahren ist es hingegen üblich geworden, sich nur auf das Blasenplatzen zu konzentrieren beziehungsweise auf die Verhinderung der Nachteile desselben – ohne es als Blasenplatzen zu benennen und oft ohne den Kredit als treibende Kraft zu erkennen. Diese verengte Sichtweise hat dazu beigetragen, dass die heutige Mega-Blase entstehen konnte; doch dazu später mehr.

Der Staat begrüßt die Blasenparty – aber bitte ohne Kater!

Wenn es der Wirtschaft gut geht, fließen auch die Steuereinnahmen. Deswegen freut sich der Staat in der Regel über Blasen. Er tut dies aber auch, weil die Bürger und Unternehmer zufriedener sind. Der Staat sieht daher heute wie vor drei Jahrhunderten bei der Südseeblase die Blasenentstehung meist gern. Er ist eben ökonomisch kein neutraler Sachverwalter der Interessen des Landes. Er ist Teil der Wirtschaft und leidet oft selbst unter Finanznot oder Überschuldung.[27] Deshalb wird politisch wenig gegen das Entstehen der Blasen unternommen. Oft wird es sogar gefördert. Außerdem ist der Zeithorizont vieler Politiker sehr kurz. Es kümmert sie kaum, wenn der Preis für die Blasenbildung erst in Jahren zu zahlen sein wird.

Wie bei den meisten Blasen gab es somit auch bei der Südseeblase im Vorfeld nur vereinzelt warnende Stimmen. Im Parlament sprach

---

27 Der Staat ist hier in einer Zwitterrolle, zum einen in seiner Funktion als Agent der Interessen der Gesellschaft, der dieser unter anderem Regeln gibt, zum anderen als eigenständige Institution mit Geld- und Machtanspruch. Kredite (und »Geld«) sind nun einmal Instrumente, mit denen sich Einzelne, Gruppen und eben auch Staaten Vorteile verschaffen können, wenn auch oft nur temporär. Es fehlt eine übergeordnete Instanz, die das zuverlässig verhindert. Der Staat als theoretischer Sachverwalter der Allgemeinheit könnte und sollte diese Aufgabe für sein Gebiet übernehmen. Er ist aber ökonomisch gesehen zugleich auch Partei, die ebenfalls einen Vorteil ziehen will. Somit ist er Teil des Problems. Auch Staaten untereinander versuchen, sich durch Verschuldung relative Vorteile zu verschaffen.

ein Abgeordneter scharfsinnig von »imaginären Reichtümern«, die das Land ruinieren würden.[28] Er sollte mit seiner Prognose Recht behalten, und es kam beim Platzen der Südseeblase tatsächlich zu einer Krise. Im Gegensatz dazu konnte und kann sich die überwiegende Mehrzahl der Menschen beim Blasenaufschwung nicht vorstellen, wie es ist, wenn sich der Prozess der Blasenbildung radikal umkehrt. Daran hat sich bis heute nichts geändert. Es fehlt einfach das Bewusstsein dafür, dass das kreditfinanzierte Hochtreiben von Anlagepreisen keine echten Reichtümer erzeugt.

Ganz gleich ob Bürger, Politiker oder Unternehmer: In der Regel freuen sich alle Beteiligten anfangs über die Entstehung von Blasen. Der Wirtschaft geht es vermeintlich gut und viele fühlen sich durch die Buchgewinne reicher. Dass anschließend ein Kater droht, wird wie bei echten Partys gerne verdrängt.

Die klassische Blase: auf und nieder in 5 Bereichen

Die klassische Blase besteht somit aus zwei Hauptphasen: Auf eine Aufbauphase, bei der die Anlagepreise steigen, folgt ein Platzen der Blase mit dem Niedergang der Kurse. Dieses »auf und nieder« betrifft

---

28 Der Duke of Wharton bezog den Begriff auf den geringen Substanzwert der Aktien: »Zweitens, dass der künstliche und ungeheure Anstieg der Südsee-Aktien ein gefährlicher Köder war, der viele unvorsichtige Menschen in den Ruin locken und sie durch falsche Aussicht auf Gewinn dazu verleiten könnte, sich von dem zu trennen, was sie durch ihre Arbeit und ihren Fleiß erworben hatten, um imaginäre Reichtümer zu erwerben« (»Secondly, that the artificial and prodigious Rise of the South Sea stock was a dangerous Bait, which might decoy many unwary People to their ruin, and allure them, by a false Prospect of Gain, to part with what they had got by their Labor and Industry, to purchase imaginary Riches«). Aus: The History and Proceedings of the House of Lords, Band 3, London 1727, S. 125.

vor allem die Vermögenspreise und das Kreditvolumen. Bei weiterer Differenzierung umfasst dies aber fünf Bereiche:

1.) Die Vermögenspreise insbesondere von Aktien oder Immobilien steigen in der Anstiegsphase einer Blase. Im Zuge des Platzens kommen sie wieder zurück. Dieser Anstieg und Rückgang der Anlagepreise ist das offenkundigste Merkmal von Blasen.

2.) Parallel dazu steigt bei einer Blase die Verschuldung, denn die frischen Kredite sind der eigentliche Treibsatz des Anstiegs der Vermögenspreise. Wenn die Blase platzt, reduziert sich auch das Kreditvolumen durch Bankrotte der Gläubiger wieder. Dass frische Kredite der eigentliche Treibsatz sind, wird oft nicht erkannt, ist aber essenziell für das Entstehen und Platzen der Blasen und etwaige politische Folgerungen.

3.) Mit den Vermögenspreisen steigt und fällt auch der Scheinreichtum. Dieses Entstehen und Verschwinden von Scheinreichtum ist von Relevanz, da der Scheinreichtum Entscheidungen in der realen Welt in Wirtschaft, bei der Lebensplanung vieler Menschen und in der Gesellschaft beeinflusst.

4.) Die Realwirtschaft steigt und fällt ebenfalls mit der Blase. Auf den Boom folgt eine Rezession. Die positiven Wirkungen beim Anstieg sind dabei viel geringer als die negativen beim Platzen. Denn die Rezession wird infolge von Fehlinvestitionen in die zuvor begünstigten Wirtschaftsbereiche zusätzlich verstärkt.

5.) Die Staatseinnahmen durch Steuern steigen und fallen ebenfalls parallel mit der Bildung der Blase und ihrem anschließenden Platzen. Die Politik duldet oder begünstigt Blasenbildung in der Regel. Vereinzelt gibt es Politiker, die die künstlichen Kursanstiege nicht unterstützen wollen, wie das Beispiel der Südseeblase zeigt. Sie waren aber bereits 1720 in der Minderzahl.

Dieser Aufstieg und dessen Inversion in fünf Bereichen beschreibt die Mechanik der klassischen Blase. Bei der Südseeblase wird insbesondere der Zusammenhang zwischen der Neuverschuldung und den Kursanstiegen gut sichtbar.

Erste Abweichungen vom klassischen Blasenablauf

Es kommt bei vielen Blasen zu Abweichungen von diesem Schema. So können Immobilienbesitzer beispielsweise ihre Immobilie beleihen, um Aktien zu kaufen. Auch in dem Fall sind frisch geschöpfte Zahlungsmittel Kurstreiber, es gibt aber Unterschiede zum Beleihen von Aktien; so löst ein Kursrückgang keine Zwangsverkäufe aus. Eine andere Abweichung sind Aktienrückkäufe auf Kredit. Die Unternehmen kaufen sich dabei auf Kredit selbst. Diese Rückkäufe führten ab etwa 2009 in den USA zu einer extremeren Ausweitung der Aktienblase als in anderen Ländern. In der japanischen Aktienblase der 1980er-Jahre waren wiederum Überkreuzbeteiligungen wesentliche Kurstreiber (dabei kaufen Unternehmen einander gegenseitig).

Neben der kreditfinanzierten Blase kann es auch durch bloße Umschichtungen zu Blasen kommen.[29] Wenn beispielsweise Aktien verkauft oder Ersparnisse aufgelöst werden, um Immobilien in einer Gegend zu kaufen. Deren Preise steigen dann ohne zusätzliche Darlehensaufnahme. Die umgeschichteten Mittel können aber einer vorherigen kreditfinanzierten Blase entstammen, deren Kreditüberschuss nicht abgebaut wurde; dazu gleich mehr. Des Weiteren kann der Scheinreichtum aus dem Staatskredit auch zu dem bei Blasen beitragen. Zwar kauft der Staat meist nicht selbst Aktien oder Immobili-

29 Die kreditfinanzierte Blase ist die Kombination von übermäßiger Kreditschöpfung und daraus resultierendem Preisanstieg bei Anlagegütern. Die Blase ohne Kreditschöpfung ist durch die Umschichtung von einem Anlagebereich in den anderen und durch die daraus resultierenden exzessiven Preisanstiege gekennzeichnet.

en. Er kann sich verschulden, und die dabei geschaffenen Guthaben können zu Blasenbildung und Scheinreichtum beitragen.

Die Abweichung von der klassischen Blase, die zur heutigen Größten Blase aller Zeiten führte, hängt jedoch mit dem Blasenplatzen zusammen: Wenn dieses so unangenehme Folgen wie Rezessionen für die Allgemeinheit und die Minderung von gebuchtem Reichtum für Einzelne hat, lag es nahe, dieses Platzen einfach nicht zuzulassen. Der Traum von der ewigen Blase war geboren. Er wird zwar nie so genannt und auch nicht als solcher aufgefasst, prägt aber Politik und Ökonomie seit bald 100 Jahren.

Der Traum der ewigen Blase

Doch Träume sind Schäume. Am Ende einer Blase kommt es zu deren Platzen und damit zu Krisen. Auch wenn es gerne ignoriert wird, droht das Platzen auch bei der aktuellen Blase. Da diese die Größte Blase aller Zeiten ist, droht sogar ein besonders schweres Blasenplatzen. Dieses könnte sich dann nicht nur erheblich auf den Wert aller Ersparnisse auswirken, sondern auch auf die gesamte Wirtschaft und Gesellschaft. Doch wenn die Gefahren so groß sind, wie hat sich dann die Menschheit in diese bedrohliche Lage hineinmanövriert?

Die klassische Blase ist ein Auf und Ab in den genannten fünf Bereichen. Am Ende steht die Krise. Wenn die Party Spaß gemacht hat, könnte man doch versuchen, den Kater zu verhindern. Wieso also nicht das dramatische Blasenplatzen vermeiden, zumindest aber dessen negative Folgen? Dann hätten wir fast paradiesische Zustände, keine Krisen, nur Aufschwung und großen Reichtum – auch wenn dieser Scheinreichtum darstellt und viele von ihm ausgeschlossen sind.

Das Blasenplatzen ist vor allem von fallenden Kursen an den Anlagemärkten und ausfallenden finanziellen Forderungen begleitet.

Diese Ausfälle führen zu Wirtschaftskrisen. Wenn Sie sich nur diese Krisenphase ansehen, liegt eine Idee nahe: das Blasenplatzen durch konträre Maßnahmen zu bekämpfen. Wieso nicht eingreifen, und die Blase quasi am Platzen hindern? Diese Idee ist viele Jahrhunderte alt. Ihre bekanntesten Vertreter sind die Ökonomen John Law (1671–1729) und John Maynard Keynes (1883–1946), auch wenn sie selbst (soweit mir bekannt) nicht auf das Blasenplatzen rekurrierten.

Im Kern geht es darum, einen breiten Ausfall der Guthaben und damit eine Kettenreaktion ausfallender Schuldner zu verhindern. Dadurch können Rezessionen vermieden oder zumindest abgeschwächt werden. Dies kann vor allem einer leisten: der Staat mit seiner letztlich aus dem Gewaltmonopol resultierenden hohen Bonität.[30] Im Ergebnis führt das dazu, dass den Schuldnern, die nicht leisten können, ihre Schulden durch den Staat abgenommen werden. Die Schulden fallen dann nicht aus, und mit ihnen bleiben die zugehörigen Guthaben erhalten. Der Kollaps der Nachfrage wird so vermieden. Die Rezession wird vermieden oder abgeschwächt, der (Schein-)Reichtum bleibt erhalten: Das (vermeintliche) Paradies auf Erden ist geschaffen!

Die Vermeidung des Schuldenausfalls kann direkt und indirekt erfolgen. Die direkte Vermeidung wurde beispielsweise bei der Bankenrettung im Zuge der Finanzmarktkrise 2008 umgesetzt. Den Banken, die viele schlechte Forderungen in ihren Büchern hatten, griff der Staat unter die Arme. Dadurch blieben die Banken und mit ihnen die Sparguthaben erhalten, ein Ausfall der gesamtwirtschaftlichen Nachfrage und ein Kollaps des Finanzsystems wurden vermieden. Auf die gleiche Weise wirkt es, wenn der Staat den Banken erlaubt, schlechte Forderungen nicht abzuschreiben und somit als Guthaben im System zu belassen, wie es Japan nach dem Platzen seiner Mega-Blase ab Anfang der 1990er-Jahre tat.

---

30 Historisch übernahmen oft auch einzelne große und angesehene Gläubiger oder Banken diese Rolle.

Die indirekte Vermeidung erfolgt ansonsten durch eine schuldenfinanzierte Ausgabenpolitik, auch »deficit spending« genannt. Dabei schafft der Staat durch Schuldenaufnahme mit frischen Geldern eigene Nachfrage. Das kann ebenfalls auf zweierlei Weise erfolgen. Er kann beispielsweise Straßen bauen und selbst Nachfrage erzeugen. Oder er kauft etwa alte Autos zu überhöhten Preisen auf und veranlasst so Neukäufe durch Privatpersonen, womit der Staat die von ihm geschaffene Nachfrage durch Privatpersonen wirksam werden lässt. All das gleicht den Rückgang der Nachfrage im Privatsektor beim Blasenplatzen aus und entlastet so die privaten Schuldner, sodass sie ihre Schulden bedienen können.

Es geht im Kern bei diesen Maßnahmen nur darum, das Volumen der Forderungen nicht schrumpfen zu lassen oder es auszuweiten, indem der Schuldenausfall im Privatsektor durch den Staat mittels Erhöhung der Bonität auf der Schuldnerseite vermieden wird beziehungsweise indem zusätzliche Zahlungsmittel geschaffen werden. Die finanzielle Triebkraft der Realwirtschaft und der Blasen ist das Entstehen und Verschwinden von Schulden. Die meisten modernen Wirtschaftstheorien klammern hingegen die Schulden als Ausgangspunkt aus und abstrahieren hin zum »Konjunkturzyklus« (der nur ein Symptom ist) oder zur (letztlich fiktiven)[31] »Geldmenge«; sie verlassen also die ursächliche und bewegen sich auf einer sekundären Ebene.

Doch wie kommen wir zur Politik des Vermeidens des Schulden-Platzens, und wie durch sie in die Größte Blase aller Zeiten? Dazu hilft ein Blick auf die vorherige Größte Blase aller Zeiten, die in den größten Crash aller Zeiten mündete: die der 1920er-Jahre.

---

31 Fiktiv in ihrer Abgrenzung, mitunter aber auch in der Sichtweise des heutigen Geldes als etwas von Schulden Getrenntes.

Crash und Weltwirtschaftskrise ab 1929 sind der Anstoß zur heutigen Mega-Blase

Um die heutige Mega-Blase zu verstehen, blicken wir also auf die größte Blase zuvor: die der »Goldenen Zwanziger Jahre«. Der Erste Weltkrieg legte den Grundstein für sie. In seinen vier Jahren von 1914 bis 1918 kam es nicht nur zu enormen Verlusten an Mensch und Material, es kam auch zu einer starken Verschuldung. Das bisherige Imperium Großbritannien hatte sich bei seinem designierten Nachfolger USA verschuldet (ähnlich wie heute die USA bei China). Kriegsverlierer Deutschland hatte sich zwar 1923 durch Hyperinflation seiner Schulden im Inland entledigt, nicht aber der Auslandsschulden. Es gibt mit dieser Vorgeschichte Abweichungen zum klassischen Blasenverlauf, wie er in der Südseeblase sichtbar wurde. Denn es waren die Staaten, die sich im Krieg verschuldet hatten, nicht Privatpersonen. Zudem waren die Länder untereinander verschuldet. Dabei standen die USA in einer starken internationalen Gläubigerposition.

Die finanziellen Nachwehen des Krieges waren erheblich. Die wichtigsten Industrieländer zusammengenommen waren stark verschuldet. Es gab somit nach dem Krieg viele Guthaben, denen kriegsbedingt wenig Substanz gegenüberstand. In den 1920er-Jahren entstand dann mit Unterstützung durch viele frische Kredite ein Aufschwung (»die Goldenen Zwanziger Jahre«), der nicht nur die Wirtschaft, sondern auch die Börse umfasste. Insbesondere in den USA kam es zu starken Kurssteigerungen. Dabei wurden auch viele reine Spekulationskredite geschöpft, sodass an dieser Stelle wieder die Blasenmechanik klassisch wirkte. Die Spekulationskredite wurden nämlich direkt für Aktienkäufe genutzt und bewirkten weitere Kurssteigerungen. Der Chart zeigt die Entwicklung am Aktienmarkt in den USA anhand des Dow Jones von 1920 bis 1934.

Dow Jones Industrial Average, 1920 bis 1934

Quelle: Dow Jones

Bis 1929 stiegen die Aktien in der Spitze um das Sechsfache! Im Umfeld dieser stark steigenden Kurse konnte sich kaum jemand vorstellen, dass etwas schieflaufen könnte und dass sich wesentliche Trends umkehren würden. So meinte der angesehene Ökonom Irving Fisher noch Mitte Oktober 1929: »Es sieht so aus, als ob die Aktien ein dauerhaftes Hochplateau erreicht haben.«

Doch wenig später – noch im selben Monat – begann der Börsencrash 1929, der die Kurse bis 1932 um 90 Prozent reduzieren würde. Dabei kamen nicht nur die Kurse auf ihr Anfangsniveau zurück. Auch das Volumen an Geldern und Krediten fiel. Es war also eine klassische Schuldendeflation, deren Wirkungen noch durch weitere Faktoren wie einem Handelskrieg, einer Dürre und dem Wunsch zur Rückkehr zu einem Goldstandard mit Vorkriegsfixierung trotz stark gestiegenem Guthabenvolumens verstärkt wurden.

Es kam zur wirtschaftlichen Depression der 1930er-Jahre, die nicht nur die USA umfasste, sondern alle wirtschaftlich bedeutenden Länder der Welt. In der Weltwirtschaftskrise der 1930er-Jahre brach die Wirtschaft primär aus rein finanziellen Gründen massiv ein. In den USA sank die Industrieproduktion am extremsten und fiel in der Spitze um 46,8 Prozent! Andere Länder waren ebenfalls schwer betroffen. In Deutschland betrug der Einbruch 41,9 Prozent, in Frankreich 31,3 Prozent und in Großbritannien 16,2 Prozent.[32] Die Arbeitslosigkeit nahm stark zu. Politisch extreme Strömungen wie der Nationalsozialismus in Deutschland gewannen starken Auftrieb.

Weltwirtschaftskrise: Arbeitslosenquoten, 1925 bis 1935

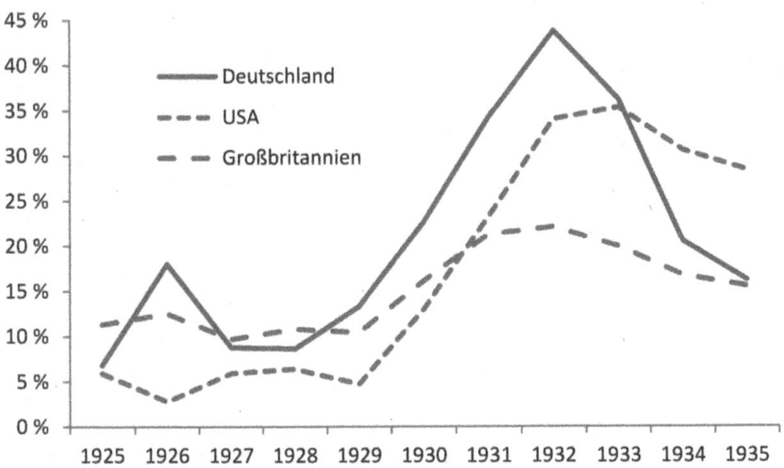

Quellen: Dietmar Petzina, Stanley Lebergott, Galenson und Zellner

Eine solche Wirtschaftskrise sollte sich nie wiederholen. Sie hat letztlich ganze Generationen von Ökonomen und Politikern geprägt. Zu Recht nehmen die damaligen Ereignisse einen hohen Stellenwert in der Forschung ein. Doch die Erkenntnisse, die man gewann, waren

32 Zahlen nach Romer, Christina: »The Great Depression«, Eintrag in Encyclopaedia Britannica, Dezember 2003, https://eml.berkeley.edu/~cromer/Reprints/great_depression.pdf.

einseitig. Denn man achtete kaum auf den Vorgang, der in die Blase geführt hat: die exzessive staatliche und private Verschuldung. Dementsprechend wurde auch nur selten die Lehre gezogen, solche Kreditexzesse künftig zu verhindern. Stattdessen legte man von nun an den Fokus überwiegend auf das Verhindern der Schäden beim Blasenplatzen durch staatliche kreditfinanzierte Ausgabenpolitik. Diese Vorgehensweise wurde so sehr verfolgt, dass dieses »deficit spending« seitdem selbst bei kleinsten Rezessionen angewandt wurde. Anstatt die Blasenentstehung bereits im Keim zu ersticken und damit auch die Folgen des Blasenplatzens zu vermeiden, verfolgte man eine Politik, die in diesem entscheidenden Punkt letztlich das Gegenteil bewirkte. Von nun an wurde systematisch aufgeschuldet und Blasenentstehung auf Blasenentstehung staatlich gefördert. Der Blasenmotor, der uns fast ein Jahrhundert später in die aktuelle Mega-Blase führen sollte, war angeworfen.

Von der dauerhaften Konjunkturankurbelung zur Größten Blase aller Zeiten

Im Zuge der schweren Depression der 1930er-Jahre setzte sich also eine Auffassung durch, die letztlich dafür sorgen sollte, ein vollständiges Platzen von Blasen nicht mehr zuzulassen. Diese Auffassung beherrschte die Ökonomie und das politische Handeln seit dem Ende des Zweiten Weltkrieges vollständig. Sie hat unterschiedliche Namen und Vorstellungen im Detail, wird oft mit dem Namen »Keynes« verbunden. Doch auch Politiker, die sich nicht als dessen Anhänger sahen, verfolgten eine entsprechende Politik. Sie bedeutete vor allem eines: Blasen dürfen nur noch teilweise platzen, die Kurse dürfen also fallen. Umfangreicher Schuldner- und damit Guthabenausfall beim Platzen wird aber verhindert, indem der Staat über eigene Kredite eingreift. Die Blase wird somit nicht vollständig zurückgeführt.

Es gab zugleich kaum Bemühungen, die Blasenentstehung selbst zu unterbinden. Es wurden auch keine Anstrengungen unternommen, die Gesamtverschuldung aller Wirtschaftssubjekte, also der Staaten, der Unternehmen und der privaten Haushalte, gegenüber der Wirtschaftsleistung konstant zu halten. Diese Gesamtverschuldung, die ja umgekehrt den Umfang aller finanziellen Forderungen darstellt, spielte praktisch keinerlei Rolle in der ökonomischen oder politischen Diskussion.[33]

Was als Gedankengebäude in einer Extremsituation – der schweren Weltwirtschaftskrise der 1930er-Jahre – in Gang gekommen war, beherrschte von nun an aber auch das Denken und Entscheiden der politischen Entscheidungsträger bei völlig normalen Krisen. Selbst beim bloßen Rückgang des Wachstums der Wirtschaft – also nicht der Wirtschaft selbst – griffen von nun an der Staat oder die Notenbank ein. Diese Vorgehensweise hat drei fatale Folgen:

1.) Die Schulden bleiben bestehen. Sie müssen bedient werden. Die Guthaben, die das Gegenstück zu den Schulden sind, bleiben aber auch bestehen und sind damit nachfragewirksam. Die Guthaben können jetzt von einer Blase zur nächsten wandern und dort die Preise hochtreiben. Sie wurden so zur monetären Basis der aktuellen Mega-Blase, die eine Vielzahl an Anlagegütern zu »astronomischen« Überbewertungen führte.

---

33 Allenfalls die Staatsschulden. Außerhalb der USA wurden meist noch nicht einmal die Daten erhoben. Als ich 2009 das erste Mal den Chart »Globale Verschuldung relativ zum Weltsozialprodukt« (siehe Kapitel 1) ab 1950 erstellte, musste ich wochenlang Daten suchen, interpretieren und zusammenfassen. Auch die Konvergenzkriterien (»Maastrichtkriterien«) für den Euro betreffen nur den öffentlichen Schuldenstand, der nicht mehr als 60 Prozent des BIP betragen darf (doch nicht einmal daran wollten sich die europäischen Politiker halten – mit fatalen Folgen für Wirtschaft und Menschen der Eurozone; siehe Kapitel 7).

2.) Diese Vorstellung hat den Staatskredit regelrecht geadelt. Viele Politiker und Ökonomen verharmlosen oder negieren gar die negativen Auswirkungen der staatlichen Kreditaufnahme. Nicht wenige Politiker machten davon schamlos Gebrauch. Die Mentalität »frisches Geld löst alle Probleme« entstand. Die mit der Staatsverschuldung geschaffenen gleichhohen finanziellen Forderungen sind nachfragewirksam und tragen zur Blasenschaffung bei.

3.) Der Gedanke, das Entstehen von Blasen, Staatsverschuldung und Kreditexzessen zu verhindern, tritt in den Hintergrund. Dies wird um des kurzfristigen Vorteils willen kaum noch angestrebt. Das frühzeitige Platzen von kleinen Blasen auf vollständige Weise, sodass auch Schulden und Forderungen verschwinden, wird sowieso fast nie mehr zugelassen. Auch die halbwegs reguläre Rückführung eines Schuldenbergs nach einer Krise – durch Vermeidung von Neuverschuldungen, Wirtschaftswachstum, regelmäßige Tilgungen und gegebenenfalls niedrigerem Zins – ist extrem selten.

Das absehbare Ergebnis: Über die Jahrzehnte hat sich weltweit ein riesiger Berg an Schulden aufgetürmt, dem ein gleich großer Berg an finanziellen Forderungen – also Guthaben – gegenübersteht. Dieser Berg hat die Anlagepreise weltweit in verschiedenen Bereichen von Aktien über Immobilien bis hin zu Kunstwerken oder virtuellen Gütern wie Bitcoins in extreme Höhen getrieben. Dabei wurden sehr hohe fundamentale Bewertungen – gemessen anhand beispielsweise von Kurs/Gewinn-Verhältnissen oder Kaufpreis/Miete-Verhältnissen – erreicht.

Das sind also die Hintergründe der Größten Blase aller Zeiten. Sie ist global, umfasst alle wichtigen Anlageklassen und ist von einer extrem hohen Verschuldung getrieben. Sie entstand zum einen aus lauter kleinen Teil-Blasen, deren vollständiges Platzen mit Verschuldungsabbau mittels Staatsverschuldung zum Zwecke der Rezessionsbekämpfung verhindert wurde, und die sich so zur Mega-Blase auftürmten.

Zum anderen wurde sie eigenständig von den Guthaben aus einer exzessiven Staatsverschuldung angetrieben, die auch für andere Zwecke von militärischer Rüstung bis zu unkontrollierten Wohlfahrtsprogrammen verwendet wurde.

Sie können sich das ein bisschen wie beim Kochen von einem zähflüssigen Gericht vorstellen, wo sich immer mehr kleine Blasen bilden und dann zu größeren vereinen. Dabei können sich die Blasen an verschiedenen Stellen bilden, bei Aktien oder Immobilien oder beiden, wachsen und zwischendurch auch schrumpfen, bis sie am Ende zusammenwachsen. Auch kann die »Hitze« unterschiedliche Quellen haben, es können Kredite von Unternehmen sein, Hypotheken von Privatpersonen oder Staatskredite, deren zugehörige Guthaben im Privatsektor nachfragewirksam werden. Außerdem wechseln Schuldner wie auch Gläubiger, so übernimmt beispielsweise der Staat bei der Rezessionsbekämpfung Schulden des privaten Sektors, was sich in der nächsten Teil-Blase wieder umkehren kann. Ein direkter Bezug zwischen Darlehensaufnahme und Anlagegegenstand wie bei der Südseeblase, wo frische Kredite direkt zu Aktienkäufen verwendet wurden, ist bei der Größten Blase aller Zeiten nicht mehr immer gegeben. Es wächst einfach das Kreditvolumen, und gleichzeitig steigen irgendwo und zugleich insgesamt die Anlagepreise.

Wir sind jetzt am Ende dieser jahrzehntelangen Blasen- und Verschuldungsorgie angelangt. Beide Formen des Scheinreichtums – der durch Staatsverschuldung und der durch Blasenmechanik – wurden optimal in der aktuellen Mega-Blase verbunden. Es gibt für sie keine historischen Vorläufer – sie ist wirklich die »Größte Blase aller Zeiten«!

Das macht die Prognose, wie das Platzen dieser Blase ablaufen wird, nicht gerade leichter. Das Platzen dürfte aber angesichts des Ausmaßes der Blase und der Verschuldung ein ziemlich gefährlicher Prozess werden. Ohne historische Vorläufer wird es auf jeden Fall etwas werden, das die Menschheit so noch nicht gesehen hat. Dennoch können wir Überlegungen anstellen, was konkret droht, wenn diese Mega-Blase platzt. Zum einen gab es in der Vergangenheit kleinere Blasen, die bereits platzten und als Muster dienen können. Zum anderen können wir einen Blick auf die einzelnen Schritte werfen, die konkret zur Größten Blase aller Zeiten führten. Denn viele von ihnen werden sich invertieren – mit fatalen Folgen für Wirtschaft und Finanzsystem.

5.

DIE 5 SCHRITTE ZUR GRÖSSTEN BLASE ALLER ZEITEN

Auf die Depression der 1930er-Jahre folgte mit dem Jahr 1939 schon bald der Zweite Weltkrieg. Nach dessen Ende 1945 entledigten sich die Staaten ihrer für den Krieg aufgebauten Überschuldung auf unterschiedliche Weise. In Deutschland wurde 1948 eine Währungsreform durchgeführt, die Schulden wurden also administrativ auf einen Schlag reduziert. Japan hingegen entledigte sich 1946 seines Schuldenberges in einer hyperinflationsähnlichen Geldentwertung mit Raten von über 700 Prozent.[34] In den finanziell solideren USA kam es zu einer schlagartigen Inflation von bis zu 20 Prozent bei künstlich gedrückten Zinsen. Die Staatsverschuldungen konnten also zu Lasten der Sparer auf unterschiedliche Weisen deutlich reduziert werden.

34 Großraum Tokio. Historical Statistics of Japan, Vol. 4, 1988.

Nach diesen Verwerfungen standen in den 1950er-Jahren wichtige Nationen wie die USA oder Deutschland finanziell recht solide da. Im Westen herrschte ein Bretton-Woods genanntes und bereits 1944 beschlossenes Währungssystem. Dabei waren die Währungen an den US-Dollar geknüpft, und dieser an Gold. Ausländische Notenbanken – und nur diese – konnten ihre US-Dollar in Gold tauschen. Die USA verfügten nach dem Krieg über die mit Abstand größten Goldreserven und glaubten daher, dieser Verpflichtung nachkommen zu können. Etwaige Handelsdefizite sollten dadurch ausgeglichen und zugleich begrenzt werden. Gleichzeitig hielt man am Anker Gold fest, sodass einer beliebigen Geldvermehrung und ausufernden Defiziten ein gewisser Riegel vorgeschoben war.

Allerdings wirkte dieser Riegel konstruktionsbedingt nur gegenüber dem Ausland, und auch das nur, solange das Ausland überhaupt Gold abforderte. Denn trotz hohen Wirtschaftswachstums begannen die Finanzen in den USA, in Schieflage zu geraten. Es kam zu einem doppelten Defizit. Der Ausbau des Wohlfahrtsprogramms, der Kalte Krieg und ab Mitte der 1960er-Jahre der Vietnamkrieg führten zu einer zunehmenden Staatsverschuldung. Parallel führte der Unterhalt des Militärs im Ausland bei gleichzeitiger Exportstärke anderer Länder wie Deutschland im »Wirtschaftswunder« zu Defiziten der USA gegenüber dem Ausland. So kam es, dass die Goldreserven der USA ab- und die anderer Länder entsprechend zunahmen. Außerdem kauften Privatanleger und Unternehmen Gold im Markt, und auch wenn diese kein Anrecht darauf hatten, so versuchte man doch, ihm das Gold zum festgelegten Preis zu veräußern. Ab 1961 bündelten dazu acht Zentralbanken ihre Kontrolle des Goldpreises im »Londoner Goldpool«, der bis 1968 hielt.

Dieser Umgang mit den Defiziten konnte nicht ewig funktionieren. Entweder mussten die USA ihre Finanzen in Ordnung bringen, was sie aber nicht taten. Oder sie verschafften sich Linderung, indem sie das Ausland dazu brachten, auf den Tausch von Dollarschuldverschreibungen in Gold zu verzichten. Insbesondere Japan und später auch Deutschland folgten diesem Anliegen. Im März 1967 versprach die Bundesbank im sogenannten »Blessingbrief«, von einem umfangreichen Umtausch von Dollar in Gold Abstand zu nehmen. Im Gegenzug verzichteten die USA darauf, weitere Forderungen für den Unterhalt bei der Stationierung ihrer Soldaten in Deutschland zu stellen.[35]

Doch all dies reichte nicht, und es floss weiter Gold ab. Insbesondere Frankreich sah unter dem Einfluss des Wirtschaftsberaters Jacques Rueff, der von einer »doppelten Kreditpyramide« sprach, die US-Defizite kritisch. Es kam, wie es angesichts der kurzsichtigen Politik kommen musste, zum ersten der folgenden fünf Punkte, die Jahrzehnte später in der Größten Blase aller Zeiten münden würden: zur Aufgabe der Goldbindung und Einführung des Dollarstandards.

1. Die Aufgabe der Goldbindung und die Einführung des Dollarstandards

Bereits 1967 hatte US-Regierungsberater Francis Bator anlässlich der Verhandlungen mit Deutschland, die in den Blessingbrief münden würden, intern von einem »Dollar-Standard« gesprochen. Bei ihm sollte der Dollar Gold ersetzen. Als Vorteil wurde herausgehoben, dass er den USA erlauben würde »unbegrenzt mit moderaten Defiziten zu leben«, wenn er auch keine »unlimitierte Druckerpresse« bieten würde. Sie müssten sich »keine Sorgen mehr über angemessene Zahlungs-

35 Siehe beispielsweise Zimmermann, Hubert: »Der unschlüssige Hegemon: Deutschland und die Anfänge der Europäischen Währungsunion«, in: Knipping, Franz (Hrsg.): Aufbau und Krise: Die europäische Integration in den Jahren 1970–84, Trier 2004, S. 206 f.

bilanzdefizite machen«.[36] Durch die Aufgabe der Goldbindung wurde somit gezielt ein Dauerdefizit angestrebt.

Die bilateralen Vereinbarungen mit einzelnen anderen Ländern reichten aber nicht aus, um den Goldabfluss zu stoppen. Am 15. August 1971 trat daher der damalige US-Präsident Richard Nixon zur besten Sendezeit vor die Kamera und verkündete ein Maßnahmenpaket, das als »Nixon-Schock« in die Geschichte eingehen sollte. Zentrales Element war das Brechen der Zusage, dass ausländische Zentralbanken ihre Dollar in Gold tauschen konnten. Nixon verkaufte dem Publikum diese Folge seiner fahrlässigen Defizitpolitik als Schutz des Dollars »vor den Angriffen der internationalen Geldspekulanten«.

36 »This morning neither Fowler nor McNamara mentioned by far the most important part of the US-German deal: Bundesbank agreement to a public pledge not to convert dollars to gold. This is a major breakthrough. In effect it will put the Germans on a dollar standard. And it is an enormous first step toward getting the other Europeans (ex-France) to agree to the same kind of rules. If we succeed – and after some serious education on the Hill and in the financial community – we will no longer need to worry about reasonable balance of payments deficits. This arrangement will not give us an unlimited printing press. But as long as we run our economy as responsibly as in the past few years, it will permit us to live with moderate deficits indefinitely.« Holderegger, Thomas: »Die trilateralen Verhandlungen 1966/1967«, in: Wenger, Andreas (Hrsg.): Zürcher Beiträge zur Sicherheitspolitik und Konfliktforschung Nr. 76, Zürich 2006, S. 235. http://e-collection.ethbib.ethz.ch/eserv/eth:28459/eth-28459-01.pdf.

USA: Offizielle Goldreserven, in Tonnen, 1930 bis 1990

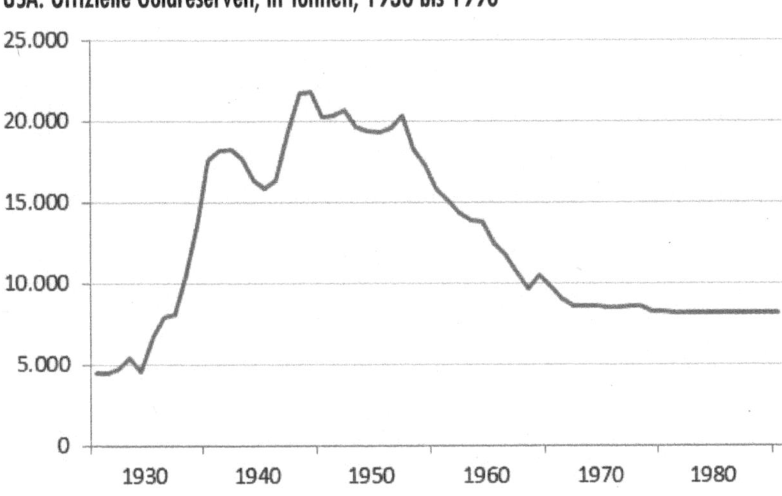

Quellen: FRED, WGC, eigene Berechnungen

Mit dieser Maßnahme war der Dollarstandard endgültig umgesetzt. Erstmals in der Geschichte der Menschheit war jedes Geld, auch das der mächtigsten Nation, vollständig ungedeckt. Anstatt die Finanzen in Ordnung zu bringen, wurde mit der Goldbindung der letzte Anker, der sich nicht beliebig der Politiker-Hybris unterwarf, aufgegeben. Nach innen wirkt ein Goldstandard als Bremse, indem er Sparern den Tausch in Gold ermöglicht, wenn die Verschuldung ausufert. Nach außen erzwingt er den Ausgleich von Defiziten, sobald das Ausland Gold abfragt. Beide Defizit-Begrenzungen gab es nun nicht mehr.

Die Aufgabe der Goldbindung verstärkte sofort die Inflation, die bereits seit Mitte der 1960er-Jahre, wenn auch erst moderat, zu steigen begonnen hatte. Die schnell steigende Inflation entwertete einen Teil der Ersparnisse, sodass es trotz Defiziten nicht sofort zu einem stärkeren Anstieg der Verschuldung (relativ zum BIP) kam, sondern erst nach Abklingen der Inflation ab Anfang der 1980er-Jahre. Diese Verzögerung ändert aber nichts daran, dass die Aufhebung der Goldbindung die Schuldenzunahme begünstigte und in dem Ausmaß überhaupt erst ermöglichte.

Es war das US-Doppeldefizit, das Nixon zum Bruch der Zusage des Goldtausches veranlasste, auch wenn er in üblicher Politikermanier mit den »Spekulanten« andere als Sündenbock benannte. Das von Bator intern, aber nicht öffentlich ausgesprochene Ziel war die Möglichkeit, unbegrenzt Defizite zu machen. Das war auch der sachliche Grund. Die natürliche Folge der unbegrenzten Defizite war aber die Akkumulierung der Schulden zu einem Schuldenberg, der uns heute, mehr als 50 Jahre später, so viele Probleme bereitet.

2. Die Einführung des Petrodollar-Systems

Nach innen haben schon viele Regierungen die Währungen ihres Landes durch Defizite ruiniert. Die Bürger werden meist zur Verwendung der heimischen Währung verpflichtet, erst bei stärkerer Geldentwertung wechseln sie zunehmend zu härteren Parallelwährungen aus dem Ausland oder zu Gold und Silber.

Nach außen hin sieht die Situation anders aus. Einen Zwang wie gegen die eigenen Bürger kann ein Staat gegenüber anderen Staaten nur ungleich schwerer durchsetzen. Wieso sollten andere Länder dauerhaft Güter in ein Land liefern, das diese einfach durch immer weitere Schuldverschreibungen bezahlt? In aller Regel schlittern daher Länder nach wenigen Jahren in eine Krise, wenn sie höhere Defizite gegenüber dem Ausland aufweisen. Noch nie hatte ein großes Land dauerhaft Defizite gegenüber dem Ausland angehäuft. Genau das ist den USA aber in den vergangenen Jahrzehnten gelungen. Die Abbildung zeigt dazu den Leistungsbilanzsaldo der USA, wie er sich ab 1950 akkumuliert hat. Darin sind vor allem die Waren enthalten, die die USA per Kredit bezahlt haben, aber auch Dienstleistungen und weitere internationale Zahlungen.

USA: Kumulierter Leistungsbilanzsaldo, Milliarden US-Dollar, 1950 bis 2021

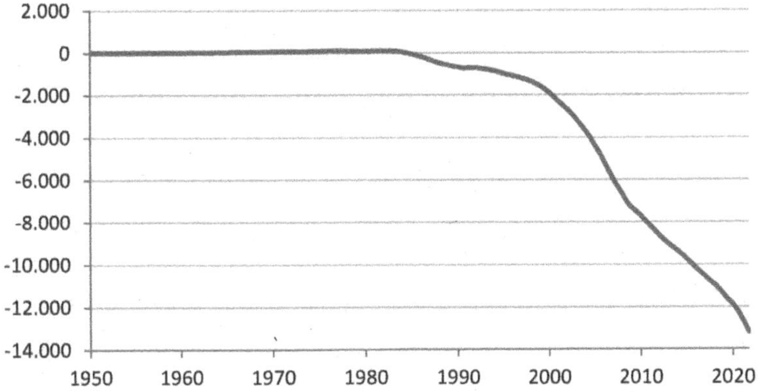

Quellen: FRED, eigene Berechnungen

Ende 2021 lag das aufsummierte Defizit bei 13,2 Billionen US-Dollar! Da dafür Schuldtitel exportiert wurden, explodierte auch die Schuldensumme der USA gegenüber dem Ausland. Das Netto-Auslandsvermögen, das auch schwankende Vermögenswerte wie Aktien berücksichtigt, wird für Ende 2021 vom US-amerikanischen Amt für Wirtschaftsanalyse sogar mit 18,1 Billionen US-Dollar angegeben.[37]

Bedenken Sie: Die USA waren einst, nach dem Zweiten Weltkrieg, ein ökonomisch grundsolides Land und die größte Gläubigernation der Welt. Durch das laufende Defizit wurden sie zur größten Schuldnernation. Das Soll der USA gegenüber dem Ausland gemessen am aufsummierten Leistungsbilanzdefizit entspricht fast 60 Prozent der jährlichen Wirtschaftsleistung, gemessen am Netto-Auslandsvermögen beträgt das Minus sogar fast 80 Prozent der jährlichen US-Wirt-

37 www.bea.gov/data/intl-trade-investment/international-investment-position, Stand 31.5.2022.

schaftsleistung. Eine solche Verschuldung gegenüber dem Ausland ist einmalig in der Geschichte eines größeren Landes. Wie konnte sie entstehen?

Den ersten Grund kennen Sie bereits: Es ist die Abkehr von Gold im Zentralbanksektor. Dadurch investierten die Zentralbanken weltweit ihre Reserven in Schuldverschreibungen des amerikanischen Staates. Der Anteil des US-Dollar an den Währungsreserven der Zentralbanken lag in den vergangenen Jahren bei etwa 60 Prozent und damit weitaus höher als der Anteil der USA an der weltweiten Wirtschaftsleistung von etwa 25 Prozent. Es wurden somit überproportional viele US-Schuldverschreibungen nachgefragt. Damit subventionierten die ausländischen Zentralbanken die US-Staatsverschuldung. Zugleich finanzierten sie materiell einen Teil des laufenden Defizits der USA gegenüber dem Ausland.

Doch was waren die Motive? Zum einen findet der Welthandel überwiegend in Dollar statt, weshalb es naheliegt, auch die Währungsreserven überwiegend in Dollar vorzuhalten. Zudem sind US-Dollar-Anlagen liquide, und rechtlich wie militärisch recht sicher. Außerdem wurde wie im Falle Deutschlands indirekt das US-Militär finanziert, also Sicherheit gekauft.[38]

Doch es gibt noch einen weiteren Zusammenhang. Dieser wurde jahrzehntelang nur selten in den Medien erwähnt und galt einigen Beobachtern sogar als Gerücht, denn er war geheim. Es gab jedoch genü-

38 Die Bildung von US-Dollar-Devisenreserven nach der Abkehr von der Goldbindung diente auch andernorts der US-dominierten Weltordnung, dazu beispielsweise Hudson, Michael: Super Imperialism – The Economic Strategy of American Empire, New York 1972.

gend Hinweise,[39] und im Jahr 2016 wurden wesentliche Dokumente[40] veröffentlicht: das Petrodollar-System. Es war seit den 1970er-Jahren wesentlicher Bestandteil der Wirtschafts-, Finanz-, Militär- und geopolitischen Ordnung und eine Basis des Dollarstandards. Es baute auf den seit den 1930er-Jahren bestehenden guten Beziehungen zwischen den USA und Saudi-Arabien auf, dessen Herrscherhaus regionale Rivalen fürchtete und auf die USA als Schutzmacht setzte.

Im Juli 1974 fuhr der damalige US-Finanzminister William Simon nach Saudi-Arabien und finalisierte ein von US-Präsident Richard Nixon, US-Außenminister Henry Kissinger und dem saudischen König Faisal ibn Abd al-Aziz vorbereitetes Abkommen. Das seinerzeit streng geheim gehaltene Abkommen legte den Grundstein für das Petrodollar-System. Nach Saudi-Arabien schlossen sich binnen weniger Monate weitere arabische Ölförderstaaten diesem Abkommen an.

Dessen Hauptinhalt: Die USA sichern die Macht des saudischen Königshauses innen- wie außenpolitisch und damit auch dessen Zugriff auf Ölfelder und Ölreichtum. Im Gegenzug liefert Saudi-Arabien ausreichend Erdöl und stabilisiert nach Möglichkeit dessen Preis. Vor allem aber investiert es seine Überschüsse in US-Schuldverschreibungen.[41] Diese staatlichen Investitionen trugen dazu bei, den USA ihre Defizite gegenüber dem Ausland zu ermöglichen. Die arabischen

39 Dazu beispielsweise Spiro, David: The Hidden Hand of American Hegemony – Petrodollar Recycling and International Markets, Ithaca, 1999, und Scott, Peter: Drugs, Oil, and War – The United States in Afghanistan, Columbia, and Indochina, Lanham, 2003.

40 Auf eine Anfrage des Finanzinformationsdienstleisters Bloomberg nach dem »Freedom of Information Act«.

41 Eine eher kuriose Folge des Abkommens war, dass das US-Schatzamt die arabischen Bestände an US-Schuldverschreibungen im Unterschied zu denen anderer Länder verheimlichte. Wong, Andrea; McCormick, Liz: »Saudi Arabia's Secret Holdings of U.S. Debt Are Suddenly a Big Deal«, Bloomberg Business, 22. Januar 2016.

Ölförderstaaten schlossen sich also Ländern wie Deutschland an und tauschten Sicherheit gegen Finanzierung des US-Defizits.

Ein weiterer Aspekt des Petrodollar-Systems ist der Verkauf des Öls in US-Dollar an Käufer anderer Länder. Dadurch wirkt der Petrodollar auch gegenüber Dritten. Diese müssen US-Dollar vorrätig halten und fragen daher zusätzlich US-Dollar-Schuldverschreibungen nach. Auch das stützt die laufende Finanzierung des US-Defizits.

Mittels künstlicher Nachfrage nach US-Dollar durch den Dollarstandard im Zuge der Reservehaltung der Zentralbanken nach Aufhebung der Goldbindung sowie durch das Petrodollar-System finanzierten ausländische Staaten die US-Defizite. Die Amerikaner finanzierten damit unter anderem ihr Militär, boten dafür Sicherheit,[42] drängten damit anderen Ländern aber auch ihren Willen auf.

Dollarstandard und Petrodollar-System führten somit zu einer zusätzlichen Nachfrage nach Dollar. Dessen Kurs wurde damit tendenziell nach oben manipuliert. Der langjährig etwas zu hohe Dollarkurs wiederum minderte die Wettbewerbsfähigkeit der amerikanischen Wirtschaft – Exporte wurden erschwert, Importe erleichtert. Dollarstandard und Petrodollar-System trugen somit wesentlich zur schleichenden Deindustrialisierung der USA bei. Das Dauerdefizit nutzte also den staatlichen Stellen in den USA, die sich leichter verschulden konnten. Es schadete aber dem Land.

42 In einigen, vor allem asiatischen Ländern scheint das Motiv hingegen mit der Asien- beziehungsweise Russlandkrise 1997 zusammenhängen. Diese für Länder wie Thailand und Indonesien aber auch Russland schwere Krise dürfte dazu geführt haben, dass ab etwa 2000 Überschüsse und Anhäufungen von US-Dollar-Schuldverschreibungen als probates Gegenmittel zur Vermeidung künftiger Krisen gesehen wurden. Auch China hat die Asienkrise wohl aufmerksam verfolgt und nach dem WTO-Beitritt Ende 2001 begonnen, hohe Leistungsbilanzüberschüsse zu fahren.

3. Die systematische Goldpreisdrückung

Grundvoraussetzung dieser Defizit-Ordnung war die weitgehende Ausschaltung von Gold im Inland und in den internationalen Handelsbeziehungen in Form der Aufhebung der Goldbindung. Dadurch verlor Gold seine disziplinierende Wirkung auf Schuldner, da die Gläubiger seltener in Gold umtauschten und stattdessen eher in zweifelhaften Schuldverschreibungen blieben.

Dieser Prozess wurde ab August 1993 durch die bis heute anhaltende systematische Goldpreisdrückung weiter vorangetrieben. Wie zuvor der Petrodollar wurde die systematische Goldpreisdrückung bis heute nicht offiziell bestätigt, es gibt aber eine Vielzahl an Hinweisen in Dokumenten, Gerichtsakten und durch statistische Verfahren. Ich habe selbst zum Thema ausgiebig geforscht und unter anderem ein Buch[43] dazu publiziert, kann also aus der Perspektive eines Mit-Aufdeckers über diesen Vorgang schreiben.

1995 erschien der erste Artikel zu Goldpreisinterventionen im US-Wirtschaftsmagazin *Forbes*, 1998 wurde mit dem »Gold Anti-Trust Action Committee« (GATA) eine US-Bürgerrechtsorganisation gegründet, um diese Interventionen aufzuzeigen.[44] Meine Forschungsarbeiten begannen 2001 mit einer empirischen Analyse des Intraday-Kursverhaltens des Goldpreises, durch die ich aufgrund einer Kursanomalie den Beginn der Goldpreisdrückung mit dem 5. August 1993 genau ermitteln konnte. Ein Jahr später belegte ich in einem Artikel die Manipulation

43 Details zur Goldpreismanipulation und weitere Belege finden sich in Speck, Dimitri: Geheime Goldpolitik, München 2013 (aktualisierte Auflage), FinanzBuch Verlag. ISBN 978-3-89879-837-2. Englische Ausgabe: The Gold Cartel, Houndmills und New York 2013, Palgrave Macmillan ISBN 978-1-349-44934-7.

44 Veneroso, Frank: »What's holding gold down?« Forbes, 5. Juni 1995; www.gata.org.

des Referenzkurses (»Fixing«) des Goldpreises. Dazu hatte ich einen Chart mit den durchschnittlichen Kursverläufen von Gold innerhalb jedes Handelstages veröffentlicht. Die Goldpreismanipulation hinterließ damals klare Spuren, da die Kursdrückungen bevorzugt zu bestimmten Tageszeiten durchgeführt wurden.

Der nächste Chart zeigt eine Aktualisierung des damaligen Charts. Er zeigt den durchschnittlichen Intraday-Kursverlauf des Goldpreises über mehr als 20 Jahre, vom 5. August 1993, dem Beginn der Manipulation, bis Ende 2013. Den Chart habe ich aus Millionen einzelner Kurse errechnet und dazu alle monatlichen Erträge verknüpft. Auf der horizontalen Achse ist die New Yorker Zeit eingetragen, auf der vertikalen Achse der mittlere Verlauf der Kurserträge (Startwert 1000). Mit diesem Chart können Sie somit auf einen Blick erkennen, wie der Goldpreis typischerweise über einen sehr langen Zeitraum im Tagesablauf verlief.

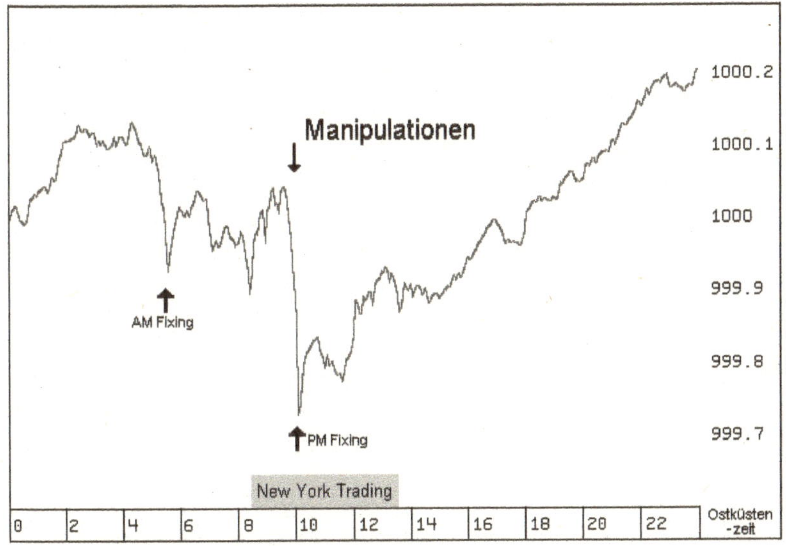

Quellen: Olsen Financial Technologies, Disktrading, eigene Berechnungen

Sie sehen, wie der Kurs insbesondere zum mit »PM Fixing« bezeichneten Londoner Nachmittagsfixing typischerweise auffällig stark und schnell fiel (es findet wegen der Zeitverschiebung am Vormittag um 10 Uhr New Yorker Zeit statt). Die Stelle habe ich mit dem Pfeil hervorgehoben. Aber auch zu dem mit »AM Fixing« bezeichneten Vormittagsfixing fiel der Kurs typischerweise.

Bei Gold gab es damals zwei Fixings. Das wichtigere Nachmittagsfixing wurde nachmittags in London ermittelt und war Referenzkurs für viele Folgegeschäfte. Wegen der Folgegeschäfte ist das Fixing für Manipulationen besonders geeignet, da sich deren Kurse auf diesen Fixingkurs beziehen. Außerdem orientieren sich viele Anleger am Fixingkurs, sodass er psychologisch von Bedeutung ist. Diese Rückgänge zu den Fixings gehören zu den vielen Spuren, die die systematischen Goldpreismanipulationen hinterließen.

Diesen Beweis übernahm Ende 2013 Rosa Abrantes-Metz in einem Artikel für den Finanznachrichtenanbieter Bloomberg.[45] Die New Yorker Professorin wurde als »Libor-Jägerin« bekannt, weil sie Manipulationen dieses wichtigen Referenzzinssatzes aufdeckte. Dies führte zu Strafzahlungen von Banken in Milliardenhöhe, was ihr vermutlich den nötigen Respekt verschaffte, um bei Manipulanten ernst genommen zu werden. Ab 2014 wurden dann die traditionellen Edelmetallfixings abgeschafft. Eine Manipulation des Fixings ist mit der oben erwähnten Methode seitdem auch nicht mehr nachweisbar; die Manipulation des Goldpreises selbst ging aber weiter. Außerdem wurden Gerichtsverfahren wegen der Goldpreismanipulation eingeleitet. Abrantes-Metz trat in mindestens einem dieser Verfahren als Gutachterin auf und verwendete dabei meinen Beweis. Die Verfahren endeten mit Strafen und Zahlungen in dreistelliger Millionenhöhe, umfassten aber nur Privatbanken.[46] Eine Aufklärung von Seiten der US-Zentralbank oder anderen beteiligten Zentralbanken, von denen die Goldpreisdrückung 1993 ihren Ausgang nahm, oder durch andere staatliche Stellen unterblieb bisher. Angesichts der Bedeutung der Goldpreisinterventionen und der Gerüchte im Markt wäre es wünschenswert, wenn die Bundesbank oder eine andere der beteiligten Notenbanken in einer Sonderpublika-

45 Abrantes-Metz, Rosa: »How to Keep Banks From Rigging Gold Prices«, Bloomberg News 19.12.2013.

46 Die letzte Klage zu den Fixing-Manipulationen scheint Ende 2021 beigelegt worden zu sein: »Barclays, SocGen $50 Million Gold Fix Settlement Gets First Nod«, Bloomberg Law 14.1.2022. Mitte 2022 kam es außerdem noch zu weiteren Strafurteilen gegen Händler wegen Goldpreismanipulationen: »JPMorgan Gold Traders Found Guilty After Long Spoofing Trial«, Bloomberg News 10.8.2022.

tion die damaligen Vorgänge darlegte.[47] Immerhin gab es einen (naturgemäß begrenzten) Informationsfluss über Ökonomen mit guten Kontakten zu führenden Zentralbankern.[48]

Die durch statistische Verfahren gewonnene Kenntnis des genauen Datums des Beginns der Goldpreismanipulationen hatte mich später auf die Idee gebracht, die Protokolle der US-Notenbank aus dieser Zeit zu durchforsten. Diese Protokolle werden fünf Jahre später veröffentlicht und im Unterschied zu den aktuellen Notenbankinformationen liest sie fast niemand – schon gar nicht in der Absicht, Zitate zur Goldpreisdrückung zu finden. So stieß ich auf folgendes Zitat des damaligen Chefs der US-Notenbank, Alan Greenspan, vom 18. Mai 1993, also wenige Monate vor Manipulationsbeginn: »Ich möchte noch ein weiteres Thema aufgreifen. Ich zögere, es zu tun, aber lassen Sie mich einige Punkte, die hier involviert sind, ansprechen. Wenn wir es mit Psychologie zu tun haben, dann hat das Thermometer, das man zum Messen verwendet, einen Einfluss. Ich habe die Frage am Rande des Treffens mit Gouverneur Mullins aufgeworfen, was passieren würde, wenn das Schatzamt etwas Gold in diesen Markt verkaufen würde. Das

47 Unterlagen zur ursprünglichen Vereinbarung zwischen westlichen Zentralbanken – dass sie Gold verkaufen würden, um keinen Preis oberhalb von 400 US-Dollar zuzulassen – sollten, sofern vorhanden, auch bei nicht-amerikanischen Zentralbanken vorliegen. Angesichts der makroökonomischen Bedeutung wäre es wünschenswert, wenn die Bundesbank in einer Sonderpublikation die diesbezüglichen Unterlagen der Öffentlichkeit und Forschung zur Verfügung stellen oder wenn ein Beteiligter sich in der Öffentlichkeit äußern würde.

48 So formulierte David Hale: »Da Zentralbanker wie Alan Greenspan den Goldpreis häufig als Indikator für die Marktpsychologie ansehen, ist es auch durchaus möglich, dass die Zentralbanken versuchen, den Preis zu beeinflussen, um sonstige politische Ziele zu fördern.« (»As central bankers such as Alan Greenspan often refer to the gold price as an indicator of market psychology, it is also quite possible that the central banks might attempt to influence the price in order to promote other policy objectives.«). Hale, David: »Why is the gold price rallying?«, Central Banking, Vol. 13, Nr. 3, 10. Februar 2003.

ist eine interessante Frage, denn wenn Gold in diesem Umfeld ausbricht, wäre das Thermometer nicht nur ein Messgerät. Es würde fundamental die zugrunde liegende Psychologie beeinflussen.«[49]

In den USA hält das Schatzamt das Staatsgold. Greenspan spricht hier ganz klar den möglichen Verkauf von Gold an, um dessen Preis zu drücken. Es ist also keinesfalls so, dass Zentralbanker sich nicht für den Goldpreis interessieren würden, wie oft behauptet wird. Vielmehr diskutiert Greenspan dessen Beeinflussung. Er sieht den Goldpreis als »Thermometer«, mit dem eine aufkommende Inflation signalisiert wird. Er drückt seine Sorge aus, dass ein steigender Goldpreis die »Psychologie«, und damit letztlich das Verhalten der Bürger ändern würde. Auch wenn er hier nicht konkreter wird, kann er beispielsweise daran gedacht haben, dass Sparer höhere Zinsforderungen in Erwartung einer Inflation stellen oder ihr Geld abheben, oder dass Arbeitnehmer höhere Lohnforderungen stellen. Um das zu unterbinden, erwägt Greenspan, die Anzeige des »Thermometers« zu beeinflussen, also den Goldpreis zu drücken.

Fazit: Seit dem 5. August 1993 wird der Goldpreis systematisch gedrückt. Diese Interventionen setzten verstärkt dann ein, wenn die Nachrichten für das Währungs- und Finanzsystem besonders negativ sind – also dann, wenn typischerweise ein Anstieg erfolgen würde. Dies sollte den Eindruck erwecken, die »Währungshüter« hätten alles im Griff. Der Anstieg des Goldpreises über diese bald 30 Jahre konn-

---

49 »I have one other issue I'd like to throw on the table. I hesitate to do it, but let me tell you some of the issues that are involved here. If we are dealing with psychology, then the thermometers one uses to measure it have an effect. I was raising the question on the side with Governor Mullins of what would happen if the Treasury sold a little gold in this market. There's an interesting question here because if the gold price broke in that context, the thermometer would not be just a measuring tool. It would basically affect the underlying psychology.« Transkript des Treffens des Offenmarktausschusses der US-Notenbank vom 18. Mai 1993, www.federalreserve.gov/monetarypolicy/files/FOMC19930518meeting.pdf.

te und musste daher nicht vollständig verhindert werden. Es reichte, in kritischen Phasen wie der Finanzkrise 2008, der Zypernkrise oder bei steigender Inflation die Anleger durch Kursdrückungen von Gold, dem klassischen Gegenspieler der kreditbasierten Währungen, fernzuhalten, damit sie stattdessen in anderen Anlagen bleiben. Die Goldpreisdrückung diente laut Greenspan dazu, die Inflationserwartung zu senken, um damit die Inflation selbst niedrig zu halten. Das ist die erklärte Absicht, und es hat funktioniert.

Was aber ist die Folge einer auf diese Weise verhinderten Geldentwertung? Sie führt über verschiedene Mechanismen zur zusätzlichen Aufschuldung und trägt zur Blasenbildung bei. Denn wenn die Bürger ihr Geld wie gewünscht nicht ausgeben, sodass es nicht in Umlauf gerät und die Preise anheizt, bedeutet es, dass sie es sparen – das Geld und mit ihm dessen Gegenstück, die Schulden, verschwinden nicht! Allerdings sind das Preisniveau und damit die Bezugsgröße des Schuldenstandes künstlich niedriger. Es gibt also relativ zur nominellen Wirtschaftsleistung mehr Schulden. Die Goldpreisdrückung mindert somit zwar die Inflation, diese wird aber nur aufgestaut! Das Geld wurde zusätzlich gespart, droht aber später in Umlauf zu geraten und die Inflation dann umso stärker anzuheizen.

Der zweite Wirkmechanismus geht über den Zins: Die Inflationsbekämpfung durch Goldpreisdrückung hat den Vorteil, dass die Inflation nicht über traditionelle Methoden bekämpft werden muss – in der Hand der Notenbank wären dies Leitzinserhöhungen. Höhere Zinsen drücken aber auf das Wirtschaftswachstum, was politisch nicht gewollt ist – und was 1993 in den Notenbankprotokollen auch ausführlich besprochen wurde. Die Goldpreisdrückung ermöglicht somit eine Inflationsbekämpfung ohne Leitzinserhöhung.

Doch was sind die Nebenwirkungen zu niedriger Zinsen? Zu niedrige Zinsen führen nicht zu weniger Schulden, sondern über eine erhöhte Kreditaufnahme zu mehr, da sie den Schuldendienst für den

Schuldner verbilligen. Man nimmt einfach eher Kredite auf, wenn die Zinsen niedrig sind. Wenn die Zentralbank die Zinsen zu niedrig ansetzt, wächst das Kreditvolumen. Auf den Finanzmärkten werden damit spekulative Käufe getätigt und die Blasenbildung gefördert.

Die systematische Goldpreisdrückung ab 1993 trug also dazu bei, dass Sparer ihr Geld nicht abhoben, und sie führte über künstlich gesenkte Zinsen zu Neuverschuldungen. Beides hob den Schuldenstand relativ zur Wirtschaftskraft an. Global stieg die Verschuldung an. So pumpte die Goldpreisdrückung die Blase an den Finanzmärkten weiter auf. Genau solch ein weiterer Ausbau der Blase ist denn auch ab Mitte der 1990er-Jahre passiert, wie in Kapitel 1 dargelegt. Die Blase an den US-Aktienmärkten konnte ein zuvor nicht gekanntes Niveau an Überbewertung erreichen. So stieg beispielsweise die Marktkapitalisierung der US-Aktien sogar über das Blasenniveau der bis dahin größten Blase am US-Aktienmarkt in den 1920er-Jahren. In Deutschland wurde plötzlich im Fernsehen Werbung für Aktien gemacht, und der Neue-Markt-Index »Nemax« stieg binnen drei Jahren um 1594 Prozent. Mit Blick auf die entwickelten Länder und insbesondere auf die USA mit der Entwicklung am Aktien- und später Immobilienmarkt wird man wohl ab der zweiten Hälfte der 1990er-Jahre von der »Größten Blase aller Zeiten« sprechen können. Der Chart zeigt die Spekulationsmanie am Aktienmarkt anhand des technologielastigen Nasdaq Composite Index von 1990 bis 2002.

Nasdaq Composite, 1990 bis 2002

Quelle: Nasdaq

Die Goldpreismanipulation ermöglichte künstlich gesenkte Leitzinsen, die andernfalls zur Inflationsbekämpfung hätten angehoben werden müssen. Sie ist ein völlig unterschätzter Grund dafür, dass die Schulden so weit aufgebläht und die Kurse so sehr steigen konnten. Solche Exzesse passieren nicht bloß, weil der Markt »verrückt« spielt, sie sind in aller Regel durch eine verfehlte Politik und Geldpolitik verursacht. Mit den Interventionen wurde der Gegenspieler unserer kreditbasierten Währungen, Gold, erneut als disziplinierender Faktor der Politik aus dem Spiel genommen.

Bei der Aufgabe der Goldbindung 1971 wurde den Gläubigern offen jede Möglichkeit zum Umtausch in Gold genommen. Damit fiel diese disziplinierende Wirkung durch Flucht aus den Papiergeldforderungen auf die Schuldner weg. Eine Inflation entstand. Im Unterschied dazu wurde bei der systematischen Goldpreisdrückung ab 1993 eine heimliche Demotivation geschaffen, einen Kauf von Gold am Markt vorzunehmen. Erneut fiel die disziplinierende Wirkung auf die Schuldner, nun durch Verkauf von Papiergeldforderungen, weg. Diesmal stiegen die Anlagepreise. Die Goldpreisdrückung wirkte somit ähnlich wie die Aufhebung der Goldbindung. Bloß ging es nicht um die Verhinderung des Tauschs von Währungen in Gold, sondern um die Verhinderung des Verkaufs von Währungen und des Kaufs von Gold am Markt, was aber letztlich auf dasselbe hinausläuft.

Der Goldstandard mag ein »barbarisches Relikt« sein, wie es Keynes ausdrückte.[50] Der Mensch ist aber in Bezug auf sein evolutionäres Erbe selbst ein »barbarisches Relikt«. Seine Neigung zu Gier, Macht und Täuschung verlangt eine Finanzordnung, die neben anderen Personen gerade Politiker und andere Machthaber diszipliniert. Zumindest der erste Anlauf eines reinen »Papiergeldstandards« vermochte dies nicht.

Dass ab Mitte der 1990er-Jahre tatsächlich ein völlig neues Marktumfeld begonnen hat, mit einem zuvor nicht gekannten Ausmaß spekulativer Exzesse, zeigt besonders gut die folgende Abbildung. Sie weist das Volumen der für Wertpapierkäufe aufgenommenen Kredite gegenüber dem BIP aus. Bis Mitte der 1990er-Jahre lag das Niveau der spekulativen Wertpapierkredite bei 0,3 bis 0,9 Prozent und im Mittel bei 0,6 Prozent der jährlichen Wirtschaftsleistung der USA. Seitdem begann es, auf Werte bis auf fast 4 Prozent zu steigen! Diese Vervielfachung zeigt eindeutig die Mitte der in den 1990er-Jahren begonnenen und seitdem anhaltenden Spekulationsexzesse. Genauso wie Lösung von der Goldbindung ab 1971 die Inflation bei den Konsumentenprei-

---

50 Er meinte dies 1923 in Bezug auf die von ihm abgelehnte Priorisierung des Goldstandards mit seinem fixierten Goldkurs gegenüber dem wirtschaftlichen Wohlergehen des Landes. Dieser Goldkurs passte nach dem Ersten Weltkrieg nicht mehr. Das eigentliche Problem Großbritanniens waren allerdings die im Krieg aufgenommen Schulden. Barbarischer als der Goldstandard war der Weltkrieg, der den eigentlichen Grund für die finanziellen und realen Verwerfungen bildete. In der Tat löst aber auch ein Goldstandard das Problem der übermäßigen Staatsverschuldung nicht. Dabei ist die Lösung trivial: keine Schulden aufnehmen.

sen freigesetzt hatte, hat nun die systematische Goldpreismanipulation ab 1993 die Anlagepreise abheben lassen.

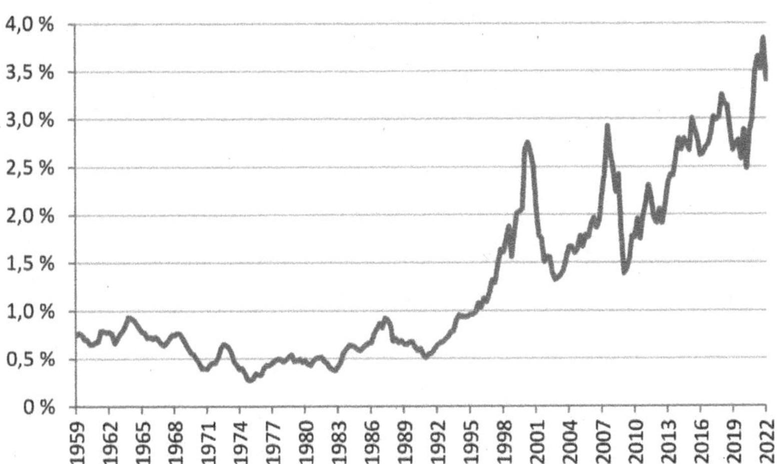

Quelle: NYSE, FINRA, FRED, eigene Berechnungen[51]

Parallel zum weiteren Aufblühen der Mega-Blase ab Mitte der 1990er-Jahre wurden zunehmend ökonomische Theorien popularisiert, die den Prozess der Blasenbildung feierten. Dazu zählte die des »wealth effects« (Vermögenseffekts). Dabei handelt es sich letztlich um die Beobachtung, dass im Blasenbildungsprozess die Wirtschaft stärker wächst. Das war freilich bereits Jahrhunderte zuvor beobachtet worden. Es findet aber plötzlich eine wissenschaftlich verbrämte Gutheißung in der Form, dass »wahrgenommener« Wohlstand zu mehr Ausgaben führt. Das kreditfinanzierte Hochtreiben der Preise bei Aktien und Immobilen wurde so allen Ernstes geadelt, auch wenn die

51 Die weniger umfassenden Daten der NYSE wurden rückadjustiert, um eine konsistentere Zeitreihe zu erzeugen (die Werte bis 1/2010 um knapp 13 Prozent angehoben).

zugrunde liegende Theorie neutral ist. Denn die negativen Effekte wie die überproportionale Bereicherung bereits Vermögender oder die später drohende Rezession beim Platzen der Blasen an den Anlagemärkten wurden ignoriert. Solche Rechtfertigungs-Theorien sollten in der nächsten Phase der Mega-Blasenbildung eine entscheidende Rolle bei der Rationalisierung der Zentralbankpolitik finden: der umfassenden Manipulation der langfristigen Zinssätze namens »QE« (für Quantitative Easing beziehungsweise quantitative Lockerung).

4. Zentralbanken manipulieren den Langfrist-Zins mittels QE nach unten

Die Blase an der Technologiebörse platzte ab dem Jahr 2000. Aber wie bei den Blasen zuvor war es ein halbseitiges Platzen. Die Kurse kamen zurück, die Schulden wurden aber nicht abgebaut. Die zugehörigen Guthaben trieben daher sogleich die nächste Blase an: am US-Immobilienmarkt. Die Blase dort wurde aber zusätzlich auch durch viele frische Kredite angetrieben.

Dabei wurde auch die Hypothekenvergabe selbst an einkommensschwache Bevölkerungsschichten forciert – man sprach unter Verwendung des Akronyms NINJA von »no income, no job, and no assets« (»kein Einkommen, keine Arbeit, keine Sicherheiten«). Mittels vermeintlicher Finanzinnovationen wie den »MBS« (mortgage backed securities – durch Hypotheken besicherte Wertpapiere) wurde die Kreditexpansion und damit die Immobilienblase extrem angeheizt. Dabei werden ähnlich wie bei einem Pfandbrief die Hypotheken in einem Wertpapier gebündelt und an Anleger verkauft.

Im Unterschied zu einem Pfandbrief haftet die vertreibende Bank aber nicht mit, wenn der Schuldner nicht leisten kann. Das schafft natürlich einen enormen Anreiz für das Vertriebspersonal, wirklich an jeden – ob er leisten kann oder nicht –, ein Darlehen zu vergeben. Vor allem institutionelle Anleger fielen auf den Trick der Bündelung herein. Binnen weniger Jahre verdoppelten sich die Immobilienpreise beinahe. Die Politik forcierte die Blasenbildung durch verschiedene Maßnahmen wie beispielsweise die Abschaffung des »Glass Steagall Acts«, der in den 1930er-Jahren als Lehre aus der Blase der 1920er-Jahre geschaffen wurde. Der Chart zeigt die seinerzeitige Situation anhand der US-Hauspreise von 1995 bis 2011.

USA: Hauspreisindex, inflationsbereinigt, 1995 bis 2011

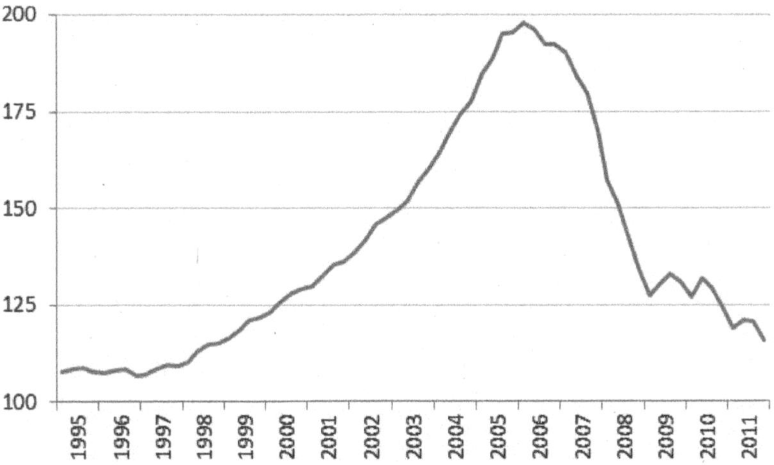

Quelle: Robert Shiller

Doch auch diese Blase platze, wie Sie unschwer erkennen können. Viele institutionelle Investoren wie in Deutschland einige Landesbanken verloren ein- oder zweistellige Milliardenbeträge durch diese vermeintlich sicheren Wertpapiere. Sicher waren diese Anlagen jedoch wie bei allen Blasen nur, solange die Preise stiegen. Was dann aber kam, schockte die Welt: die Finanzkrise 2008.

Der Frühling 2008 brachte die Pleite der amerikanischen Investmentbank Bear Stearns. Am 15. September 2008 kam es mit Lehman Brothers zur zweiten Bankenpleite des Jahres in den USA. Sie war der finale Auslöser der größten Finanzkrise seit den 1930er-Jahren. Es kam zu verheerenden Kursverlusten an den Börsen mit fast 55 Prozent beispielsweise beim deutschen DAX, aber auch viele andere Wertpapiere erlitten starke Verluste. Viele Sparer hoben ihr Geld ab, um es als Bargeld in Sicherheit vor einer Bankenpleite zu haben. Besonders gefährlich wurde die Finanzkrise 2008, da auch die Banken einander nicht mehr trauten und das Darlehensgeschäft untereinander einstellten. Der Handel zwischen den Banken ist aber die Basis des gesamten Finanzsystems. Die Finanzwelt stand quasi still, es drohte der totale Kollaps von Finanzsystem und Wirtschaft. Die Wirtschaft brach weltweit ein, in Deutschland beispielsweise um 7 Prozent binnen gut eines Jahres.

Das war der Startschuss für die größte finanzielle Rettungsaktion in der jüngeren Geschichte. Sie umfasste Maßnahmen des Staates und der Zentralbanken. Im Wesentlichen lief es darauf hinaus, durch direkte und indirekte Maßnahmen die Qualitätseinstufung der Schulden zu erhöhen, um eine Kreditkontraktion zu verhindern. Dazu sprachen Politiker etwa Bankgarantien aus oder es wurde die Nachfrage in der Realwirtschaft gestärkt, beispielsweise durch staatliche Prämien für Gebrauchtwagen im Falle eines Neuwagenkaufs.

Auch im Zentralbankbereich gab es umfangreiche Maßnahmen. Diese zielten direkt auf die Banken. Besonders eine Maßnahme war dabei inspiriert von Überlegungen, die der damalige Chef der US-Notenbank FED Ben Bernanke zuvor anlässlich der Weltwirtschaftskrise der 1930er-Jahre angestellt hatte, die aber bereits in Japan ab Anfang der 2000er-Jahre zur Anwendung gekommen waren: Quantitative Easing beziehungsweise QE. Die Zentralbanken gingen dazu über, Anleihen des Staates oder von Unternehmen in großem Umfang im Markt zu kaufen.[52] Der Chart gibt anhand der Bilanzsumme in Millionen Dollar für die FED und für die Europäische Zentralbank EZB ab dem Jahr 2004 eine Vorstellung der Größenordnung der von den Zentralbanken gehaltenen Anleihen.

Notenbank-Bilanzsummen in Millionen Euro beziehungsweise US-Dollar

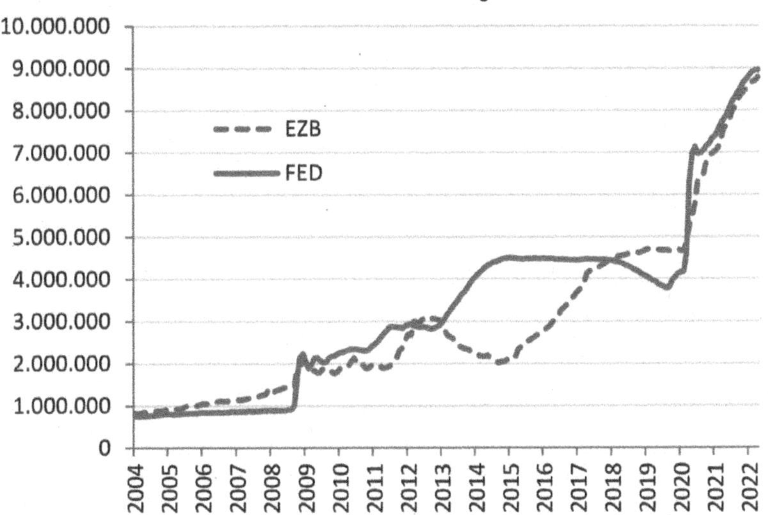

Quelle: FRED

Wie Sie anhand des ersten Sprungs sehen, wurden die Käufe im Jahr 2008 massiv ausgeweitet. Das diente der unmittelbaren Krisenbekämpfung. Allerdings setzten die Zentralbanken die Ausweitung der Bilanzsumme auch nach der Krise fort. Lag sie bis 2005 in der Euro-

52 Richard Werner, der zu den Finanzexzessen in Japan in den 1980er-Jahren forschte, hatte den Begriff geschöpft, aber etwas anderes gemeint (nämlich die Kreditschöpfung für BIP-Transaktionen, d. h. gezielt für produktive Zwecke). Zur Entstehung des Begriffs siehe Werner, Richard: »Quantitative Easing and the Quantity Theory of Credit«, Royal Economic Society Newsletter, Juli 2013, www.res.org.uk/resources-page/july-2013-newsletter-quantitative-easing-and-the-quantity-theory-of-credit.html.

zone und bis 2008 auch in den USA unter 1 Billion Euro beziehungsweise US-Dollar, verdoppelte sich dieser Wert im Zuge der Finanzkrise und stieg bis 2022 bei beiden Zentralbanksystemen auf knapp 9 Billionen Euro beziehungsweise US-Dollar. Lagen der Wert der vier großen Zentralbanksysteme FED, EZB, Japans und Großbritanniens relativ zur Wirtschaftsleistung vor der Finanzkrise bei etwas über 10 Prozent, betrug er 2022 – angeführt von Japan, gefolgt von der Eurozone – etwa 60 Prozent des BIPs!

Durch diese Maßnahme manipulierten die Zentralbanken direkt das Zinsniveau im längerfristigen Bereich. Indem sie in so hohem Maße Schuldverschreibungen erwarben, erhöhten sie die Nachfrage nach diesen Papieren, sodass die Schuldner weniger Zinsen bieten mussten. Dadurch fielen die Zinsen wie bereits in Kapitel 1 gezeigt auf das niedrigste Niveau aller Zeiten. Ab 2016 wurde für zehnjährige deutsche Staatsanleihen der Zins sogar negativ!

Das niedrigere Zinsniveau umfasste auch die Bereiche, die nicht direkt von Anleihekäufen der Zentralbanken erfasst wurden. Angesichts der geringen Rendite relativ sicherer Staatsanleihen kauften Anleger immer mehr Anleihen von Schuldnern geringer Bonität – selbst riskante sogenannte »Schrottanleihen« –, um überhaupt noch Renditen zu erzielen. Durch diese Käufe fielen auch deren Renditen. Da die Zentralbanken auch die Leitzinsen sehr niedrig oder gar negativ hielten, waren über viele Jahre hin die Zinsen über alle Laufzeiten auf historisch niedrige Werte manipuliert. Doch was steckte hinter diesen massiven Eingriffen der Zentralbanken?

Durch die Senkung des Zinses erleichterten die QE-Maßnahmen den Schuldnern den Schuldendienst! Sie mussten weniger an Zinsen bezahlen. Angesichts des weltweit hohen Schuldenstandes ist die Bedeutung dieser Maßnahme enorm. Durch QE wirken die Zentralbanken damit direkt einem Ausfall der Schuldner entgegen, wie er beim klassischen Blasenplatzen üblich ist. Sie wirken so einem deflationären Kollaps mit Bankenpleiten wie in den 1930er-Jahren entgegen. Unmittelbar zur Finanzkrise mag diese Maßnahme noch gerechtfertigt gewesen sein, danach wurde sie zum Selbstläufer.

QE wirkt übrigens nicht unmittelbar inflationär, wie meist behauptet und auch befürchtet wurde – und was dann auch von den Zentralbanken als offizielle Begründung für QE angegeben wurde. Denn der Kauf von Anleihen erzeugt keine eigenständige Nachfrage nach Gütern.

Fünf schwere Nebenwirkungen der QE-Zentralbankpolitik

Der niedrige Zins hat allerdings erhebliche Nebenwirkungen, darunter folgende fünf:

1.) Die Verschwendung im öffentlichen Sektor nimmt zu. Staaten neigen grundsätzlich zur Verschwendung, da Politiker und Beamte anderer Leute Geld ausgeben und die Sorgfalt in diesem Fall beim Menschen tendenziell abnimmt. Niedrige Zinsen reduzieren die Kosten für den Schuldendienst und mindern dadurch den Anreiz zum effizienten Haushalten. Die durch den künstlich gedrückten Zins freigewordenen Mittel werden tendenziell nicht zur Schuldentilgung oder zur Steuersenkung verwendet, sondern für vermehrte Ausgaben. Die zusätzliche Verschwendung entzieht dem privaten Sektor – Unternehmen und private Haushalte – Güter und Dienstleistungen.

2.) Es entstehen mehr »Zombieunternehmen«. Darunter versteht man Unternehmen, die eigentlich unprofitabel sind und nur aufgrund der Niedrigzinsen am Leben bleiben. Diese binden menschliche und materielle Ressourcen, die an anderer Stelle besser eingesetzt wären.

3.) Die Sparer werden schleichend enteignet. Auch eine geringe Inflation reduziert Jahr für Jahr die Ersparnisse. Zudem erhalten die

Sparer den ihnen ohne Eingriff der Zentralbanken zustehenden Zins nicht. Ferner wird die Altersversorgung für viele Bürger dadurch angegriffen.

4.) Nicht jeder profitiert gleichermaßen vom günstigen Zins, denn nicht jeder bekommt ein Darlehen zu diesen Zinssätzen. Kleinere und mittlere Unternehmen werden benachteiligt, da sie sich nicht direkt bei der Zentralbank verschulden können. Andere bekommen gar keine Darlehen und stehen dennoch im Wettbewerb mit denen, die sie zum subventionierten Niedrigzins erhalten. Dies verstärkt die bereits seit Jahren durch bürokratische Vorschriften, Korruption, internationales Steuerrecht und versagendes Kartellrecht bestehende Tendenz der Diskriminierung von kleineren Unternehmen. Das ist sozial ungerecht, verzerrt den Wettbewerb und reduziert darüber hinaus die Innovationskraft der Volkswirtschaft. Aber auch im Bereich der Vermögensverteilung bei den Bürgern wirkt der subventionierte Zins asymmetrisch. Die Unterschicht und die untere Mittelschicht werden benachteiligt, denn sie bekommen in der Regel keine Darlehen, um überhaupt Vermögenswerte zu diesem künstlich niedrig gehaltenen Zins zu erwerben. Damit profitieren sie im Unterschied zu den vermögenderen Haushalten auch nicht von deren steigenden Preisen.

5.) In Bezug auf das Aufpumpen der Größten Blase aller Zeiten aber gilt: Wie bereits erwähnt verleiten niedrige Zinsen zu zusätzlicher Kreditaufnahme, da die Schuldenlast geringer wird. Die aufgenommenen Mittel fließen auch in Anlagegüter wie Immobilien und Aktien, was deren Preise weiter antreibt. Damit förderten die von den Zentralbanken nach unten manipulierten Zinsen direkt die Blase an den Anlagemärkten! Außerdem stieg die gesamtwirtschaftliche Verschuldung weiter. Niedrige Zinsen erhöhen – scheinbar paradoxerweise – die Verschuldung über die zusätzliche Neukreditaufnahme, wenn dieser nicht entgegengewirkt wird!

Ab 2009 stiegen durch QE und der damit stark nach unten manipulierten Zinsen weltweit die Anlagepreise weiter auf noch höhere Extremniveaus. Niedrige Zinsen erleichterten die Kreditaufnahme für Käufe am Immobilienmarkt, was wie gezeigt in Deutschland zu den stark steigenden Immobilienpreisen führte. Anstiege gab es aber auch andernorts, beispielsweise am großen Immobilienmarkt in den USA, wo gegen 2021 die Spitzenpreise der vorherigen Blase wieder erreicht wurden. Außerdem werden durch die künstliche Niedrighaltung des Zinses überteuerte Anlagen relativ gesehen attraktiver.

Niedrige Zinsen befördern aber auch die Kreditaufnahme im Bereich der Aktienkäufe und fördern somit auch die Blasenbildung am Aktienmarkt. Dies gilt insbesondere auch für Aktienrückkäufe, also Käufe von Aktien durch die Unternehmen selbst, die auch von verschuldeten Unternehmen durchgeführt wurden. QE war somit ab 2009 der wichtigste Blasentreiber. Am Beispiel des breiten US-Aktienindex S&P 500 schätzte die französische Großbank Société Générale im November 2020, dass der Indexstand ohne QE 45 Prozent tiefer stünde. Der US-Technologieindex Nasdaq 100 würde sogar weniger als halb so hoch stehen ohne QE.[53] Insgesamt konnte der S&P 500 seit seinem Tief in der Finanzkrise 2008 seinen Wert in der Spitze mehr als versiebenfachen, der Nasdaq Composite sogar um 1166 Prozent zulegen. Die Abbildung zeigt zur schlichten optischen Veranschaulichung des Zusammenhangs zwischen QE und der Blasenbildung den Mittelwert der Bilanzsummen[54] der amerikanischen und der Europäischen

53 Nach Watts, William: »How much of the stock market's rise over the last 11 years is due to QE? Here's an estimate«, Market Watch 6.11.2020, https://www.marketwatch.com/story/without-qe-the-s-p-500-would-be-trading-closer-to-1-800-than-3-300-says-societe-generale-11604688442, Sophie Huynh und Charles De Boissezon zitierend.

54 Unadjustiert (da die Startwerte einander beinahe entsprechen) und ohne Währungsanpassung.

Zentralbank (linke Skala) zusammen mit dem S&P 500 US-Aktienindex (rechte Skala), wie sie ähnlich oft unter Anlegern kursierte.[55]

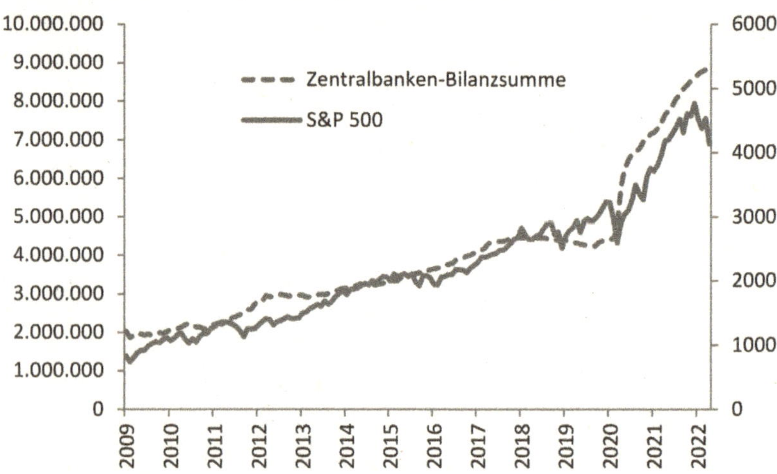

Quellen: FRED, S&P, eigene Berechnungen

Mit der Finanzkrise 2008 platzte primär die Blase an den Immobilienmärkten in den USA. Dies geschah wie bei vorherigem Blasenplatzen nur unvollständig, denn das Schuldenniveau stieg weiter. Im Sinne einer Krisenbekämpfung war QE legitim, auch wenn man sich über das gewählte Mittel streiten kann. Im Sinne eines Abbaus der Verschuldung führte es aber auf einen Irrweg.

QE und damit die Manipulation der Zinsen nach unten wurde nämlich nach dem Ende der Finanzkrise beibehalten. Die Gründe hierfür sind vielschichtig. Zum einen waren viele Notenbanken durch ihre Nähe zur Politik korrumpiert, mit dem früheren EZB-Chef Mario Draghi und der früheren FED-Chefin Janet Yellen wechselten zwei

55 Ein linearer Zusammenhang soll hiermit nicht unterstellt werden.

Notenbanker danach sogar in die Politik. Gerade in den USA können auch persönliche Interessen wie eigene Aktienportfolios eine Rolle gespielt haben – keinen Aktionär lässt es kalt, wenn der Wert der eigenen Aktien dahinschmilzt. Die Ausweitung von QE in Europa im Jahr 2014 außer der Reihe und ohne akute Krise dürfte hingegen vom Wunsch getrieben gewesen sein, den Euro zu schwächen und speziell die Volkswirtschaften Südeuropas wettbewerbsfähiger zu machen. Außerdem sollte offenkundig den südeuropäischen Staaten der Schuldendienst[56] erleichtert werden; zum Thema »Eurozone« in Kapitel 7 mehr.

Vor allem aber hatten viele Notenbanker ihr traditionelles, stabilitätsorientiertes langfristiges Denken zugunsten kurzfristiger Stimuli aufgegeben. Entsprechend wurde auch das ökonomische Weltbild angepasst. Das ging so weit, dass die ehedem unter Notenbankern völlig verpönte schleichende Inflation umfirmiert als »2-Prozent-Ziel« propagiert wurde und als akademisch verbrämte Begründung für die massive Geldschöpfung im Zentralbanksektor herhalten musste.[57]

Dabei wurde die Dauermanipulation der kurz- und selbst der langfristigen Zinsen nie demokratisch legitimiert. Das hätte wegen der weitreichenden Folgen für Wirtschaft, Finanzen und Wohlstandsverteilung aber auf jeden Fall geschehen müssen. Stattdessen schoben die Notenbanken zur Begründung ihre Unabhängigkeit vor. Diese legitimiert sich aber primär zur Durchsetzung einer strikten Geldpolitik

---

56 So war netto die EZB zwischen 2016 und 2022 die einzige Käuferin italienischer Staatsanleihen. Siehe Chart von Brooks, Robin, IIF: https://twitter.com/RobinBrooksIIF/status/1556645575747059712, 8.8.2020.

57 Tatsächlich stammt das 2-Prozent-Ziel aus der Zeit höherer Inflationsraten und ist eine Art Schnapsidee aus Neuseeland, die seitdem mit wechselnden Begründungen ihren Siegeszug unter den Zentralbankern rund um den Globus angetreten hat. Siehe auch Irwin, Neil: »Of Kiwis and Currencies: How a 2% Inflation Target Became Global Economic Gospel«, The New York Times, 19.12.2014, www.nytimes.com/2014/12/21/upshot/of-kiwis-and-currencies-how-a-2-inflation-target-became-global-economic-gospel.html.

gegen die Begehrlichkeiten des Staates. Genau das erfolgte aber gerade nicht!

So haben sich die Notenbanken Macht angeeignet, die ihnen nicht zustand. Nur wenige, wie der damalige Bundesbankpräsident Jens Weidmann, haben sich überhaupt Legitimitätsfragen gestellt. Der Souverän, das Volk, wurde komplett übergangen. Es wurde keine öffentliche, akademische und parlamentarische Debatte geführt.

Eine Dauermanipulation des Zinses nach unten kann eigentlich nur legitim sein, wenn sie von Maßnahmen gegen die Neuverschuldung begleitet wird und so zu einer Rückführung der Gesamtverschuldung führt. Begleitet von Maßnahmen gegen eine exzessive zusätzliche Neuverschuldung hätte der Niedrigzins die hohe Verschuldung und die Mega-Blase über einen Zeitraum von vielleicht zehn Jahren in den 2010er-Jahren deutlich und halbwegs zivilisiert zurückführen können. So wurde diese wahrscheinlich letzte Chance vertan.

Damit fiel trotz Niedrigzinses das Schuldenniveau paradoxerweise nicht, wie es bei einer isolierten Betrachtungsweise angesichts der geringeren Zinslast für die Schuldner zu erwarten gewesen wäre. Stattdessen stieg das Schuldenniveau wegen der zusätzlichen Neuverschuldung noch weiter an. Die Größte Blase aller Zeiten wurde weiter aufgebläht. Das Niveau der Mega-Blase erreichte eine nie zuvor gekannte Höhe. QE half bei der Finanzkrise 2008, die Weltwirtschaft vor einer Depression zu schützen. Kurz darauf zündete es aber die nächste Stufe der Mega-Blase! Die Größte Blase aller Zeiten lag damit spätestens ab den 2010er-Jahren global vor. Im Zuge der Coronakrise sollte sie allerdings noch einmal mehr ausgeweitet werden.

5. Corona setzte der Mega-Blase die »Krone« auf

Die Anleihekäufe der Zentralbanken drückten die Zinsen und finanzierten die Staatsdefizite sowie andere Schuldner. So ermöglichten sie den größten Schuldenexzess aller Zeiten. Auf dieser Basis gab es dann ab 2020 noch eine weitere Schuldenausweitung. Sie hatte mit der Corona-Pandemie einen unerwarteten und externen Grund. Sie weitete vor allem die Staatsschulden aus. Zur Vermeidung von Virusübertragungen reduzierten sich monatelang die Anzahl der Kontakte und der Verkehrsbewegungen. Das führte phasenweise zu drastischen Einbrüchen in den betreffenden Wirtschaftssektoren wie Tourismus oder Einzelhandel, dessen Schäden durch staatliche Gegenmaßnahmen gebremst wurden.

Dadurch stieg die Staatsverschuldung weiter. Sie lag in den USA 2022 bei über 30 Billionen US-Dollar, das entspricht über 120 Prozent des Bruttoinlandsprodukts. Der Chart zeigt die Entwicklung der Staatsverschuldung in Millionen US-Dollar seit 1975. In beinahe allen Jahren stieg die Linie, da der Haushalt nicht ausgeglichen war. Ab 2020 weist die Linie den durch Corona veranlassten steilen Anstieg auf. Nach Corona blieb der Haushalt stark defizitär.

USA: Staatsverschuldung, Millionen US-Dollar, 2000 bis 2022

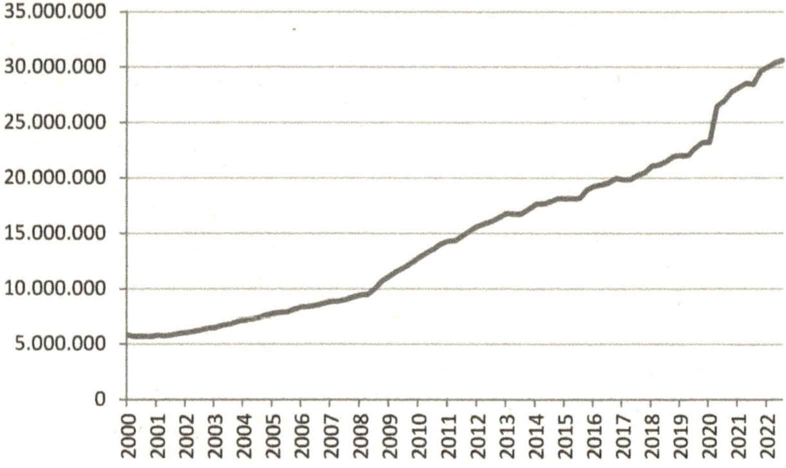

Quellen: FRED, U.S. National Debt Clock

Zugleich kam es dann 2021 zu extremen spekulativen Exzessen. Viele Milliarden gelangten an die Märkte, ein – wenn auch nur kleiner – Teil davon erreichte sogar Geringverdiener. Die spekulativen Exzesse wurden zudem durch pandemiebedingte Sonderfaktoren wie ein Zuwachs an für Spekulationen verfügbarer Zeit (durch Aufenthalt zu Hause) oder reduzierte Ausgabemöglichkeiten (etwa durch geringere Reiseaktivität oder weniger Gaststättenbesuche) verstärkt. Diese Faktoren setzten aber nur der bereits bestehenden historischen Mega-Blase die Krone auf.

6.

12 BEISPIELE SPEKULATIVER EXZESSE

Die Größte Blase aller Zeiten hat natürlich auch besonders extreme Exzesse hervorgebracht. Ich zeige hier zwölf Beispiele solcher Exzesse, die zumeist 2021 kumulierten. Sie verdeutlichen Ihnen das ungeheure Ausmaß der Größten Blase aller Zeiten in vielen Facetten:

1. Die Blase an der Technologiebörse Nasdaq

Die bedeutendsten Exzesse des Aktienmarktes fanden in den USA und dort an der Technologiebörse statt – schon wieder, denn da tummelte man sich ja bereits bis zur Jahrtausendwende. Der Chart zeigt den Anstieg des Nasdaq Composite Aktienindex zur ersten Technologieblase in den 1990er-Jahren. Dann kamen ihr Platzen ab dem Jahr 2000 und danach nochmal ein Rückgang bis 2009 infolge der Finanzkrise. Bedenken Sie, dass selbst am Tief 2009 die Aktienkurse in den USA höher bewertet waren als beispielsweise Anfang der 1980er-Jahre, gemessen am Verhältnis der Marktkapitalisierung zum BIP[58] etwa um das Doppelte.

58 Siehe Kapitel 1.

Doch die Kurse stiegen weiter und überboten ab 2016 spielend das Blasen-Top aus dem Jahr 2000 und erreichten dann nach einem Anstieg auf mehr als das Zwölffache 2021 ein erneutes Hoch! Damit hat die Nasdaq das Kunststück vollbracht, binnen 20 Jahren zweimal eine Blase auszubilden, wobei die zweite die bereits extreme erste noch einmal übertraf.

Nasdaq Composite, 1990 bis 2022

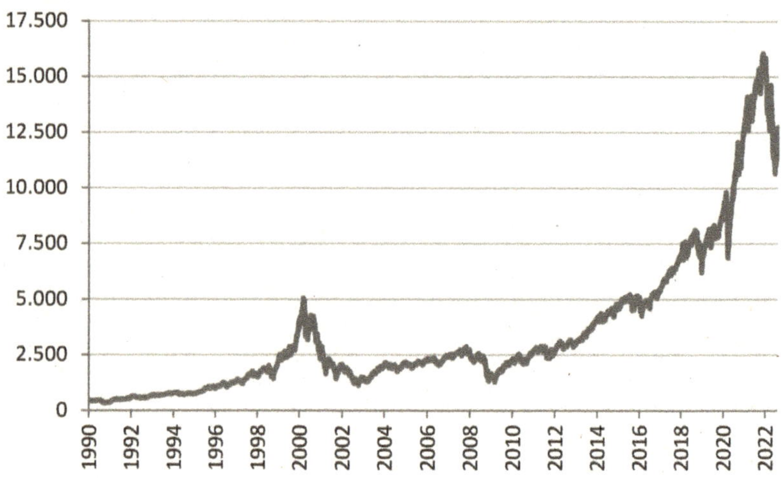

Quelle: Nasdaq

2. Massive Aktienrückkäufe auf Kredit

Doch nicht nur die Technologiebörse in den USA stieg besonders stark, auch der breite Aktienmarkt legte in den USA weitaus stärker zu als in anderen Ländern. So legte zwischen März 2009 und den Höchstkursen im Herbst 2021 der US-Aktienindex S&P 500 um fast 600 Prozent zu, während beispielsweise die europäischen Aktien gemessen am Euro Stoxx 50 nur um etwa 125 Prozent und gemessen am DAX Kursindex[59] nur um etwa 180 Prozent stiegen.

Doch welcher Mechanismus bewirkte gerade in den USA diese starken Kursanstiege? Sehen Sie sich dazu die nächste Abbildung an. Sie weist kumulativ die Finanzströme in den US-Aktienmarkt ab 2009, also nahe dem Tief des Aktienmarktes nach der Finanzkrise, getrennt nach verschiedenen Anlegergruppen aus.

USA: Volumen Aktienkäufe, kumulativ, netto, in Milliarden US-Dollar, 2009 bis 2019

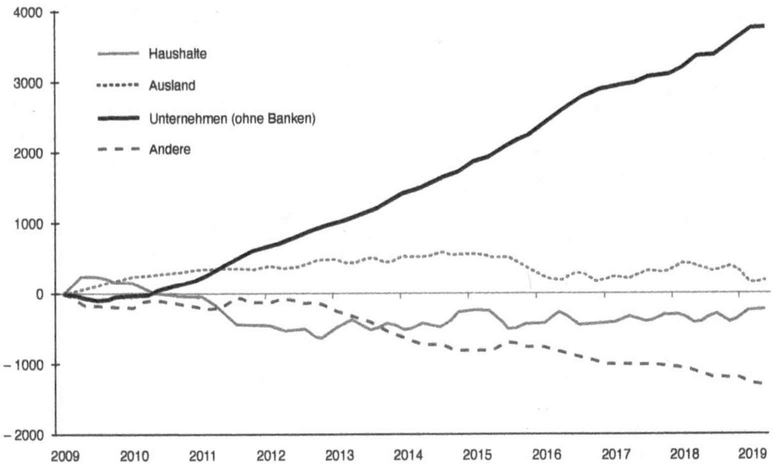

Quelle: DB Global Research

Gut erkennbar ist, dass die traditionell größte Anlegergruppe – die privaten Haushalte – in diesen 10 Jahren auf der Verkäuferseite stand. Die »Anderen«, das sind andere inländische Käufer von Aktien wie Pensionskassen oder Fonds, waren ebenfalls auf der Verkäuferseite. Insgesamt waren die klassischen inländischen Käufergruppen also netto auf

59 Der DAX Kursindex lässt (im Unterschied zum gebräuchlicheren DAX Performance-Index) wie international üblich die Dividendenausschüttungen unberücksichtigt und eignet sich daher zum Vergleich.

der Verkäuferseite, trotz der massiven Anstiege! Doch wie kam es dann zu den starken Kursanstiegen? Denn auch die Käufe durch Ausländer, die dritte Linie, trugen nur marginal zu den Nettokäufen bei – sie konnten noch nicht einmal die Netto-Verkäufe des Inlands kompensieren.

Wie Ihnen die stark steigende dunkle Volllinie zeigt, kamen die meisten Mittel, die den Kursanstieg am US-Aktienmarkt bewirkten, von den Unternehmen selbst! Es handelt sich hierbei vor allem um die bereits erwähnten Aktienrückkäufe, bei denen Aktiengesellschaften ihre eigenen Aktien erwerben und sich somit selbst kaufen, aber auch um Übernahmen und andere Unternehmens-Transaktionen.

Viele – womöglich die Mehrzahl – dieser Rückkäufe wurden dabei auf Kredit durchgeführt. Anstatt zu investieren, verschuldeten sich diese Unternehmen, um ihre eigenen Aktien zu kaufen – beziehungsweise sie bauten bestehende Schulden nicht ab. Das trieb die Aktienkurse natürlich weiter nach oben und heizte die Blase gerade in den USA an. Während sich in den USA das Volumen der Rückkäufe nach der Finanzkrise fast verzehnfachte, veränderte es sich beispielsweise in Europa kaum – dementsprechend stiegen die europäischen Aktienmärkte auch weitaus weniger. Auf der einen Seite erreichte um 2017 die Verschuldung der US-Unternehmen relativ zum BIP einen neuen Höchststand, auf der anderen nahm zugleich das Volumen der Aktienrückkäufe zu. Da viele der Unternehmen, die Rückkäufe vornahmen, stark verschuldet waren, dienten letztlich Schulden für diese Rückkäufe. Oft nahmen die Unternehmen sogar gezielt Kredite für diese Rückkäufe auf; es konnte ein enger zeitlicher Zusammenhang zwischen Schuldenaufnahme und Rückkaufvolumen beobachtet werden.[60]

Im Ergebnis kauften sich viele Unternehmen auf Kredit selbst und trieben so die Kurse immer weiter an. Es ergibt ökonomisch aber keinen

60 »S&P 500 Net Debt vs. Share Buybacks«, www.isabelnet.com/sp-500-net-debt-vs-share-buybacks, aus: Societe Generale Cross-Asset Research: »Global Economic Outlook«, 20.11.2019.

Sinn, dass Unternehmen Fremdkapital in Form von Darlehen aufnehmen und so den Unternehmenswert verwässern und gleichzeitig die Anzahl ausstehender Anteilsscheine verringern. Wieso taten sie das?

Viele Boni der Manager sind abhängig – und via Hebelwirkung durch Kaufoptionen auch stark abhängig – vom Kursniveau der Aktien des von ihnen verwalteten Unternehmens. Zugleich ist das Management selbst de facto der maßgebliche Entscheider über die Rückkäufe. Damit ergibt sich ein Anreiz für Rückkäufe, um darüber das eigene Salär zu erhöhen. Diese Rückkäufe sind letztlich eine korrupte Form von Selbstbedienung, da die Manager in ihrer Funktion als Verwalter des Unternehmens die persönlich Begünstigten einer Entscheidung sind, die sie in der Praxis maßgeblich bewirken. Die Einkommen der Geschäftsführer und leitenden Manager von Großunternehmen sind auch deshalb in den vergangenen Jahrzehnten weit überproportional gestiegen.[61] Der niedrige Zins erleichterte die Rückkäufe auf Kredit erheblich.

Die exzessive Kursentwicklung bei Aktien gerade in den USA gründete somit auf vielen Aktienrückkäufen infolge des von der Zentralbank nach unten manipulierten Zinses, zusammen mit der rechtlichen Zulässigkeit der Kombination von Rückkäufen und Boni.

3. Unprofitable Unternehmen wurden Shooting-Stars!

Endgültig auf die Spitze getrieben wurde die Blase in der Folge der Corona-Pandemie ab dem Frühjahr 2020. In dieser Phase kamen auch immer mehr spekulativ orientierte Kleinanleger an den Aktienmarkt. Spekulationsexzesse sind davon gekennzeichnet, dass sich Anleger-

61 Vom 21-Fachen des Lohnes eines typischen Arbeiters 1965 auf das 351-Fache im Jahr 2020! Auch das verdeutlicht die Ausweitung der Kluft zwischen Arm und Reich im Zusammenhang mit der Bildung der Größten Blase aller Zeiten. Mishel, Lawrence; Kandra, Jori »CEO pay has skyrocketed 1,322% since 1978«, Economic Policy Institute, 10. August 2021, www.epi.org/publication/ceo-pay-in-2020.

gruppen, die sich normalerweise kaum mit Aktien befassen, plötzlich den Börsen zuwenden. Sie fokussierten sich um des schnellen Gewinns willen auf besonders spekulative Wertpapiere. Viele von ihnen glauben letztlich, dass die Kurse nur steigen könnten. Die absurdesten Exzesse am US-Aktienmarkt ereigneten sich dann im Jahr 2021.

Wie bei früheren Börsen-Exzessen wie der Südseeblase oder am früheren Kamelmarkt in Kuwait fokussierten sich viele Anleger auf fragwürdige Unternehmen, bei denen die Hoffnung auf schnelle Kursgewinne die realistische Prüfung auf reale Geschäfte ersetzt. Der Chart zeigt die Entwicklung anhand des Goldman Sachs Non-Profitable Tech Stock Index. Dieser enthält ausschließlich Unternehmen aus dem Technologiebereich, die unternehmerisch Verluste machen.

Goldman Sachs Non-Profitable Technology Stock Index, 2015 bis 2022

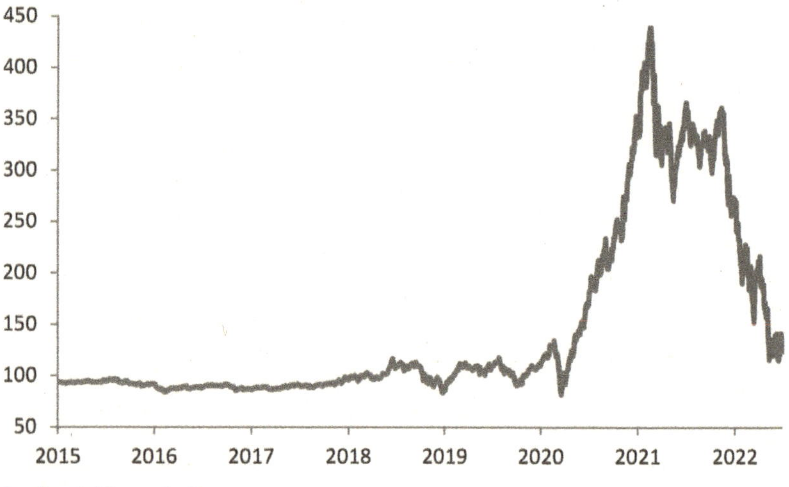

Quelle: Goldman Sachs

Nachdem der Index mehrere Jahre lang seitwärts lief, schossen die Kurse ab März 2020 in die Höhe. Diese Kurse von Technologieaktien, die keinen Gewinn machen, legten in den nur elf Monaten zwischen

März 2020 und Mitte Februar 2021 auf über das Fünffache zu! Doch auch diese Teil-Blase platzte, bereits im Mai 2022 standen die Kurse wieder unter dem Niveau vor der Coronakrise Anfang 2020.

4. Kleinanleger »quetschen« Profis aus

Einer der markantesten Kleinanleger-Exzesse der Zeit stand im Zusammenhang mit einer Kursbewegung bei der Aktie von GameStop, einer Einzelhandelskette für Computerspiele. Deren Kurs verzehnfachte sich binnen weniger Tage, um diesen Gewinn dann fast genauso schnell wieder abzugeben. Der Chart zeigt den rasanten Auf- und Abstieg des Kurses von Gamestop in der betreffenden Zeit Anfang 2021.

Gamestop in US-Dollar, 2021

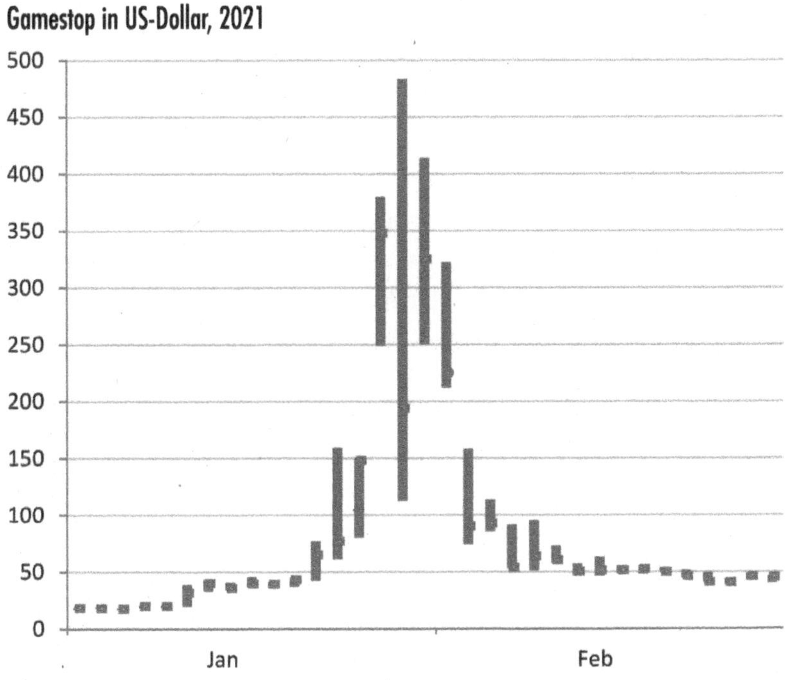

Quelle: Yahoo

Von den Medien und in Internetforen wurde der Anstieg der dann völlig überbewerteten Gamestop-Aktie im Sinne einer epischen Schlacht zwischen guten Kleinanlegern und bösen Hedgefonds dargestellt. Dahinter steckte folgender Sachverhalt: Mehrere Hedgefonds hatten sich auf fallende Gamestock-Kurse positioniert. Das bekamen einige Marktbeobachter mit. Durch in Internetforen organisierte Käufe, unter anderem von Kleinanlegern, stieg der Kurs. Dadurch wurden die Hedgefonds gezwungen, ihre Positionen auf fallende Kurse durch Käufe glattzustellen. Das trieb die Kurse weiter nach oben, was wiederum weitere Anleger anlockte. Das trieb den Kurs weiter an und zwang dann weitere Hedgefonds zu Glattstellungen. Daraus resultierte die regelrechte »Explosion« des Kurses.

Es war zwar nicht der erste »Short-Squeeze«, wie eine solche erzwungene Glattstellung heißt, aber in Bezug auf den Kursanstieg wohl der größte[62] und der Erste, der von einer Schar Privatanlegern angetrieben wurde. In den Medien wurden die Verluste der Hedgefonds aus diesen Kursbewegungen mit Werten zwischen 25 bis 70 Milliarden US-Dollar beziffert. Insofern flossen tatsächlich Gelder von Hedgefonds in die Hände von Kleinanlegern.

Allerdings blieb der rasche Anstieg nicht ohne Folgen: Die US-Regierung »beobachtete« den Vorgang. Einige Börsenforen im Internet wurden geschlossen. Mehrere auf Kleinanleger spezialisierte Broker untersagten den Kauf bestimmter Aktien oder begrenzten ihn auf ein symbolisches Stück. Der Anstieg des Aktienkurses kam so zum Halten, und binnen weniger Tage verlor er fast 90 Prozent.

Trotz des Milliardenbetrages, der von Hedgefonds zu Privatanlegern floss, dürften sich viele von ihnen bei diesem Spiel die Finger verbrannt haben. So ein Spiel kann auf jeden Fall nur begrenzte Zeit andauern, denn am Ende muss es auch bei einem Short-Squeeze genügend weitere Anleger geben, die die Aktie zu immer höheren Kur-

62 Der von VW im Jahre 2008 brachte es auf eine Kursverfünffachung.

sen kaufen. Insgesamt ist das Platzen der Gamestop-Aktie ein Musterbeispiel dafür, wie leichtsinnig Kleinanleger angesichts des scheinbar »auf der Straße liegenden« Geldes auf steigende Kurse spekulierten.

Mit dem Short-Squeeze hatten die Kleinanleger übrigens den Kampf gegen eine Strategie aufgenommen, deren Zeit eigentlich abgelaufen war. Denn auf fallende Kurse zu setzen, war in der Aktienblase völlig aus der Mode geraten. Der Anteil der auf fallende Kurse positionierten Aktienengagements lag im Januar 2021 nur noch bei 1,5 Prozent und damit auf Rekordtief.[63] Fast niemand setzte also mehr auf fallende Kurse! Lediglich im Jahr 2000, auf dem Höhepunkt der vorherigen Technologieblase, lag der Wert ähnlich niedrig. Die allermeisten Anleger vertrauten also darauf, dass die Kurse immer weiter steigen, zumindest aber nicht fallen würden. Auch das ist ein Zeichen für den Börsenexzess des Jahres 2021!

5. Rekordzuflüsse in spekulative Kaufoptionen

Vielen Anlegern in dieser Zeit waren aber selbst die Gewinne, die mit spekulativen Aktien erzielbar waren, nicht hoch genug. Sie investierten in Kaufoptionen, spekulative Instrumente mit starker Hebelwirkung und entsprechend hohem Risiko. Das galt insbesondere für Kleinanleger. Viele von ihnen hatte das Spekulationsfieber gepackt. Sie wollten mit ihren geringen Mitteln unglaublich schnell reich werden, und dazu verwendeten sie diese Hebelinstrumente. Sehen Sie sich dazu die nächste Abbildung an. Sie zeigt das Handelsvolumen der Kaufoptionen, die von Kleinanlegern gekauft wurden, in Relation zum gesamten Handelsvolumen der New Yorker Börse ab dem Jahr 2000.

63 Nathan, Allison; Galbraith, Gabriel; Grimberg, Jenny: »An unusual short Squeeze«, Goldman Sachs Global Macro Research, 25. Februar 2021, www.goldmansachs.com/insights/pages/gs-research/the-short-and-long-of-recent-volatility-f/report.pdf.

Handelsvolumen Kaufoptionen von Kleinanlegern relativ zu NYSE gesamt, 2000 bis 2021

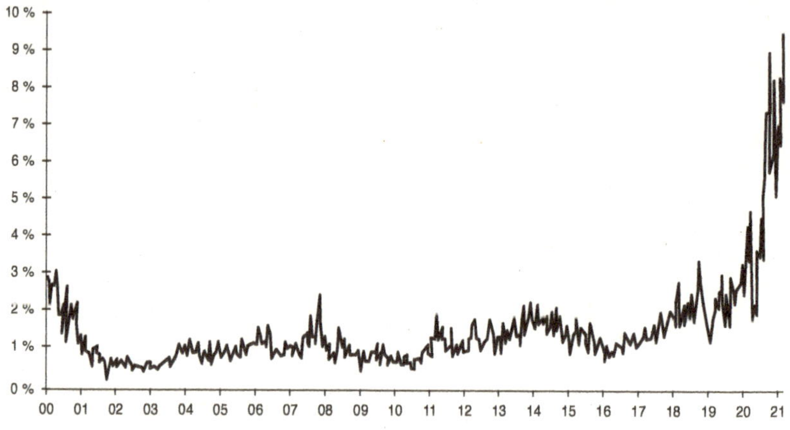

Quelle: Sentimentrader, Bloomberg

Das Handelsvolumen der von Kleinanlegern gekauften Kaufoptionen lag auf dem Höhepunkt der Technologieblase im Jahr 2000 bei etwa 3 Prozent des Aktienhandelsvolumens. Nach dem Platzen dieser Blase lag der Wert dann bis 2018 meist zwischen 0,5 und 2 Prozent. Auffällig ist die Zeit ab 2018. Die Kleinanleger wurden immer optimistischer und steckten immer mehr Geld in diese hochspekulativen Instrumente. Der Wert erreichte erstmals fast 3,5 Prozent.

Bis Januar 2021 explodierte er dann aber regelrecht auf etwa 9,5 Prozent! Dies allein verdeutlicht das gigantische Ausmaß des Spekulationsexzesses. Der Wert in dieser Manie übertraf den der Technologieblase der Jahrtausendwende nochmal um das Dreifache. Bedenken Sie, dass es sich bei Kaufoptionen um gehebelte Instrumente auf Aktienkurse handelt, von denen viele zu dieser Zeit bereits stark stiegen. Diese wurden unter erheblichen Risiken gerade von Kleinanlegern weiter gehebelt. Hier wurde richtig viel Geld erst gewonnen, dann verloren.

6. Run auf Technologie-Nebenwerte

Doch nicht nur unprofitable Unternehmen und spekulative Instrumente zogen plötzlich massives Anlegerinteresse auf sich, sondern auch Nebenwerte. Nebenwerte haben meist einen niedrigen Kurs und kosten daher optisch wenig, was sie für Spekulationen anfällig macht. Sie sind ein weiteres Beispiel dafür, wie vor allem Kleinanleger plötzlich nach Belieben fast alles, was irgendwie steigen könnte, kauften. Das zeigt die nachfolgende Abbildung sehr eindrucksvoll. Sie weist ab 2016 das OTC-Nasdaq-Volumen aus, das Handelsvolumen des kaum überwachten Freiverkehrsmarkts der Technologiebörse Nasdaq.

Nasdaq-OTC-Volumen, 2016 bis 2021

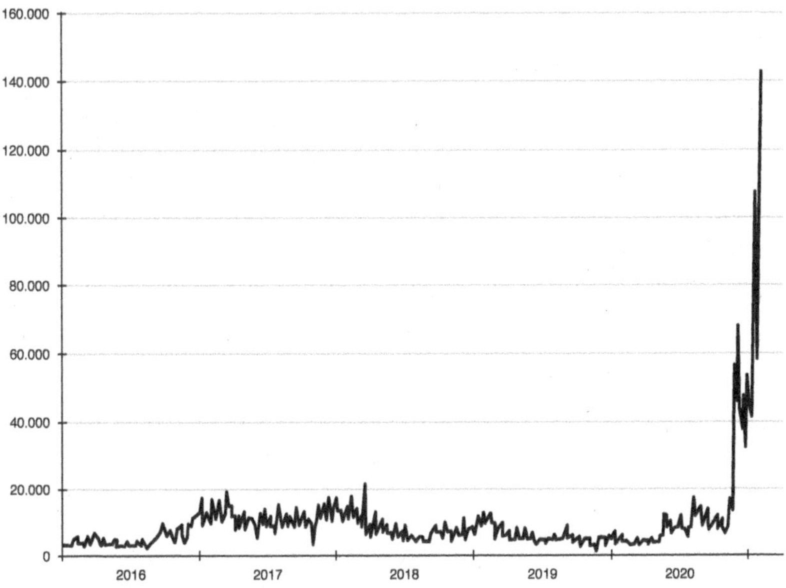

Quelle: TheDailyShot, Bloomberg

Auch hier stieg das Volumen in kurzer Zeit um mehr als das Zehnfache. Viele Kleinanleger verfielen offenkundig in einen regelrechten Spekulationsrausch. Das spielerische Engagement an den Finanzmärkten hatte in der Hoffnung auf schnellen Reichtum extrem zugenommen. Wie bei jeder Manie, kaufen immer mehr Anleger mit immer größeren Beträgen einzelne Wertanlagen, die dadurch im Kurs steigen. Die Anlagen wechselten dabei wie Modetrends, Fundamentaldaten spielten keinerlei Rolle, Hauptsache, die Werte stiegen, angetrieben durch die Käufe der Anleger selbst!

7. Auch institutionelle Anleger wurden leichtsinnig

Wenn sich die Kleinanleger in spekulativen Wertpapieren tummeln und hohe Risiken eingehen, können die Fondsmanager nicht weit sein. Bei ihnen äußert sich die erhöhte Risikobereitschaft aber anders. Fondsmanager halten liquide Mittel vor, um bei Mittelabflüssen Auszahlungen leisten zu können und um im Falle von Kursrückgängen geringere Verluste zu erleiden. Anderseits wollen die Manager die Cash-Quote geringhalten, damit ihre Fonds von Anstiegen profitieren. Die Stimmung der Fondsmanager beeinflusst neben anderen Faktoren die Cash-Quote. Üblicherweise sind die Werte in der Nähe von Aktienkurshöchstständen daher niedrig, wenn die Fondsmanager euphorisch sind, voll am Anstieg partizipieren wollen und keine Kursrückgänge befürchten. Umgekehrt ist die Cash-Quote hoch, wenn die Manager Angst vor weiteren Kursrückgängen haben, die Risiken reduzieren wollen und daher vorsichtig sind.

Die Abbildung zeigt die Cash-Quote der US-Investmentfonds seit 1954. In den 1990er-Jahren bis zum Top der Kurse im Jahr 2000 am Aktienmarkt fiel die Cash-Quote. Danach fiel sie unter Schwankungen immer weiter, wobei es bei den Kurseinbrüchen nach dem Platzen der

Technologieblase bis 2002 und der Finanzkrise bis 2009 zu Anstiegen kam. Diese Detailverläufe zeigen, dass die Cash-Quote im Sinne der Kontraindikation die Stimmung der Manager abbildet. Die Cash-Quote fiel dann im Zuge der Börsenexzesse auf bis zu 1,9 Prozent Anfang 2021. Das war der niedrigste Wert seit Erhebung der Daten im Jahr 1954! Die rekordtiefe Quote deutet auf eine große Sorglosigkeit der Fondsmanager.

Im Zuge der Kursanstiege wurden somit auch die Fondsmanager immer euphorischer. Sie fürchteten keine Kursrückgänge, deren Folgen sie mit einer hohen Cash-Quote abgemildert hätten, und sie hielten kaum noch Reserven für Auszahlungen im Falle von Kursrückgängen bereit. Ähnlich wie die Kleinanleger waren auch die institutionellen Anleger im Jahr 2021 sehr euphorisch.

Cash-Quote der Investments-Fonds, in Prozent, 1954 bis 2021

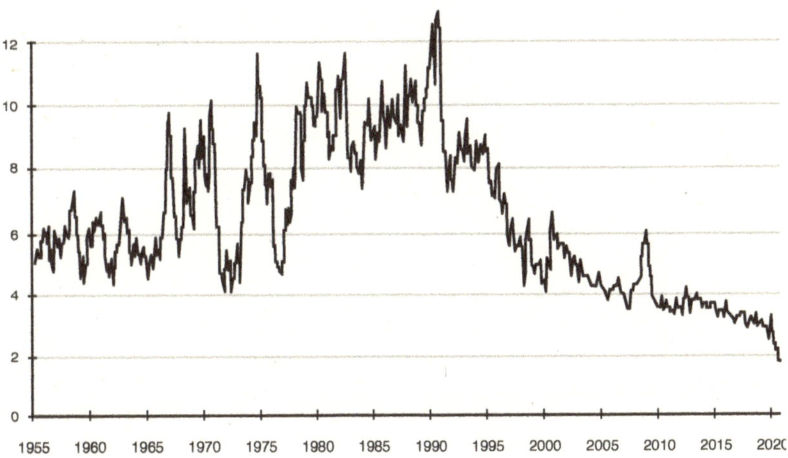

Quelle: Sentimentrader

8. Tesla schlägt sie alle!

Im Zuge der Börsenmanie kam es auch bei hochkapitalisierten Werten zu starken Überbewertungen. Von den bekannteren Unternehmen wies dabei der Elektroautohersteller Tesla die extremste Überbewertung auf. Am 1.11.2021 überschritt der Börsenwert aller Aktien der Firma die Marke von 1200 Milliarden US-Dollar. Allein an diesem Tag legte die Marktkapitalisierung um über 100 Milliarden US-Dollar zu. Zum Vergleich: Der gesamte Daimler/Mercedes-Konzern war zu dem Zeitpunkt nur in etwa so viel wert wie dieser Tesla-Tageszuwachs. Sehen Sie sich dazu auch das Kreisdiagramm mit dem Börsenwert der größten Autobauer der Welt zum 4. November 2021, dem Tag des Höchstkurses von Tesla, an.[64]

Marktkapitalisierung globaler Autokonzerne am 4. November 2021

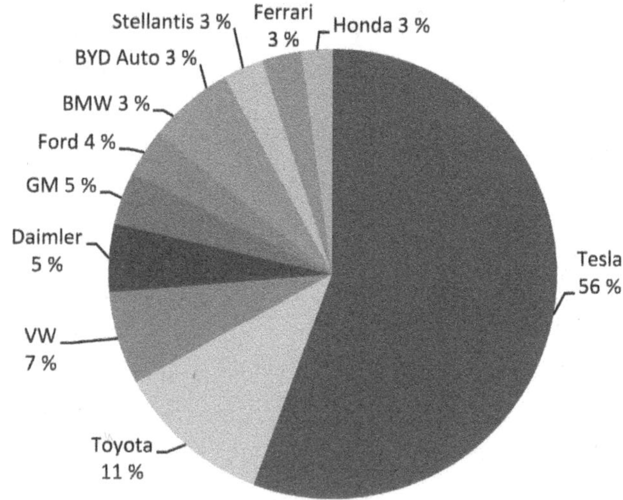

Quellen: Ycharts, Companiesmarketcap

64 Den Mischkonzern BYD habe ich zu 50 Prozent berücksichtigt.

Wie Sie sehen, war Tesla teurer als die nächsten zehn größten Automobilhersteller zusammen! Dabei produzierte das Unternehmen sehr wenig Automobile im Vergleich zu anderen Herstellern. Tesla lieferte 2020, dem Jahr zuvor, nur 0,5 Millionen Autos aus. Zum Vergleich: Produktionsweltmeister Toyota produzierte 9,2 Millionen Fahrzeuge. Auf Platz 2 der Weltrangliste landete VW mit knapp 8,9 Millionen. Zusammen produzieren diese beiden Konzerne somit 36-mal so viele Automobile wie Tesla. An der Börse waren sie aber nicht einmal ein Drittel so viel wert. Allein das zeigt die unglaubliche Überbewertung dieses Modetitels, der zu einem Mehrhundertfachen des Jahresgewinns gehandelt wurde.

Der Hintergrund dieser astronomischen Überbewertung liegt in der Blasenmechanik. Diese setzt ja voraus, dass Folgekäufer zu höheren Kursen zulangen. Der Effekt zeigt größere Wirkung – gegen ansonsten jede ökonomische Vernunft –, wenn die Anleger sich auf einzelne Werte fokussieren. Bei Börsenexzessen kommt es daher immer wieder zur Konzentration auf wenige Titel, was sich auch empirisch zeigen lässt.[65] Treibsatz dieser Blasenmechanik war das billige Geld der Notenbanken, das über den Blasenmechanismus nicht zuletzt einigen Superreichen zugutekam.[66]

65 Beispielsweise anhand sogenannter Marktbreiteindikatoren wie der Anzahl der Aktien mit Kursen über ihrem gleitenden Durchschnitt. Die Marktbreite ist typischerweise relativ schwach in der Nähe von Höchstständen wie beispielsweise im Jahr 2000.

66 Das Vermögen von Tesla-Gründer Elon Musk verzehnfachte sich beinahe laut dem Wirtschaftsmagazin Forbes in den zwei Jahren seit dem Tief der Aktienkurse im März 2020, was ihn zum reichsten Menschen der Erde machte.

9. »Seifenkisten«-Hersteller hat vielfachen Milliardenwert!

Während der Kurs von Tesla sich zwar zu extrem hoher Bewertung aufschwang, die Firma aber immerhin funktionierende Autos baut, schaffte es ein anderes Unternehmen sogar, mit einer »Seifenkiste« an die Börse zu gehen: Nikola. Die Firma versuchte, sich nämlich beim Kapitaleinsammeln an Tesla anzuhängen – wozu da noch fahrende Automobile produzieren?

Der Namensgeber von Tesla ist der Nachname des kroatischen Erfinders vor allem im Bereich der Elektrotechnik Nikola Tesla (1856–1943). Da lag es anscheinend nahe, das Unternehmen nach dessen Vornamen »Nikola« zu nennen und an die Börse zu bringen, um eine ähnliche Erfolgsstory zu suggerieren. Mit Erfolg: Der Börsenwert des designierten Herstellers von Elektrolastkraftwagen lag in der Spitze über dem des Traditionsherstellers Ford. Dabei hatte Nikola noch kein einziges Fahrzeug verkauft, Ford dagegen verkaufte im Jahr 5,5 Millionen Autos! Was für Anleger kauften die Aktien fast umsatzloser Unternehmen wie Nikola? Die Antwort lautet: unter anderem General Motors. Der US-Automobilkonzern beteiligte sich an Nikola. Beim Versuch, es dem Börsenstar Tesla durch den Aufkauf von Nikola nachzumachen, wurde anscheinend auf jede ernsthafte Prüfung verzichtet.

Doch nun zum Thema »Seifenkiste«: Gemäß Vereinbarung sollte General Motors die Produktion übernehmen. Das wäre auch nötig geworden, denn Nikola konnte noch nicht einmal selbstfahrende Modelle der Fahrzeuge bauen. Das Unternehmen hatte ein Werbe-Video mit dem Titel »Nikola One Electric Semi Truck in Motion« (»Nikola One elektrischer Sattelzug in Bewegung«) produziert. Dieses zeigte einen Lkw, der sich auf einer Landstraße bewegt. Der Text unterhalb des Videos legte nahe, es würde sich um einen 1000 PS starken Wasserstoffantrieb (Brennstoffzelle mit Elektromotor) handeln.[67]

Doch wie bewegte sich der Lkw tatsächlich? Er rollte lediglich einen Hang hinab! Der Lkw war somit tatsächlich so etwas wie eine »Seifenkiste«. Das für einen Lkw völlig neuartige emissionsfreie Antriebskonzept war die Schwerkraft. Für diesen Unfug zahlten Anleger bis hin zum Autokonzern Milliarden. Dass Investoren auf Täuschungen reinfallen, kommt bei Finanzblasen häufig vor. Die Aussicht auf schnelle Gewinne lässt jede Vorsicht und jede Prüfung von Geschäftsmodell und auch Technologie vergessen. Die Abbildung zeigt den Verlauf des Börsenwertes des Herstellers dieses Hangabtrieb-LKWs ab 2020.

Marktkapitalisierung Nikola, Milliarden US-Dollar, 2020 bis 2022

Quelle: Macrotrends.net

67 Sie können eine Kopie des Videos auf Youtube ansehen: https://youtu.be/b5TPIjiCd5c. Die Original-Beschreibung, die sich unter dem Video auf dem Firmen-Kanal befand, fehlt dort allerdings.

10. Ein Scherz für über 70 Milliarden

Kommen wir von hochpreisigen Seifenkisten zu nicht minder hochpreisigen Datenbankeinträgen: den sogenannten »Kryptowährungen«. Zwar sind sie selbst mengenmäßig begrenzt, allerdings kann jeder so viele Kryptowährungen erzeugen, wie er möchte. Dementsprechend gibt es zwischen 10.000 und 20.000 davon, je nachdem, welche Kriterien (wie aktiver Handel) angesetzt werden.

Ein Programmierer brachte angesichts der beliebigen Vermehrbarkeit Ende 2013 eine scherzhaft gemeinte elektronische Nachricht in Umlauf mit der Aufforderung, in die damals nichtexistenten »Dogecoins« zu investieren. Dabei ist »Doge« eine Abwandlung des englischen Wortes »Dog« für Hund. Nach dem Scherz meldete sich jedoch ein anderer Programmierer, und die beiden taten sich zusammen. Gut eine Woche später brachten sie eben diese Dogecoins in Umlauf – als »Satire« auf die Krypto-Szene, so einer der Gründer später. Was bei den allermeisten Scherzen nicht geschieht, kommt in der Größten Blase aller Zeiten vor: Die Dogecoins wurden im Lauf der Zeit zu immer höheren Kursen gehandelt, was wiederum neue Käufer anzog in der Hoffnung, dass sich ein noch größerer Dummkopf (ein »Greater Fool«) finde, der einem die teuren Datenbankeinträge zu einem noch höheren Kurs abkauft. Zu den Käufern gehörte Tesla-Chef Elon Musk, der die Dogecoins auch propagierte. In der Spitze im Mai 2021 lag der Wert all dieser Scherzausgeburten bei über 70 Milliarden Euro! Die Abbildung zeigt den Verlauf der Marktkapitalisierung all dieser »Hundemünzen« in US-Dollar ab 2020. Natürlich platzte auch diese Blase.

Marktkapitalisierung Dogecoin, in Milliarden US-Dollar, 2020 bis 2022

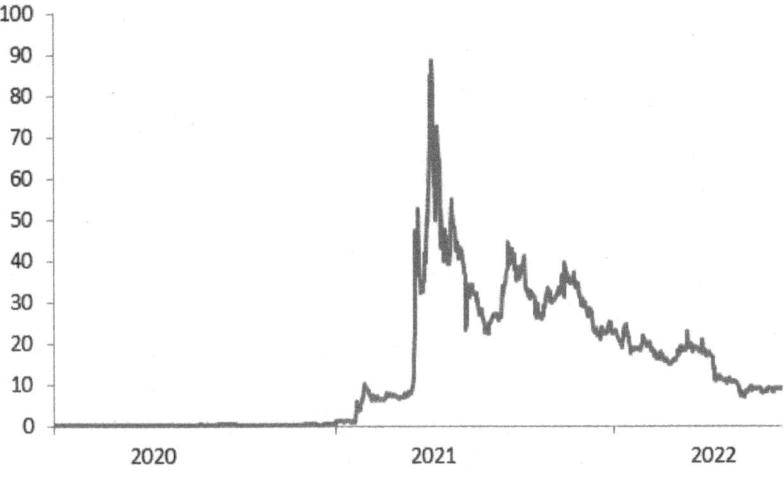

Quelle: Coinmarketcap

11. NFTs: Millionen für virtuelle Rechte an virtueller Kunst

Da Krypto-Technologien en vogue wurden und beispielsweise bei Dogecoin hohe Gewinne erzielten, war die Adaption auf die Kunstmärkte in der Größten Blase aller Zeiten nur eine Frage der Zeit. Zur besonderen Spielwiese für Spekulanten wurden sogenannte NFTs, was für »Non Fungible Token« steht, auf Deutsch in etwa »nicht duplizierbare Wertmarke«. Die Einmaligkeit eines NFTs wird ähnlich wie beim Bitcoin mit der digitalen Verschlüsselungstechnik Blockchain erzeugt. Die Ursprungsidee war eine neue Form der Verbriefung von Eigentums- oder Nutzungsrechten. So kann etwa ein Urheber eines Kunstwerks seine Rechte an den NFT-Halter übertragen. Gegenstand der NFTs können beispielsweise eigentlich beliebig vermehrbare Computergrafiken sein.

Die NFTs selbst erzeugen aber kein Recht und keinen Vertrag. Daher muss dies weiterhin konventionell geschehen und niedergelegt werden, etwa an den Handelsplätzen für NFTs. Das bedeutet aber umgekehrt: NFTs können erzeugt werden, ohne dem Besitzer irgendetwas anderes zu bieten als den NFT selbst. Genau das ist im großen Stil passiert. NFTs wurden in großem Stil geschaffen, ohne nennenswerte Rechte an dem Kunstwerk zu bieten, wenn überhaupt!

Dennoch hat sich auch bei den NFTs die Spekulationsmanie eingenistet. Hier war der Höhepunkt der Spekulationsmanie ebenfalls im Jahr 2021. So wurde beispielsweise der NFT zur Pixelgrafik »CryptoPunk Nummer 7523« für 11,8 Millionen US-Dollar verkauft. 2017 beim letzten öffentlich bekanntgewordenen Handel ging er noch für 1646 US-Dollar über den virtuellen Ladentisch. Der Preis ist also binnen vier Jahren um das 7141-Fache gestiegen! Der »Emissionspreis« lag übrigens nur bei einer Gebühr: 11 Cents. Für seine Millionen hat der Käufer aber noch nicht einmal die vollen Nutzungsrechte an der Grafik erhalten.

Die weit überzogenen Preise waren erneut Folge der Blasenmechanik. Die Käufer zahlten immer höhere Preise in Erwartung noch höherer Preise eines späteren Käufers. Die weitgehend nutzlosen NFTs sind somit ein weiteres Beispiel der an schillernden Exzessen reichen Welt der Größten Blase aller Zeiten. Anfang 2021 waren die NFTs noch völlig unbedeutend: Im Januar des Jahres wurden NFTs im Wert von gerade einmal 8 Millionen US-Dollar umgesetzt. Im August 2021 war das Umsatzvolumen bereits mehr als vierhundertfach höher und lag bei 3,4 Milliarden US-Dollar! Im Dezember 2021 wurden dann fast 5 Milliarden US-Dollar an diesen virtuellen Rechten umgesetzt, bevor es zu einem Rückgang kam. Die Abbildung zeigt den explosionsartigen Anstieg des monatlichen Handelsvolumens der am größten Marktlatz OpenSea gehandelten NFTs.

Monatliches Handelsvolumen an NFTs, in Milliarden US-Dollar, 2018 bis 2022

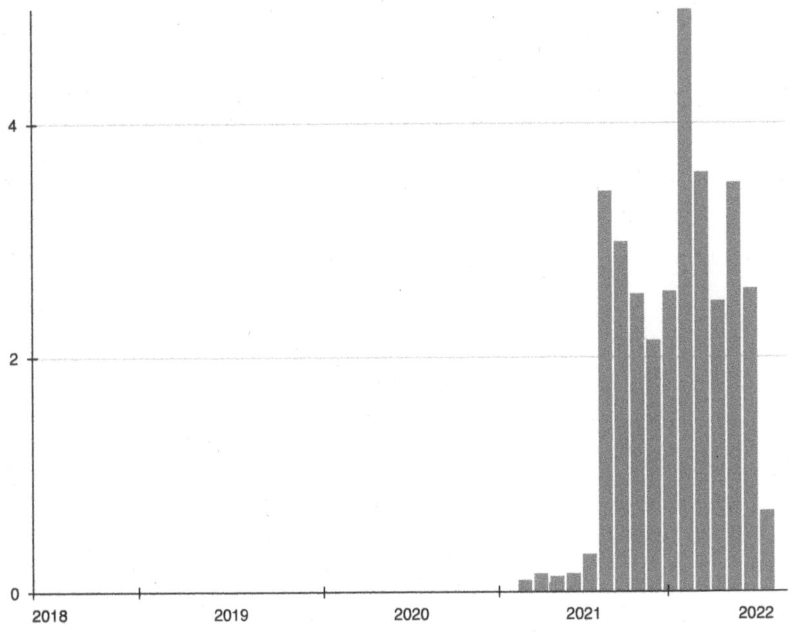

Quelle: Dune Analytics

12. 15.000 Euro für Nichts!

Aber auch Absurditäten wie die NFTs konnten auf dem Höhepunkt der Größten Blase aller Zeiten im Jahr 2021 noch getoppt werden. Sie haben vermutlich schon vom Märchen »Des Kaisers neue Kleider« des dänischen Schriftstellers Hans Christian Andersen (1805–1875) gehört: Darin verkaufen zwei Betrüger für viel Geld angeblich ganz besondere Kleider, die nur von würdigen und klugen Personen gesehen werden können. Der Kaiser zieht das in Wahrheit nichtexistente Gewand an. Sein Umfeld bestätigt dem Kaiser, wie schön doch die Stoffe seien –

wer will schon als unwürdig und dumm gelten. Der Schwindel fliegt erst auf, als ein Kind »Der Kaiser ist nackt!« ruft.

Der italienische Künstler Salvatore Garau hat ein Kunstwerk geschaffen, das den Kleidern des Märchens gleicht. Sie sehen es hier:

Sie sehen richtig: Da ist nichts! Der Rahmen um dieses Kunstwerk stammt übrigens kostenfrei von mir. Garau hat es tatsächlich geschafft, Nichts zu verkaufen. 15.000 Euro zahlte ein Käufer für seine »unsichtbare Skulptur«. Sie ist unsichtbar, da sie schlicht nicht existiert. Wohl erstmals in der Geschichte wurde für Nichts ernsthaft ein Preis bezahlt. Das geschah nicht im Märchen, sondern in der Realität! Damit hat Garau dem Blasen-Spiel die symbolische Krone aufgesetzt.

7.

JAPAN, CHINA, EUROZONE: 3 GROSSE SONDERBLASEN

Doch kommen wir vom 15.000-Euro-Nichts zu drei gewichtigeren Blasen: zu der in Japan, der in China und der in der Eurozone. Sie sind richtig groß und bedrohlich.

Japans Blase lief der Welt-Mega-Blase voraus

Japans Blase ist wichtig, denn in Vielem lief sie der Größten Blase aller Zeiten voraus. Außerdem ist die Entwicklung der Verschuldung dort phänomenal. Zur Vorgeschichte: Die japanische Wirtschaft legte ähnlich wie die deutsche nach dem Zweiten Weltkrieg ein rasantes Wirtschaftswachstum hin. Mit ihr stiegen auch die Kurse der japanischen Aktien. Standen sie gemessen am japanischen Aktienindex Nikkei 225 Anfang 1950 noch unter 100 Punkten, stiegen sie bis Ende 1989 – genau am letzten Handelstag des Jahres! – auf 38.916 Punkte. Der Chart zeigt die Entwicklung anhand des japanischen Aktienindex Nikkei 225 ab 1950.

Nikkei 225, 1950 bis 2022

Quellen: Globalfindata, Nihon Keizai Shimbun

Gut zu erkennen ist der massive Anstieg bis 1990. In den ersten Jahren war er durch das Wirtschaftswachstum gerechtfertigt, in den 1980er-Jahren entwickelte sich dann aber die Blase. Die Übertreibungen Ende der 1980er-Jahre waren atemberaubend: In der Spitze lag das Verhältnis von Kursen zu Gewinnen (KGV) am japanischen Aktienmarkt bei mehr als 100; international üblich sind Preise für Aktien, die je nach Marktphase bei etwa 5 bis 20 des Jahresgewinns liegen. Euphorie und Sorglosigkeit waren so extrem, dass eine Gastwirtin Kredite im Wert von über 25 Milliarden US-Dollar erhielt, um an der Börse zu spekulieren. Die für Blasenexzesse typische Casino-Mentalität hatte um sich gegriffen.

Doch dann passierte es: Die Kurse der Aktien stürzten 1990 crashartig. Sie fielen anschließend über viele Jahre weiter. Ihren Tiefstand erreichten sie erst am 28. Oktober 2008, als der Nikkei 225 im Tagesverlauf Werte unter 7000 Punkte erreichte. Das entspricht einem Kursverlust von in der Spitze 82 Prozent! In über 30 Jahren konnten die Kurse den Höchststand immer noch nicht wieder erreichen.

In Japan platzte die dortige Blase an den Aktienmärkten also bereits 1990. Japan hatte somit einen Vorlauf auf die Welt-Mega-Blase. So kam es in Japan nach dem Platzen der Blase bereits ab den 1990er-Jahren zu einem Niedrigzinsumfeld. Ähnlich war es dann in vielen Regionen der Welt nach der Finanzkrise 2008. Allerdings fielen in Japan die Aktienkurse trotz Niedrigzinsen weiter, während sie nach 2008 in den meisten Ländern stiegen. Die Analogie weist somit Grenzen auf. Dafür zeigte Japan frühzeitig, dass es weder zu einem deflationären Kollaps wie in den 1930er-Jahren noch zu einer starken Inflation kommen muss, wenn eine Blase platzt und die »Druckerpresse« angeworfen wird. Beides – eine Deflation beziehungsweise eine starke Inflation – wurde nach 2008 von vielen Marktbeobachtern befürchtet. Zumindest bisher blieb in Japan die große Katastrophe aus – gelöst ist allerdings noch nichts, wie Sie gleich sehen werden.

Dabei hatte sich in Japan nicht nur am Aktienmarkt eine Blase entwickelt. Fast zeitgleich kam es auch zu einer Blase am Immobilienmarkt. Die Entwicklung am Immobilienmarkt zeigt der nächste Chart. Er weist die Landpreise für sechs große Städte von 1964 bis 2010 aus. In der Spitze waren auch hier die Übertreibungen extrem. Das Grundstück des Kaiserpalastes in Tokio soll so viel wert gewesen sein wie ganz Kalifornien! Ähnlich wie am Aktienmarkt platze die Blase ab Anfang der 1990er-Jahre, die Preise brachen um über 75 Prozent ein und fielen wieder auf das Ausgangsniveau der Blase von Anfang der 1980er-Jahre zurück!

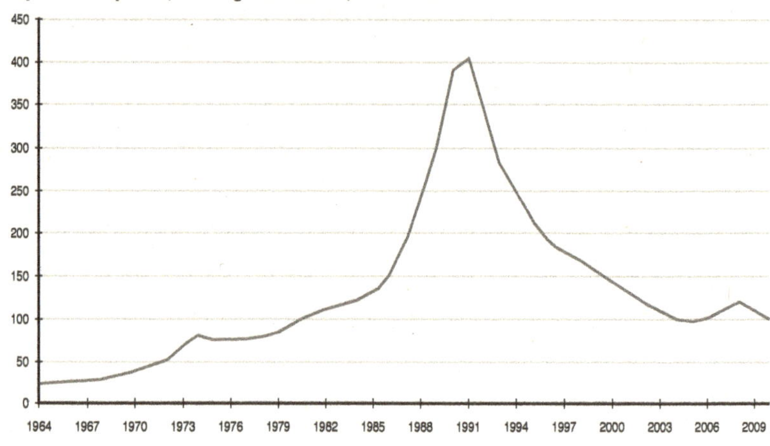

Quelle: Quinn, William, und Turner, John

Japan hat die höchsten Schulden aller Zeiten

Damit handelte es sich bei der japanischen Blase in den 1980er-Jahren um eine Mega-Blase, die mehrere Anlageklassen – mit Aktien und Immobilien die beiden bedeutendsten im Bereich der Realwerte – umfasste. Sehen wir uns nun an, wie die Blase in Japan durch Kredite erzeugt wurde, und wie man im Anschluss mit den Folgen des Blasenplatzens umging. Die Abbildung zeigt dazu ab 1965 die Verschuldung Japans relativ zur jährlichen Wirtschaftsleistung. Die obere Linie zeigt die Gesamtverschuldung aller Sektoren aus. Die gestrichelte Linie zeigt den Anteil des Privatsektors (Haushalte und Unternehmen ohne Banken) und die gepunktete den des öffentlichen Sektors.

Japan: Verschuldung zu BIP, 1965 bis 2020

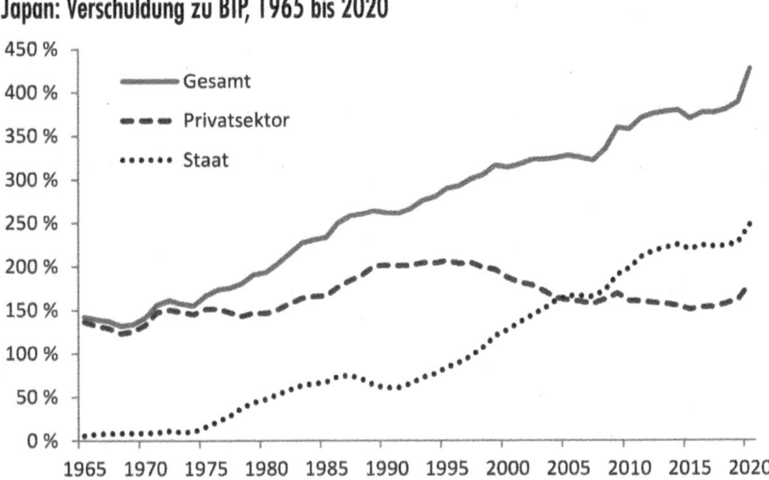

Quellen: David Hoisington, ESRI Cabinet Office, eigene Berechnungen und Schätzungen

Wie Sie sehen, lag bis Anfang der 1970er-Jahre die Verschuldung relativ stabil, wenn auch auf einem im internationalen Vergleich etwas erhöhtem Niveau. Die Verschuldung bestand im Privatsektor, eine Staatsverschuldung gab es fast nicht. Dann kamen die Krisen der 1970er-Jahre, in denen erste Grundlagen für die Blasen gelegt wurden. Dem Zeitgeist der Krisenbekämpfung folgend, wurde mit staatlichen Krediten gegen die durch die Ölkrise ausgelöste Rezession angekämpft. Dadurch kam es erstmals im Japan der Nachkriegszeit zu einer nennenswerten Staatsverschuldung, und auch die Gesamtverschuldung stieg.

Doch richtig – und gezielt – gestartet wurde die Mega-Blase Japans in den 1980er-Jahren. Ab Mitte dieses Jahrzehnts stieg vor allem die Verschuldung der privaten Haushalte und Unternehmen sehr stark. Staatliche gelenkte Banken pumpten unentwegt Kredite in den Wirtschaftskreislauf. Das Ziel war Wirtschaftswachstum um jeden Preis. Das gelang auch: Die Wirtschaft wuchs um 5 Prozent pro Jahr, bei niedriger Inflation. Alle Welt blickte nach Japan, um von den Japanern zu lernen. Das Land galt als Vorbild und schien sich zur größten Wirtschaftsmacht aufzuschwingen. Bücher über japanisches Management waren plötzlich modern, dabei steckte vor allem der Blasenmechanismus hinter den Entwicklungen der 1980er-Jahre.

Denn noch schneller als die Wirtschaft wuchs insbesondere ab der zweiten Hälfte der 1980er-Jahre die Verschuldung, nämlich um 10 bis 25 Prozent pro Jahr. Dies wurde durch die Eingriffe der Zentralbank und des staatlich gelenkten Bankensystems verursacht. Der Anstieg betraf aber den privaten Sektor, wie die Abbildung verdeutlicht. Infolge der Kreditaufnahme entwickelten sich sowohl an den Aktienmärkten als auch an den Immobilienmärkten die gezeigten Blasen mit deutlich überzogenen Preisen.

Ab 1990 platzte dann die japanische Mega-Blase mit der katastrophalen Preisentwicklung des Aktienmarktes und des Immobilienmarktes. Dennoch kam es zu keiner schweren Wirtschaftskrise nach dem Muster der 1930er-Jahre! Die japanische Mega-Blase platzte halbseitig, ein Schuldenrückgang fand nicht statt. Der japanische Staat griff laufend ein, um die Banken zu retten und die Wirtschaft zu stützen.

Er verschuldete sich dabei selbst maßlos. Der Chart zeigt, dass das Schuldenniveau des Staates ab Anfang der 1990er-Jahre stieg. Das Schuldenniveau des privaten Sektors nahm – mit zeitlicher Verzögerung – hingegen sogar ab. Die Schulden wurden also durch die staatlichen Maßnahmen in den staatlichen Sektor mit seiner hohen Bonität verlagert. Das verhinderte einen breiten Ausfall der Schulden – und damit eine Schuldendeflation und Wirtschaftskrise.

Allerdings stiegen dadurch die Schulden insgesamt immer weiter, ein Schuldenabbau fand nicht statt. Die Gesamtschulden Japans standen 2020 bei über 400 Prozent der jährlichen Wirtschaftsleistung. Es dürfte sich bei einem größeren Land um das höchste je erreichte Schuldenniveau aller Zeiten handeln! Das bedeutet aber umgekehrt: Es gibt keine mathematische Grenze, bis zu der der Schuldenstand aufgebläht werden kann.

In den drei »verlorenen« Dekaden nach dem Platzen der Blase ab 1990 wuchs die Wirtschaft allerdings kaum. Mangels Schuldenrückführung gelang kein Neustart der Realwirtschaft. Das Problem der hohen Verschuldung wurde gar nicht erst angegangen, stattdessen wurde die Verschuldung immer weiter ausgeweitet. Das wurde von einer massiven Zinsmanipulation über Anleihekäufe (»QE«) der Zentralbank begleitet, deren Bilanzsumme sich binnen gut 20 Jahren mehr als verzehnfachte. Lag das Zinsniveau für zehnjährige Staatsanleihen 1990 in der Spitze noch bei fast 8 Prozent, fiel es 1998 erstmals unter 1 Prozent und Anfang 2016 sogar unter 0 Prozent. Diese jahrzehntelange Niedrighaltung der Zinsen ermöglichte dem Staat und anderen Schuldnern den Schuldendienst.

Über 30 Jahre nach dem Beginn des Platzens der japanischen Mega-Blase standen allerdings sowohl die Aktien- als auch die Immobilienpreise noch weit unterhalb ihrer Höchststände von 1990. Da die Japaner ihr Geld auch im Ausland anlegen konnten, stiegen die Anlagepreise trotz des Dauerniedrigzinses nicht auf neue Höchststände. Dies ist ein deutlicher Unterschied zur Lage in den USA und anderen Ländern bei der weltweiten Mega-Blase mit ihren Niedrigzinsen ab den 2010er-Jahren, wo sich Aktien, Immobilien und weitere Anlageklassen von einem Blasenhoch zum nächsten schwangen.

Kann uns Japan beim Ausblick helfen?

Diese Unterschiede zeigen deutlich, dass Japans Mega-Blase und die danach folgenden Abläufe mit ihrem bereits Anfang der 1990er-Jahre erreichten Höchststand und wenig später einsetzendem Niedrigzins nicht als exakte Vorlage für die Mega-Blase der gesamten Welt dienen kann. Ein Grund für die Unterschiede ist, dass Japan nur ein Teil der gesamten Weltwirtschaft ist. Außerdem hatte das Land eine starke Außenposition aufgrund des hohen Leistungsbilanzüberschusses über viele Jahre.

Dennoch waren die Entwicklungen Japans nach 1990 für den Rest der Welt nach der Finanzkrise 2008 ein deutlicher Hinweis darauf, dass weder ein deflationärer Zusammenbruch noch eine Hyperinflation unmittelbar drohten. Das meinten damals einige Beobachter.

Zugleich wäre es aber falsch anzunehmen, dass Japan beweist, dass es der Welt gelingen wird, die Gesamtverschuldung auf ein Niveau wie in Japan hochzutreiben und weitere Jahrzehnte Niedrigzinsphase ohne Probleme zu überstehen. Theoretisch ist das möglich – das zeigt Japan. Aber Japan ist auch, wie gesagt, nur ein Teilwirtschaftsraum der Welt. Die Welt als Ganzes hat diesen Komfort nicht. Außerdem zeichnet sich ab 2021 mit der weltweit steigenden Inflation, die es in Japan nicht gab, eine andere – dramatische – Entwicklung ab.

China: Schuldenexplosion schafft gigantische Immobilienblase

Eine der am meisten unterschätzten Teil-Blasen der Größten Blase aller Zeiten ist die in China. Dabei sieht die wirtschaftliche Entwicklung in China auf den ersten Blick sehr gut aus. Das Land hat in den vergangenen Jahrzehnten ein hohes Wirtschaftswachstum erzielt, eine positive Leistungsbilanz, große Reserven und ist gegenüber dem Ausland Gläubiger – ganz im Gegensatz zu den USA, die die größte Schuldnernation darstellen.

Wieso ist China so wichtig? Es ist, neben den USA, die größte Wirtschaftsnation der Welt – je nach Berechnungsmethode die größte oder die zweitgrößte. Dabei ist es vor allem ein wichtiger Produktionsstandort, manche nennen das Riesenreich auch »Werkbank der Welt«. Bei wichtigen Rohstoffen wie Kupfer, Aluminium oder Stahl verbraucht das Land mehr als die Hälfte der Weltproduktion. Was in China passiert, ist daher für die Real- wie die Finanzwirtschaft weltweit von größter Bedeutung.

China hat sich dabei jedoch massiv verschuldet. Die nächste Abbildung zeigt dazu ab 1995 die Verschuldung Chinas relativ zur jährlichen Wirtschaftsleistung. Die obere Linie weist die Gesamtverschuldung aller Sektoren aus, die gestrichelte davon die des Privatsektors (Haushalte und Unternehmen ohne Banken) und die gepunktete die des Staates.

China: Verschuldung zu BIP, 1995 bis 2020

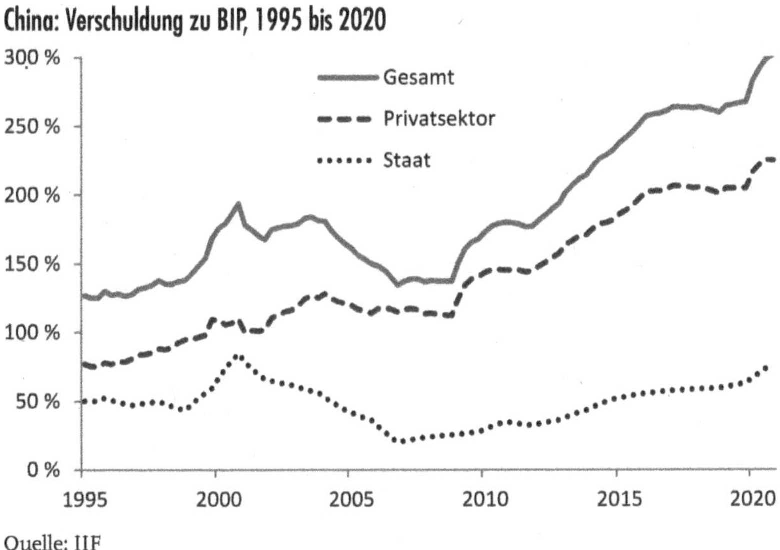

Quelle: IIF

Wie Sie sehen, stieg die Gesamtverschuldung in China seit der Finanzkrise 2008 bis 2020 von etwa 135 Prozent auf fast 300 Prozent, also auf mehr als das Doppelte – wohlgemerkt nicht absolut, sondern relativ zur Wirtschaftsleistung! Berücksichtigen wir die enorme Größe der chinesischen Volkswirtschaft, dürfte es sich hier um die größte Schuldenexpansion der Geschichte in Friedenszeiten in relativ kurzer Zeit handeln.

Was oft übersehen wird: China spielte eine entscheidende Rolle bei der Überwindung der Finanzkrise 2008. Chinas massive Neuverschuldung und sein starkes Wirtschaftswachstum trugen maßgeblich dazu bei, weltweit Nachfrage nach Gütern aller Art zu schaffen und die deflationären Kräfte der Finanzkrise 2008 zu überwinden. Mittlerweile hat das Land aber, von einem relativ moderaten Niveau kommend, das hohe Schuldenniveau anderer Länder erreicht. China ist vollumfänglich in der weltumspannenden Mega-Blase angekommen. Diese Rolle könnte China – und auch sonst keine große Weltregion – nicht noch einmal übernehmen.

Doch wo hat sich Chinas Schuldenausweitung in einer Blase entfaltet? Die Aktien stiegen nämlich kaum, Auslandsinvestitionen sind Chinesen wegen Kapitalverkehrskontrollen erschwert. Der Immobilienmarkt hingegen boomt seit den frühen 2000er-Jahren. Die Immobilienpreise in großen Städten wie Shanghai und Peking haben sich binnen 20 Jahren mehr als verachtfacht. Der Boom setzte um 2004 ein. Der Chart zeigt die Entwicklung in Shanghai ab Ende 2003.

Shanghai: Wohnungspreise, 1000 Renminbi pro Quadratmeter, 2003 bis 2022

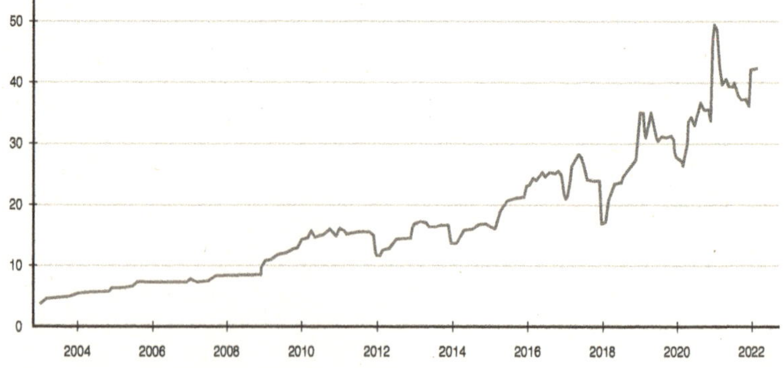

Quelle: CEIC, National Bureau of Statistics

Hinter dem Anstieg der Immobilienpreise Chinas steckt unter anderem eine starke Zunahme der Verschuldung der Unternehmen und Privatpersonen, wie die Abbildung zur Verschuldung zeigte. Viele Immobilien wurden nur in Erwartung steigender Preise auf Kredit gekauft. So werden Leerstandsquoten von über 20 Prozent berichtet, und es entstanden sogar Geisterstädte mit zehntausenden leer stehenden Wohnungen. Viele Objekte – darunter selbst Wolkenkratzer – wurden begonnen, aber nicht fertiggestellt. Doch selbst diese unvollendeten Objekte konnten regelmäßig nach Jahren des Leerstands mit steigenden Preisen an neue Eigentümer weiterverkauft werden.

Gemessen an fundamentalen Kennzahlen wie dem Kaufpreis zum Jahreseinkommen gehören die chinesischen Immobilienpreise zu den höchsten der Welt. In Städten wie Peking stiegen die Preise für Eigentumswohnungen auf über das 58-Fache des durchschnittlichen Jahreseinkommens. Zum Vergleich: Anhand dieser Bewertungskennziffer sind die Pekinger Immobilien dreieinhalb Mal so teuer wie selbst die in München, obwohl dessen Immobilienmarkt Anfang der 2020er-Jahre nach Jahren des Anstiegs ebenfalls völlig überhitzt ist.[68]

Um welche Dimension es bei der Blase am chinesischen Immobilienmarkt geht, veranschaulicht auch das folgende Balkendiagramm. Es zeigt für China, die USA, Japan und Großbritannien eine Schätzung des gesamten Wertes jeweils aller Immobilien. Mit 62 Billionen US-Dollar Gesamtwert sind die Immobilien Chinas fast doppelt so viel wert wie die der USA, wo es jedoch ebenfalls einen überhitzten Immobilienmarkt gibt!

68 Nach www.numbeo.com/property-investment/in/Beijing und /Munich, Stand: 18. Mai 2022.

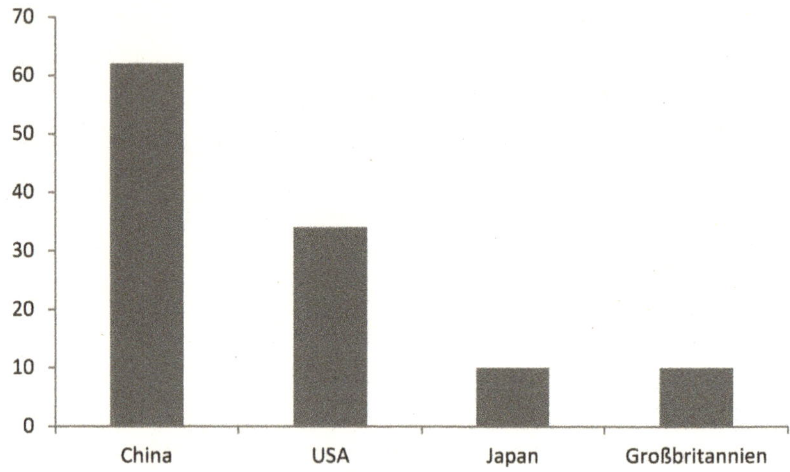

Quelle: Goldman Sachs Global Investment Research

Die chinesischen Immobilienpreise sind alles andere als nachhaltig, ihr Anstieg ist der Blasenmechanik mit staatlicher Unterstützung zu verdanken. Das Platzen dieser Blase würde vielen verschuldeten Anlegern Kummer bereiten. Obwohl das Ausland kaum im chinesischen Immobilienmarkt involviert ist, würde ein Platzen der Blase aufgrund der Verflechtungen der chinesischen Wirtschaft weltweite Schockwellen hervorrufen.

Der Aktienmarkt in den USA bildet den mit Abstand größten der Welt und befindet sich wie gezeigt ebenfalls in einer Blase. Doch alle chinesischen Immobilien zusammen sind sogar teurer als alle US-amerikanischen Aktienunternehmen, die am Kurshöhepunkt des Aktienmarktes zum Jahreswechsel 2021/2022 gut 53 Billionen US-Dollar Marktwert aufwiesen. Anfang der 2020er-Jahre war die Blase am chinesischen Immobilienmarkt somit die größte Teil-Blase der globalen Größten Blase aller Zeiten. Auch wenn China fern ist, sollte diese Blase nicht unterschätzt werden.

Dabei scheint Mitte 2022 eine kritische Phase am chinesischen Immobilienmarkt begonnen zu haben. Bis dahin kam es zu einem deutlichen Rückgang der Umsätze am chinesischen Immobilienmarkt, und es kam zu Problemen bei Bauträgergesellschaften. Der Anfang der 2020er-Jahre könnte sich somit als Blasenhoch am chinesischen Immobilienmarkt herauskristallisieren.

Eurozone: Wie die Politik innovativ Blasen schafft

Weitaus näher als China liegt die Eurozone; doch auch hier ist bei weitem nicht alles Gold, was glänzt. Keines der Probleme, die sich in der Eurokrise ab 2011 manifestierten, wurde von der Politik oder Geldpolitik gelöst. Sie wurden nur auf die lange Bank geschoben, eine Lösung steht daher noch aus. Wie kam es zur Eurokrise? Ihr ging ebenfalls eine Blasenbildung voraus, die insbesondere in den Immobilienmärkten Südeuropas wie etwa dem in Spanien stattfand. Eine exzessive Kreditaufnahme umfasste aber auch andere Sektoren wie beispielsweise den staatlichen in Griechenland.

Hintergrund der Blasenbildung und der Kreditexzesse war die schrittweise Einführung des Euro ab Ende der 1990er-Jahre. In den Ländern Südeuropas herrschte zuvor ein Weichwährungsregime mit schleichender Geldentwertung bei entsprechend hohen Zinssätzen. Der Euro war jedoch als Hartwährung nach dem Vorbild der Deutschen Mark konzipiert worden. Die Folge: Die Zinssätze fielen in den südeuropäischen Ländern. Die Haushalte, Unternehmen und Staaten konnten sich somit erstmals in harter Währung zu niedrigen Zinsen verschulden. Sie machten davon eifrig Gebrauch. Das Kreditwachstum schuf die Blasen in den früheren Weichwährungsländern. Dieses überproportionale Kreditwachstum ist der Hintergrund der Eurokrise.

Im Falle der Immobilienblase mehrerer südeuropäischer Länder wirkte die Blasenmechanik wie üblich, da mit zunehmender Hypothekarverschuldung auch die Immobilienpreise stiegen. Das wiederum hatte weitere schuldenfinanzierte Immobilienkäufe zur Folge, denn die steigenden Preise lockten weitere kreditfinanzierte Käufe an. Im Zuge der Eurokrise platzte dann die Blase und riss viele Schuldner – auch Banken und Staaten – mit sich. Der Chart zeigt exemplarisch die Entwicklung der Immobilienpreise in Spanien als Volllinie und parallel dazu die Anzahl der Hypotheken[69] als gestrichelte Linie in den Jahren um die dortige Immobilienblase. Die Wirkung des Blaseneffekts anhand des parallelen Anstieges und Niedergangs bei Immobilienpreisen (linke Skala) und der Anzahl an neu genehmigten Hypotheken (rechte Skala) ist gut zu erkennen.

Spanien: Realer Immobilienpreisindex, Anzahl neuer Hypotheken, 1995 bis 2015

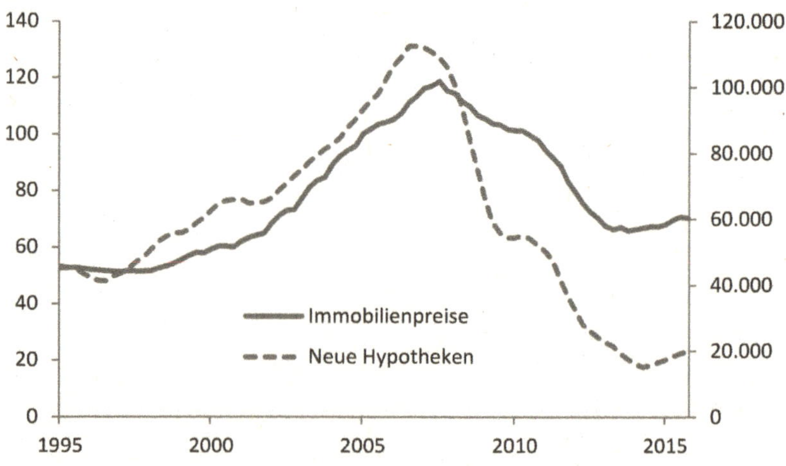

Quellen: FRED, Instituto Nacional de Estadística, eigene Berechnungen

69 Gleitender 12-Monatsdurchschnitt der Monatswerte. Die Werte nach der früheren Erhebungsmethode bis 2002 wurden um 6 Prozent angehoben, um eine konsistentere Zeitreihe zu erhalten.

Die Eurokrise, die durch das Platzen der Blasen in den südeuropäischen Ländern sowie die parallele Banken- und Staatschuldenkrise hervorgerufen wurde, hatte gravierende Folgen und betraf Millionen Menschen. Griechenland kam unter Zwangsverwaltung, Regierungen wie die in Italien wurden von außen gestürzt, Millionen Menschen wanderten aus. Zur Rettung des Euros wurden am Ende vierstellige Milliardenbeträge aufgebracht, es kam zu erheblichen Abschreibungen und zu gravierenden Wirtschaftskrisen – in Griechenland war diese sogar schwerer als die der Depression der 1930er-Jahre. Generell fiel in den Ländern Südeuropas der Lebensstandard spürbar zurück, in Italien beispielsweise wurde der Lebensstandard pro Person von 1999 nach fast 20 Jahren erst 2017 wieder erreicht und liegt selbst 2021 noch deutlich unter den Höchstständen. Der Chart zeigt inflationsbereinigt die jährliche Wirtschaftsleistung pro Person in Italien.

Italien: BIP pro Person, in konstanten Euro (2010), 1995 bis 2021

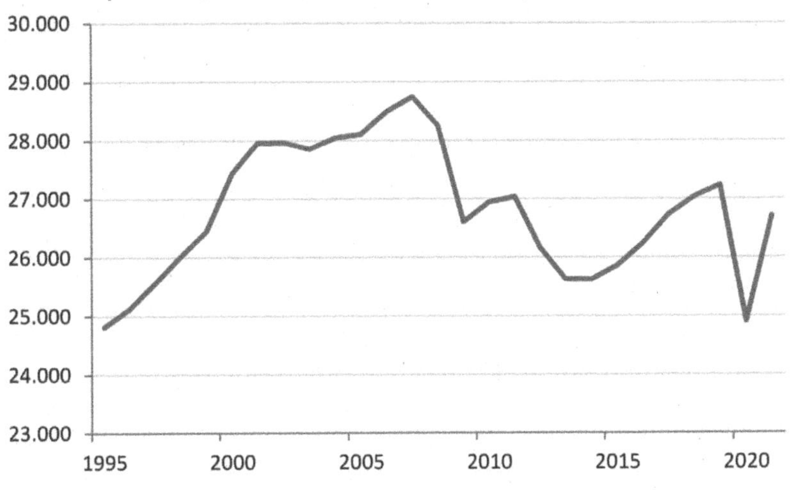

Quellen: FRED, Eurostat

All diese gravierenden Schäden für die betroffenen Länder und Bürger entstanden nur, weil sich Politiker den Euro in den Kopf gesetzt hatten, ohne ausreichend auf die Annäherung wichtiger ökonomischer Kennzahlen wie Defizite, Schuldenstand oder Zinsniveau zu achten. Zudem wurde keine ausreichend lange Anpassungsphase von 10 oder besser 20 Jahren mit fixierten Währungskursen, aber ohne einheitliche Währung, vorgesehen, die Spielraum für Währungsanpassungen gegeben hätte.

Dabei sind die ökonomischen Effekte bei einer Währungsunion wie der Eurozone genau dieselben wie bei der Anbindung einer Weichwährung an eine Hartwährung. So hatten einige Jahre zuvor mehrere Länder Asiens wie Thailand oder Indonesien ihre (zuvor weichen) Währungen an den (relativ harten) US-Dollar gebunden. Dadurch erfuhren sie ebenfalls Blasen durch viele frische Schulden. Diese Blasen platzten im Rahmen der Asienkrise 1997. Dass die Währungs-Angleichungen durch die Einführung der einheitlichen Währung »Euro« zu einem Drama führen würden, war also absehbar.

Einer der Gründe, weshalb dies im Vorfeld nicht gesehen wurde, war die weit verbreitete Vorstellung von so etwas wie »Geld an sich«. Im herrschenden Kreditgeldsystem gibt es das aber nicht. Es gibt ausschließlich von Banken vermittelte Schuldner-Gläubiger-Beziehungen und somit zirkulierende Schuldscheine, denen wir Namen wie »Geld«, »Guthaben« oder »Währung« geben. Die Werthaltigkeit eines Schuldscheins ist aber unabhängig davon, ob seine Nominale auf »Lira«, »Euro« oder auch »Gold« lautet.

Es entfaltet sich daher dieselbe ökonomische Wirkung, ganz gleich, ob die spanische Peseta an die Deutsche Mark gebunden wird oder ob in beiden Ländern eine neue Währung namens Euro eingeführt wird. Eine an die Deutsche Mark gebundene Peseta ließe sich vom Euro in Beziehung auf wichtige ökonomische Effekte nicht unterscheiden. Es entstand daher durch die Euroeinführung auf gleiche Weise wie zuvor in Asien durch die Währungsanbindung geschehen eine Blase im früheren Weichwährungsland, also in diesem Beispiel in Spanien.

Die Eurozone konnte nie heilen

Allerdings reduziert der Euro beim Blasenplatzen den Handlungsspielraum. Eine effektive Abwertung der spanischen Verbindlichkeiten und Zahlungsströme einfach durch Abwertung der Währung ist beim Euro nicht möglich. Eine entsprechende Abwertung wurde beispielsweise in der Asienkrise (mit Ausnahme der Auslandsverbindlichkeiten) gemacht mit der Folge, dass sich die asiatischen Länder wirtschaftlich schnell erholten. Unternehmen und Arbeitnehmer wurden schnell wieder wettbewerbsfähig.

Das war bei der Eurokrise nicht möglich – mit den bereits erwähnten schweren Folgen für Menschen, Länder und Wirtschaft. Die laufenden Größen wie Einkommen, Mieten, inländische Darlehenszahlungen oder Gebühren konnten in der Praxis nicht, nicht ausreichend oder zumindest nicht auf einen Schlag nach unten angepasst werden, wie es bei einer Abwertung der Fall gewesen wäre. Auch gab es keinen Marktmechanismus, der das Ausmaß der nötigen Abwertung – 35 oder 50 Prozent? – feststellen konnte.[70] Stattdessen kamen Bürokraten aus Brüssel im Auftrag der Gläubigerländer und machten den betroffenen Ländern Vorschriften unter anderem bezüglich Kürzungen. Dabei

70 Im Mittel von 109 Währungszusammenbrüchen lagen die Verluste nach 48 Monaten bei etwa 50 Prozent zum US-Dollar (im Text steht »45 Prozent« (Median), die Abbildung legt aber eher 55 Prozent nahe), wobei das meiste sich in den ersten Monaten manifestiert hat. Rosenberg, Isabella; Zach, Pandl: »Global Markets Daily: The Economics of Algorithmic Stablecoins«, Goldman Sachs Global Economics Research, 16. Mai 2022, www.goldmansachs.com/insights/pages/gs-research/the-economics-of-algorithmic-stablecoins-f/report.pdf.

fehlte ihnen naturgemäß das nötige Wissen für so weitreichende Entscheidungen; sie waren außerdem nicht demokratisch legitimiert.

Das Ausmaß des Leides der früheren Weichwährungsländer unter dem falschen Währungskurs aufgrund des Euros zeigt die nächste Abbildung. Sie vergleicht die Industrieproduktion Italiens mit der Deutschlands ab 1980. Bis zur schrittweisen Euroeinführung um die Jahrtausendwende waren die Entwicklungen vergleichbar (übrigens auch davor im hier nicht dargestellten Zeitraum von 1960 bis 1980). Danach liefen sie auseinander. Die italienische Industrie konnte sich wegen der reduzierten Wettbewerbsfähigkeit aufgrund des für Italien zu hoch stehenden Euros nicht weiter entwickeln. Nach der Finanzkrise 2008 und dann nach der Eurokrise ab 2011 weitete sich die Diskrepanz weiter aus. Während die Industrieproduktion Deutschlands sich zügig erholte und 2015 wieder das Vorkrisenniveau von 2007 erreichte, lag die Italiens weiter darnieder und konnte sich praktisch gar nicht erholen.

Index der Industrieproduktion, 1980 bis 2021

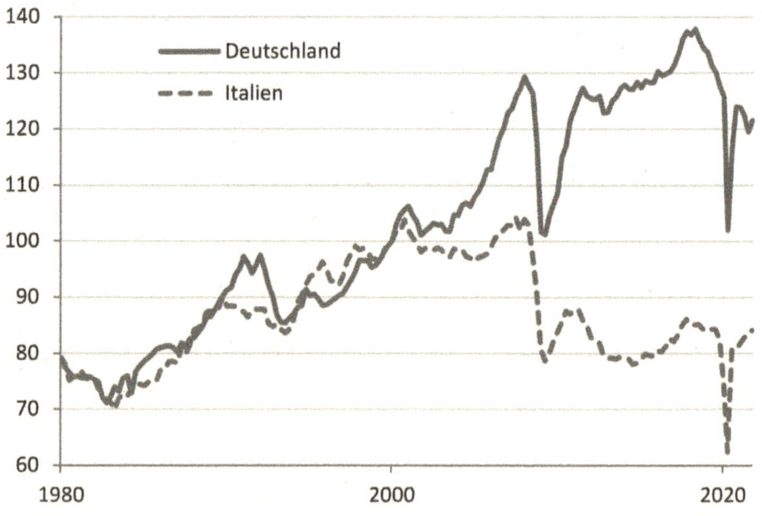

Quelle: FRED

Vergleicht man die beiden Länder, wurde quasi ein Drittel der industriellen Substanz Italiens durch den Euro zerstört. Dass dies eine Folge der verfrühten Einführung des Euros war und nicht die einer Besonderheit der beteiligten Länder, lässt sich auch daran erkennen, dass die Entwicklung in anderen früheren Weichwährungsländern wie Spanien, Portugal oder auch Frankreich ähnlich wie in Italien verlief. Deutschlands Industrie wiederum erholte sich ähnlich wie beispielsweise die der USA.

Die Folgen für die früheren Weichwährungsländer waren dramatisch: Die Löhne blieben zurück, viele Arbeitnehmer mussten ihre Heimat verlassen, einst stolze Nationen hängen seitdem am »Tropf« Deutschlands. Insgesamt hat der Kontinent wegen der übereilten Einführung des Euros starken Schaden genommen. Länder wie Italien, Spanien und Griechenland liegen weit hinter ihrem Potenzial zurück.

Die künstliche Euro-Reparatur funktionierte nicht

Während die einfache Maßnahme der Währungsanpassung dafür gesorgt hatte, dass die Länder Asiens binnen weniger Jahre nach der Asienkrise wieder ihren früheren Wohlstand erreichten und dann überboten, konnten die künstlichen Maßnahmen der Eurozone nur Schlimmeres verhindern, aber keine ausreichende Erholung bewirken. Die künstlichen Anpassungen waren unzureichend.

Was dabei selten gesehen wird: Es geht nicht nur um die Wettbewerbsfähigkeit. Denn nicht nur die laufenden Größen wie die Gehälter, sondern auch die Bestandsgrößen, sprich die Guthaben im Inland, wurden wegen des einheitlichen Euro nicht abgewertet. Daher mussten die Banken und Staaten aus dem Ausland von früheren Starkwährungsländern wie Deutschland refinanziert werden. Da dies trotz hoher Mittelaufwendungen nicht vollständig geschah, weisen viele Banken Südeuropas weiterhin einen desolaten Bilanzzustand auf.

Es gibt daher wegen der unzulänglichen künstlichen Anpassungen auch Profiteure der Eurokrise im Verhältnis zur konventionellen Abwertungskrise wie in Asien. Dabei handelte es sich um die Besitzer der Guthaben – vermögende Inländer und beispielsweise auch ausländische Banken –, deren Vermögen nicht abgewertet wurde. Auch die Empfänger festgelegter Einkommen wie Beamte und anfänglich auch Rentner waren begünstigt. Überproportional geschädigt wurde hingegen, wer auf laufende Einnahmen im Wettbewerb angewiesen war. Dazu zählten vor allem die übrigen Arbeitnehmer und die Unternehmer, aber auch die Länder als Ganzes.

Der Euro hatte somit einen doppel-destruktiven Effekt: Die Realwirtschaften in den südeuropäischen Ländern erholten sich kaum, doch die Schulden blieben (weitgehend) unverändert bestehen! Mit einer Lira-, Drachme- und Peseta-Abwertung wären vierstellige Milliardenbeträge (in Euro gemessen) auf einen Schlag verschwunden. So bestehen diese finanziellen Forderungen weitestgehend bis heute!

Mit der Druckerpresse aus der Euro-Erstarrung

Im Vergleich zu einer Währungsabwertung wie bei der Asienkrise gab es also mehr Schulden, und zugleich weniger an realer Wirtschaftsleistung, aus der heraus die Schulden bedient werden können. Zugleich waren die Volkswirtschaften Südeuropas aufgrund des für sie zu hohen Eurostandes nicht wettbewerbsfähig. Das rief die EZB auf den Plan.

EZB-Chef Mario Draghi meinte im November 2013 im Kontext einer Leitzinssenkung bei einem Eurokurs von 1,35 zum US-Dollar, der Wechselkurs sei kein »Ziel der Geldpolitik«. Aus der Notenbankersprache ins klare Deutsch übersetzt bedeutet das: »Der Euro soll geschwächt werden.« Diese Abwertung sollte die Wirtschaften Südeuropas stützen, für die der Euro zu hoch stand. Anderthalb Jahre später im März 2015 fiel der Euro unter 1,1 zum US-Dollar.

Ab 2015 weitete dann die EZB auch ihre Bilanz auf mehr als das Doppelte aus.[71] Dies geschah gegen den Trend insbesondere der FED und ohne Not aufgrund einer akuten Krise. Die Europäische Zentralbank wandelte sich in dieser Zeit wegen der ungelösten Europroblematik zu einer besonders großen »Druckerpresse« und senkte auch die Leitzinsen überdurchschnittlich stark. Weder in Japan noch in den USA fielen zudem die Zinsen so sehr in den negativen Bereich wie in der Eurozone. Neben der Währungsabwertung sollte durch die niedrigen Leitzinsen und das QE den Staaten der Zinsendienst erleichtert werden – was nebenbei gesagt auch dem späteren italienischen Ministerpräsidenten Draghi das Leben erleichtern würde.

Insgesamt wurden die Probleme der Eurozone nicht gelöst, sondern nur mit viel zusätzlichem Geld verdeckt. Ohne Euroeinführung jedoch und stattdessen mit einem System weitgehend fester Wechselkurse hätten die früheren Weichwährungsländer eine Abwertungsrunde durchführen können, um die Wirtschaft und Finanzen schnell anzupassen. So kam die Währungsunion für diese Länder grob geschätzt 20 Jahre zu früh.

Bis Anfang der 2020er-Jahre wurden die Währungsanpassungen nur begrenzt und auch nur indirekt wie etwa über Lohn- oder Mietanpassungen vorgenommen. Das Spannungsfeld zwischen den früheren Weichwährungs- und Hartwährungsländern herrscht unvermindert weiter an. Zudem erfolgt ein stetiger Realtransfer über ein Target2 genanntes Zahlungssystem, einer in der Währungsgeschichte wohl einmaligen Fehlkonstruktion. Die Bundesbank wies Mitte 2022 diese Bilanzposition mit über 1100 Milliarden Euro als »Forderungen«

71 Siehe auch die Abbildung »Notenbank-Bilanzsummen in Millionen Euro beziehungsweise US-Dollar« in Kapitel 5.4.

aus. Da der Betrag aber nicht eintreibbar und in der Praxis auch nicht realisierbar ist,[72] handelt es sich tatsächlich um Geschenke in einem, wenn auch regelgebundenen, System, die nur durch Gegengeschenke ausgeglichen werden könnten. Diese sind aber unrealistisch, denn dazu müsste die Wirtschaft der früheren Weichwährungsländer von nun an weitaus stärker wachsen als die früheren Starkwährungsländer. Spätestens mit einem Auseinanderbrechen der Währungsunion wäre der milliardenschwere positive Bundesbank-Saldo wohl sowieso weitgehend oder gänzlich verloren, da nur schwer politisch durchsetzbar.

Beim Platzen der Größten Blase aller Zeiten droht somit aufgrund der ungelösten Probleme der Eurozone das Zusatzrisiko einer Auflösung der Währungsunion. Ohne weitere erhebliche Verwerfungen dürfte eine solche nicht durchführbar sein. Im Unterschied zur Einführung des Euro würden Fluchtbewegungen entstehen, da viel Geld in die früheren Hartwährungsländer flösse. Die notwendige monatelange Vorbereitung einer Auflösung wäre daher nur unter stark erschwerten Voraussetzungen möglich. Insgesamt hat die Euro-Währungsunion der Eurozone Sonderprobleme beschert und zudem zur Bildung der Größten Blase aller Zeiten beigetragen. Bei ihrem Platzen drohen der Eurozone gravierende zusätzliche Verwerfungen im Falle eines unkontrollierten Zerfalls der Währungsunion.

---

72 Möglich wären Investitionen der Bundesbank in Länder mit negativem Saldo (s. a. Häring, Norbert: »Ökonomen in der Target-Falle«, 7.9.2018, www.norberthaering.de/geldsystem/target-falle). Dies würde der EZB-Rat aufgrund der geringen Anzahl an Ländern mit positivem Saldo aber wohl kaum zulassen.

8.

WURDE DIE INFLATION NUR AUFGESCHOBEN?

In den vergangenen Jahrzehnten hat die Menschheit die Größte Blase aller Zeiten geschaffen. Sie hat den Scheinreichtum auf ein zuvor nie gekanntes Niveau maximiert, indem sie in höchster Perfektion die Staatsverschuldung und zugleich die kreditfinanzierte Blasenbildung auf die Spitze trieb.

Auf jede Illusion folgt die Desillusionierung. Im Fall der Größten Blase aller Zeiten geht es um das Ausbuchen der rekordhohen Scheinreichtümer. Eine Desillusionierung dieses Ausmaßes dürfte nicht ohne gravierende Folgen für jeden Einzelnen bleiben. Sie beträfe Unternehmen, Staaten und die Bürger fast aller Staaten der Welt. Gravierende wirtschaftliche, soziale und politische Verwerfungen drohen.

Als Anfang der 1930er-Jahre das letzte Mal ein großes Kartenhaus aus Schulden im globalen Maßstab außerhalb von Kriegsumständen in sich zusammenfiel, kam es zu einer schweren Depression. Die Wirtschaft brach ein, die Arbeitslosigkeit schoss nach oben, und Extremisten wie Hitler wurde der Weg geebnet. Die Aktienkurse fielen ins Bodenlose, Immobilien waren unverkäuflich, Bankeinlagen wurden wertlos, viele Bürger und Unternehmen waren ruiniert. Dieses historische Vorbild ließe im Sinne einer einfachen Analogie für das Platzen der Größten Blase aller Zeiten ebenfalls eine Deflation erwarten. Es gibt aber auch einen anderen Ausweg aus der globalen Überschuldung.

Wie die globale Entschuldung ablaufen kann

Theoretisch kann selbst ein hoher Schuldendstand wie bereits erwähnt noch viele Jahre und Jahrzehnte weiter gesteigert werden. Doch wir dürfen nicht vergessen: Es herrscht die Größte Blase aller Zeiten. Das globale Schuldenniveau ist extrem hoch. Jeder weitere Ausbau ist damit noch schwieriger als der zuvor. Eine nachhaltige Entschuldung einer stark verschuldeten Weltwirtschaft ist zudem kein Kinderspiel, wenn wie seit Jahren üblich nicht einmal die Stabilisierung gelingt.

Da das Volumen der Schulden dem der Guthaben entspricht, kann es eine Entschuldung nur mit entsprechend hohen Einbußen bei den Sparern geben. Dabei reduzieren sich deren finanzielle Forderungen relativ zur Wirtschaftskraft, sei es durch Bankenpleiten, Geldentwertung oder andere Entwertungen. Diese Verluste betreffen nicht nur Bankguthaben, sondern alle finanziellen Forderungen wie beispielsweise auch Anleihen.

Zugleich hat der Schuldenexzess auch extrem hohe Preise an den Aktien-, Immobilien- und vielen weiteren Märkten mit sehr hohen Bewertungen hervorgebracht. Nach oben getriebene Werte bei diesen Anlagegütern kommen im Zuge des Platzens einer Blase auf tiefere Bewertungsniveaus zurück, als hätte es den Kreditexzess so nicht gegeben. Das bedeutet ebenfalls herbe Verluste für Anleger.

Doch wie kann eine Entschuldung vor sich gehen, und was bedeutet das konkret für die Märkte und die Wirtschaft? Die Entschuldung beim klassischen Blasenplatzen geht über viele Bankrotte und ist in der Folge deflationär. Da dies eine Wirtschaftskrise zur Folge hat, verhindert dies die Politik wie besprochen mittlerweile fast immer. Ob es zu einer deflationären Krise kommen wird, hängt deshalb auch in Zukunft ausschließlich von politischen Entscheidungen ab. Da beim Platzen der Größten Blase aller Zeiten eine Wirtschaftskrise droht, die der der 1930er-Jahre ähneln würde und womöglich sogar stärker wäre, wird die Politik wahrscheinlich gegensteuern. Zwischenzeitliche deflationäre Bewegungen sind aber auch in einem übergeordnet inflationären Szenario möglich, wobei die Politik wohl spätestens dann eingreift, wenn die Wirtschaft zu stark einbricht und dann doch wieder für Inflation sorgt.

Andere Entschuldungsformen wie eine Währungsreform sind aus dem Stand heraus politisch ausgeschlossen. Sie stehen typischerweise am Ende von schweren Verwerfungen wie Hyperinflationen oder Kriegen. Ohne eine Katastrophe dieser Art sind Bürger, Wirtschaft und auch die Politiker selbst für die Ausbuchung des Scheinreichtums nicht offen.

Ein Herauswachsen aus der hohen Verschuldung mit regulärer Tilgung, stetigem Wirtschaftswachstum und gegebenenfalls schleichender Enteignung durch eine Inflationsrate oberhalb des Zinssatzes wäre beim mittlerweile hohen Schuldenniveau sehr schwer zu erzielen. Es wäre bei einem sehr starken politischen Willen vielleicht gerade noch nach der Finanzkrise 2008 möglich gewesen, ist aber selbst da nicht erfolgt. Mittlerweile ist das nicht mehr realistisch.

Was bleibt, ist eine Entschuldungsart, die gar nicht durch eine gezielte Maßnahme angestrebt werden muss. Denn sie steht beinahe automatisch am Ende eines Prozesses, der sich aus dem Gegenstück der vielen Schulden ergibt: den vielen Guthaben. Diese können eine

Inflation bewirken, die sich verzögert entfaltet. Die Verzögerung kann dabei viele Jahre betragen.

Wie dieser Mechanismus funktioniert, lässt sich am besten zeigen, wenn wir uns auf das Wesentliche konzentrieren – und dabei übrigens gar nicht auf Schulden achten. Die Fokussierung auf das Wesentliche dient nicht dazu, eine komplizierte Welt zu sehr zu vereinfachen. Vielmehr dient sie dem klaren Aufzeigen der primären Zusammenhänge.

Eine Inselparabel aus längst vergangener Zeit

Stellen Sie sich vor, Sie lebten als einer von insgesamt 10.000 Einwohnern auf einer isolierten Insel. Zahlungsmittel sind kleine Silberstückchen, alle gleich groß, und jeder Insulaner hat 100 Stück davon; insgesamt gibt es somit 1 Million Silberstückchen. Zugleich erwirtschaftet jeder Insulaner Werte in Höhe von 10 Silberstückchen pro Monat und gibt auch 10 aus. An all dem hat sich seit Jahrhunderten nichts geändert.

Eine Legende aber sagt, dass auf der unbewohnten Nachbarinsel ein Hort von einer weiteren Million Silberstückchen aus grauer Vorzeit versteckt sei. Niemand schenkt der Legende Glauben, bis auf eine Person: nämlich Sie. Sie waren bereits als Kind besonders entdeckungsfreudig und träumen seitdem von einer Entdeckungsexpedition. Jetzt denken Sie sich: »Sehe ich doch einmal nach.« Sie suchen und suchen, und nach einer Weile finden Sie den Schatz.

Silberschatz

Bildnachweis: fotomowo/Adobe Stock

Doch ein Jahr lang geben Sie keines der gefunden Silberstückchen aus. Sie möchten nicht aus der gewohnten Lebensweise ausbrechen, sie möchten nicht auffallen und Sie wollen sich nicht besserstellen. Die Menge der Zahlungsmittel in der Insel-Wirtschaft hat sich also auf 2 Millionen verdoppelt, ansonsten hat sich aber nichts verändert.

Dann ändern Sie Ihre Meinung. Sie beginnen, sich etwas mehr zu gönnen. Hier und da geben Sie eines der gefunden Silberstückchen aus – Sie haben ja genug, und etwas höhere Ausgaben fallen kaum auf. Einmal auf den Geschmack gekommen, geben Sie aber immer mehr aus. Sie gönnen sich etwas mehr Luxus, schmeißen Partys, genießen Ihre Popularität, und werden immer großzügiger.

Am Ende, nach, sagen wir, zehn Jahren, sind Sie alle Silberstückchen los – fast alle. Denn nun hat jeder der 10.000 Insulaner einschließlich Ihnen 200 Silberstückchen, verdient pro Monat 20 und gibt auch 20 pro Monat aus. Die Menge der Silberstückchen, die in Umlauf ist, hat sich also verdoppelt, und mit ihr natürlich auch alle Preise. Es gab also eine Inflation! Ansonsten ist alles gleich wie vor Ihrem Fund. Für den Strom an monatlich umgesetzten Gütern und Dienstleistungen werden von nun an doppelt so viele Silberstückchen aufgewandt.

Die 3 Lehren von der Insel

Doch was zeigt uns die Inselparabel? Es handelt sich sicher nicht um eine umfassende Inflationstheorie, denn auf der Insel blieb ja bis auf Anzahl und Umlauf der Silberstückchen alles unverändert. Es gibt aber drei zwingende Folgen. Diese betreffen die reale Welt und die aktuelle Lage des Weltfinanzsystems unmittelbar:

1.) Eine Erhöhung der Zahlungsmittel führt nicht zu Inflation, wenn diese nicht ausgegeben werden – wenn sie also gespart werden. Sie fanden 1 Million Silberstückchen, sparten sie, und nichts geschah im ersten Jahr.

2.) Erst als mehr Zahlungsmittel in Umlauf gerieten, also als etwas damit gekauft wurde, stiegen die Preise. Sie und die von Ihnen Begünstigten gaben sukzessive immer mehr Silberstückchen aus und kauften damit von den begrenzten Gütern und Dienstleistungen, was zu Preiserhöhungen führte.

3.) Gesparte Zahlungsmittel können jederzeit in Umlauf geraten und das Preisniveau anheben. Es war allein Ihre Entscheidung, die Silberstückchen auszugeben, womit Sie die Geldentwertung einleiteten.

Das gilt natürlich nur bei ansonsten unveränderten Bedingungen. Aber diese gezielte Konzentration auf das Wesentliche ermöglicht es, die Zusammenhänge unverfälscht zu ermitteln. Übertragen wir die Inselparabel jetzt schrittweise auf die aktuelle Lage.

Die Menge an Zahlungsmitteln allein bestimmt nicht das Preisniveau, vielmehr ist auch ihr Umlauf vonnöten. Daher kann sich die »Geldmenge« erhöhen, ohne dass es gleich zu einer Inflation kommt.

Zahlungsmittel, die gespart wurden, können jederzeit in Umlauf geraten und das Preisniveau anheben. Das bedeutet, dass gespartes Geld stets eine Inflationsgefahr darstellt.

Umgekehrt kann jedes Geld aus dem Umlauf genommen und gespart werden und so negativen Druck auf die Inflationsrate ausüben. Dieser Vorgang ist im Inselbeispiel nicht detailliert aufgeführt (er fand vielleicht in grauer Vorzeit statt, als jemand den Silberstückchenschatz anlegte).

Heutige Zahlungsmittel bestehen nicht aus Silber. Vielmehr handelt es sich ganz überwiegend um zirkulierende Kredite, die meist im Bankwesen geschaffen werden. Zu diesen gehört auch das Bargeld, bei dem der zugehörige Kredit bei der Notenbank liegt.[73]

Die Wirkungen sind aber dieselben wie bei den Silberstückchen. Wird Geld geschaffen, also Kredit geschöpft, und wird dies direkt gespart, steigen seinetwegen die Preise nicht. Wird damit aber etwas gekauft, hebt der Vorgang das Preisniveau wie das Finden der Silberstückchen mit anschließendem Kauf. Wird dieses Geld dann gespart, wird der Druck auf die Preise entsprechend reduziert. Dieses gesparte Geld kann aber künftig wieder in Umlauf geraten und das Preisniveau wieder anheben.

73 Lediglich bei den wertmäßig wenigen Münzen handelt es sich nicht um zirkulierende Schuldtitel, sondern um Willkürgeld – zu den drei Geldarten mehr in Kapitel 12.

Die Inflation ist aufgestaut

Kommen wir zu den konkreten Zahlen. Sie erinnern sich vermutlich an den Chart mit der globalen Verschuldung in Kapitel 1. Heute liegt die weltweite Verschuldung bei etwa 250 Prozent der jährlichen Weltwirtschaftsleistung und damit mehr als doppelt so hoch wie in den 1950er-und 1960er-Jahren. Damit gibt es aber auch mehr als doppelt so viele Bankguthaben und andere finanzielle Forderungen gegenüber der Wirtschaftsleistung in Relation zu den 1960er-Jahren.

Übertragen auf die Inselparabel bedeutet das: Es gibt 1 Million Silberstückchen, die geparkt sind, und die nur darauf warten, ausgegeben zu werden – zusätzlich zu den 1 Million Silberstückchen, die seit »jeher« umlaufen. Wenn diese in Umlauf gelangen würden, und sich ansonsten nichts ändert, würde sich das Preisniveau verdoppeln.

Es droht somit, dass sich der gesamte See an finanziellen Forderungen, der in den vergangenen Jahrzehnten angespart wurde, über die Realwirtschaft ergießt. Das würde das Preisniveau in einer großen Inflation entsprechend stark anheben. Dies geschähe nicht als gezielte Entschuldungsmaßnahme. Vielmehr wurde die Basis durch die vorherige langjährige Aufschuldung gebildet – ähnlich wie im Inselbeispiel der Fund des Silberschatzes. Am Ende lösen die Sparer ihre Ersparnisse auf – ähnlich wie Sie mit dem Ausgeben der Silberstückchen begannen.

Am Ende zählen alle Forderungen!

Sie mögen einwenden, dass ich hier alle finanziellen Forderungen in einen Topf werfe, neben Bankguthaben beispielsweise auch Anleihen. Tatsächlich wird ein Guthaben auf dem Girokonto eher ausgegeben als das in Anleihen Gesparte und daher sinnvollerweise nur Ersteres für gewöhnlich als Geld bezeichnet. Der enge Geldbegriff ist aber im Kontext der Ersparnisbildung und des Potenzials an monetärer Nachfrage irreführend. Denn es ist andererseits so, dass auch Anleihen durch Verkauf sofort in umlauffähiges Geld umgewandelt werden können. Dies gilt auch dann, wenn es in großem Umfang geschieht. Denn dann müssten die Zentralbanken den Markt im großen Stil unterstützen, wollten sie nicht Pleiten und Wirtschaftseinbrüche riskieren. Die Finanzkrise 2008 und die Eurokrise ab 2011 haben gezeigt, dass dies sogar für Anleihen weitgehend bankrotter Schuldner gilt. Die Einbeziehung aller finanziellen Forderungen ist in diesem Kontext also zulässig. Sie ist sinnvoll und geboten, wenn es um die Bestimmung der maximalen Menge der Zahlungsmittel geht, die in Umlauf geraten könnten.

Es droht somit eine starke Inflation, bei der sich die gesamte Aufschuldung der vergangenen Jahrzehnte analog zur Inselparabel entlädt.[74] Es handelt sich dabei um eine aufgestaute Inflation. Meist wird der Begriff der Aufstauung verwendet, wenn aufgrund eines Mangels an Waren bei einer Preisbegrenzung die Ersparnisbildung forciert wird.[75] In diesen Fällen entlädt sich die Inflation, sobald die Preisbegrenzung aufgehoben wird.

Es entsteht aber dieselbe Wirkung auf das Preisniveau, wenn sich nach einer übermäßigen Ersparnisbildung die Guthaben auf die Waren entladen, auch wenn deren Preise zuvor nicht begrenzt waren. Der Grund der vorherigen Anhäufung der Ersparnisse spielt insofern keine Rolle, als der Überhang an Ersparnissen am Ende immer auf einen Mangel stößt, wenn diese in Umlauf geraten – mit der Folge einer Inflation.

---

74 Tatsächlich ist das gesamte Inflationspotenzial höher; dazu gleich mehr.

75 So hatten im Sozialismus viele Bürger Geld, konnten sich aber wegen dauerhaften Gütermangels nicht ausreichend viele Waren kaufen und wurden so zum Sparen gezwungen. In Kriegssituationen passiert oft Ähnliches.

Der Grund kann eben auf der Güterseite liegen, also im Gütermangel zu begrenzten Preisen begründet sein. Der Grund für die aufgestaute Inflation kann aber auch auf der Geldseite liegen, ganz gleich, ob die Ersparnisbildung freiwillig oder unfreiwillig[76] erfolgte. Es gibt also eine güterseitig aufgestaute Inflation, und es gibt eine geldseitig aufgestaute Inflation. Letztere liegt Anfang der 2020er-Jahre vor.

Ein Stausee droht auszulaufen

Der Begriff »aufgestaute Inflation« legt es bereits nahe: Ein Wasserkreislauf veranschaulicht sehr gut das Ausmaß der Bedrohung für den Geldwert durch das Aufstauen. Er hilft zugleich dabei, mit gefährlichen Mythen über das Sparen und die Inflation aufzuräumen.

Die Abbildung zeigt in ihrer unteren Hälfte den Geld- beziehungsweise Wasserkreislauf. Es handelt sich um die Menge an Zahlungsmitteln, die in einer Periode – wie einem Monat oder einem Jahr – zum Kauf von Waren und Dienstleistungen umgeschlagen wird. Monatlich korrespondiert mit den Löhnen und Gehältern, die meist monatlich auszahlt werden. Nehmen wir ein Jahr, entspricht die Menge dem Bruttoinlandsprodukt, das als jährliche Wirtschaftsleistung definiert wird.

Oben in der Abbildung ist ein Stausee. In ihm findet die Ersparnisbildung statt, alle nicht laufend benötigten Zahlungsmittel werden dort angehäuft. Das Sparen und das Entsparen sind links und rechts dargestellt.

76 So wird die Ersparnisbildung beispielsweise durch Pensionsfonds forciert; auch die Goldpreismanipulation förderte den Prozess der Ersparnisbildung künstlich.

Geldkreislauf und Guthaben-Stausee

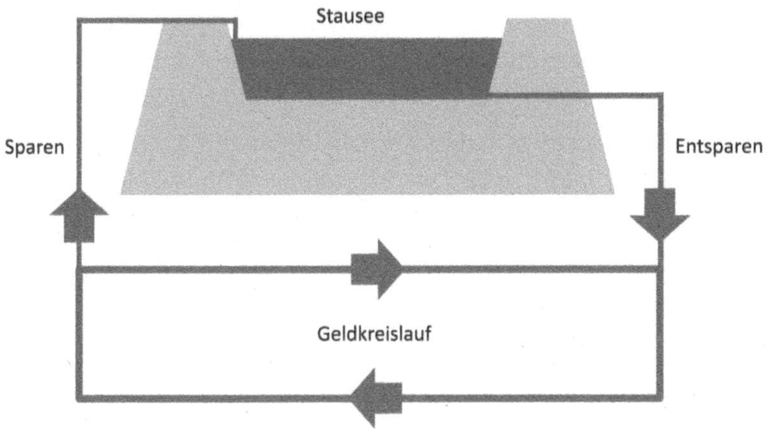

Von entscheidender Bedeutung ist die Menge an Wasser beziehungsweise Zahlungsmitteln im Stausee. Der Stausee an finanziellen Forderungen ist heute mit mehr als 250 Prozent des Weltsozialprodukts, also relativ zum Geldkreislauf unten, mehr als doppelt so groß wie in den 1960er-Jahren. Dementsprechend größer ist auch die Bedrohung für den Geldwert. Das Wasser im Stausee kann sich regelrecht in den Geldkreislauf ergießen. Es würden dann unten entsprechend mehr Zahlungsmittel umlaufen und so für eine Verdoppelung der Preise sorgen, nur um in die Nähe des früheren Niveaus zu kommen.

Es droht die größte Geldflut aller Zeiten

Das »Auslaufen« geschieht typischerweise dann, wenn die Sparer um den Wert ihrer Ersparnisse fürchten – wenn also die Geldentwertung einsetzt. In dem Fall entsparen sie, um dem Wertverlust der Ersparnisse zu entgehen. Damit heizen sie aber die Geldentwertung weiter an. Das wiederum veranlasst weitere Sparer, ihre Ersparnisse in Sicherheit zu bringen. Die Inflation steigt weiter. Ein Teufelskreis entsteht. An dessen Ende ergießen sich alle Ersparnisse, auch solche, die ohne die Furcht vor Geldwertverlust nie in Umlauf geraten wären. Der Staudamm bricht gewissermaßen, die Inflation gerät außer Kontrolle.

Wäre der Stausee wie in den 1960er-Jahren weit weniger voll, könnte ein Ablaufen leicht verhindert werden. Denn Ersparnisse können in den Stausee gelockt werden, indem die Zinsen angehoben werden. Sie müssten nur bei oder über der Inflationsrate liegen, dann heben die Sparer ihr Geld nicht mehr verstärkt ab.[77] Das Brechen des Staudamms kann bei niedrigen »Wasserständen« leicht verhindert werden.

Ein Gleichgewicht ist nur bei niedrigen Schuldenständen möglich

Das ist bei hohen Schuldenständen und einer steigenden Inflation hingegen nicht möglich. Würden nämlich beim heutigen Schuldenstand von 250 Prozent hohe Zinsen von beispielsweise 10 Prozent – oder wie hoch auch immer die Inflation ausfällt – eingeführt, gingen die Schuldner massenhaft pleite mit der Folge einer schweren Rezession. Das Niveau aller Schulden ist daher von großer Bedeutung. Beim heutigen Schuldenstand von 250 Prozent müssten die Schuldner (bei gleich hohen Zinsen) aus der Wirtschaftsleistung das Zweieinhalbfache für den Zinsendienst aufbringen in Relation zu einem Schuldenstand von 100 Prozent wie in den 1960er-Jahren. Ein Anheben der Zinsen zur

---

77 Zur effektiven Inflationsbekämpfung sollten die Zinsen mindestens auf dem Niveau der Inflationsrate liegen, andernfalls rentieren sich vorgezogene Anschaffungen. Es ist bei, sagen wir, 10 Prozent Teuerung wirtschaftlicher, den Keller mit Waschpulver oder anderen langlebigen Konsumgütern vollzustellen, als das Geld etwa bei 0 Prozent Zins auf dem Konto zu belassen und zuzuwarten, weil damit immer geringere Mengen an Gütern gekauft werden können.

Inflationsbekämpfung ist dadurch stark erschwert beziehungsweise faktisch unmöglich.[78]

Dabei sind alle Schulden relevant, die der Staaten, der Unternehmen und der privaten Haushalte. Denn alle Schulden müssen bedient werden, und allen Schulden steht ein gleich hohes Guthaben gegenüber. Je mehr Schulden es gibt, desto mehr Guthaben können in Umlauf geraten, und desto mehr muss umgekehrt für den Zinsendienst aufgebracht werden (desto mehr können übrigens auch ausfallen und umgekehrt eine Deflation verstärken – das ist aber hier nicht das Hauptthema).

Ein Gleichgewicht ist daher nur bei einem niedrigen Schuldenstand möglich. Dieser ermöglicht eine ausreichende Zinsanhebung zur Inflationsbekämpfung, sodass die Sparer ihr Geld nicht in Umlauf bringen, und er ermöglich umgekehrt den Schuldnern den Zinsendienst. Das Niveau scheint irgendwo bei maximal 100 bis 120 Prozent relativ zum BIP zu liegen, abhängig vom Wirtschaftswachstum und anderen Faktoren. Es gibt also über den Zins einen Zusammenhang zwischen Schuldenstand und der Möglichkeit zur Inflationsbekämpfung.[79] Dieser Zusammenhang macht eine strikte Begrenzung des Schuldenniveaus aller nichtfinanziellen Sektoren neben einer Begrenzung der

---

78 Es gibt somit auch bei Volkswirtschaften einen Zustand der »Überschuldung«, wenn er auch nicht mit einer einzelnen Ziffer bestimmbar ist (sondern von mehreren variablen Größen abhängt).

79 In einer (hypothetischen) Welt ohne den Zins steuernde Zentralbanken wäre der Zusammenhang ähnlich gegeben. Der Zins könnte dann bei hohem Schuldenstand zwar steigen, was die Ersparnisse vom Umlauf fernhielte und so die Inflation verhinderte, aber es käme dann zu Pleiten. Nur ein niedrigerer Schuldenstand würde diese Situation verhindern. Insgesamt zeigt dieser Zusammenhang, dass es eine Wechselwirkung zwischen den Bestands- und den Flussgrößen bei der gesamtgesellschaftlichen Verschuldung gibt. Es stimmt nicht, wie heute meist behauptet wird, dass es auf den Stand aller Schulden nicht ankäme.

Geldmenge[80] zu einer nötigen Voraussetzung einer dauerhaft stabilen Währung.

Mega-Verschuldung ist Mega-Guthaben und bedeutet Mega-Inflationspotenzial

Auch die Staaten mit ihrer hohen Verschuldungsmöglichkeit bieten keinen Ausweg aus dem Dilemma. Denn bei steigenden Zinsen können hoch verschuldete Staaten ihren Zinsendienst nur durch noch höhere Kreditaufnahme leisten, wegen der Rezessionsgefahr nicht durch Steuererhöhungen. Das wiederum würde die Inflation von dieser Seite, also direkt durch die Defizite, antreiben. Auch das Schuldenniveau würde weiter angehoben. Dies ist dann sowieso der »Klassiker« der ausufernden Geldentwertung.

Konkret bedeutet das für die Anfang der 2020er-Jahre herrschende Situation eines weltweit sehr hohen Schuldenstandes: Der Weg der zur vollständigen Inflationsbekämpfung ausreichend starken Zinserhöhung ist verbaut. Die bei steigenden Inflationsraten nötigen ähnlich hohen Zinsen könnten nicht aus der Wirtschaftsleistung erzielt werden. Allenfalls kleinere Zinsanhebungen mit vorübergehend dämpfender Wirkung durch Wirtschaftsabschwächung und Währungskurs-

80 Dauerhaft meint dauerhaft, also nicht nur über ein paar Jahre oder Jahrzehnte. Die Geldmenge ist im Kreditgeldsystem eine echte Teilmenge des gesamten Schuldenvolumens beziehungsweise Volumens aller finanziellen Forderungen, sodass für die Dauerhaftigkeit der Preisstabilität der Fokus auf das Schuldenniveau von großer Bedeutung ist. Die Begrenzung der Geldmenge wurde in den 1970er-Jahren Teil der Bundesbankpolitik (vorher war dies wegen der Goldbindung nicht nötig), geriet aber später aus dem Fokus der Politik der Zentralbanken. Die FED verfolgte nur kurz (um 1980) eine Politik der Geldmengenbegrenzung.

steigerung sind möglich. Eine große Inflation insgesamt aber scheint bei derart hohen Schuldenständen letztlich unausweichlich.[81]

Mythen um die Deflation

Das Stausee-Bild hilft dabei, mit Mythen aufzuräumen. Wenn die Sparer eine Inflation sehen oder erwarten, lösen sie Ersparnisse auf und treiben so die Inflation an. Oft wird aber auch behauptet, es gelte auch das Gegenteil: Wenn die Bürger fallende Preise erwarten, würden sie Ausgaben zurückhalten und so für weiter fallende Preise sorgen. Dies ist aber nur in weitaus geringerem Maße der Fall und ohne praktische Relevanz. So fallen beispielsweise im Bereich der Elektrogeräte die Preise seit Jahrzehnten, ohne dass dies die Verbraucher vom Kauf von Fernsehern oder Computern abgehalten hätte.

Das Umgekehrte gilt eben nicht immer. Die Deflationserwartung ist praktisch irrelevant in Relation zur Inflationserwartung. Der Grund ist im Stausee-Bild sichtbar: Es ist weitaus leichter, den Stausee zu entleeren, als ihn aufzufüllen. Anders formuliert: Es ist viel leichter, 1 Million Euro auszugeben, als sie anzusparen; es ist leichter, aus dem Bestand in den Fluss zu geraten, als über den Fluss einen großen Bestand aufzubauen.

Deflationen haben einen schlechten Ruf. Zum einen gehen Rezessionen oft mit geringeren Preisanstiegen oder fallenden Preisen einher. Dabei ist aber die Rezession die Ursache und die Deflation die Folge. Zum anderen resultiert der schlechte Ruf aus der Gefahr eines deflationären Kollapses wie bei der Weltwirtschaftskrise der 1930er-Jahre. Da-

---

81 Es sei denn, die Politik entscheidet anders, beispielsweise für den deflationären Schuldenausfall. Sie kann die Inflation auch durch Preiskontrollen verhindern, was dann aber andere Probleme wie geringe Produktion mit sich bringt.

bei ist aber der Ausfall von Forderungen (Guthaben bei Bankenpleiten) die Ursache, und die fallenden Preise sind die Folge. Es ergibt daher wenig Sinn, fallende Preise zu bekämpfen, es kann aber sinnvoll sein, den Ausfall von Forderungen zu verhindern.

Die Angst vor einer Deflation wegen der Erwartung fallender Preise ist gänzlich unbegründet. Die Furcht vor einer Deflation ist aber grundsätzlich nachvollziehbar. Jedoch ist die Deflation Folge einer Rezession oder auch von Forderungsausfällen. So eingeordnet sind eben Rezessionen und Schuldnerpleiten fürchtenswert, nicht jedoch die Deflation. Nichts spricht hingegen grundsätzlich dagegen, dass Preise fallen. Dennoch beeinflussen der negative Ruf der Deflation und die Furcht vor ihr das ökonomische Denken und geldpolitische Entscheidungen. So begründet die EZB ihr fragwürdiges Inflationsziel von 2 Prozent mit einer »Sicherheitsmarge gegenüber potenziellen Deflationsrisiken«.[82]

---

82 Die EZB fährt fort: »... Durch die Einrechnung eines Puffers [von 2 Prozent], der über null liegt, muss die Zentralbank also seltener auf andere Maßnahmen, wie Ankäufe von Vermögenswerten – auch bekannt als quantitative Lockerung ... zurückgreifen«. Die Argumentation der EZB ist absurd, denn sie meint zugleich: »Ankäufe von Vermögenswerten ... sind eines der Instrumente, das die EZB einsetzt, um ... die Inflation auf unseren Zielwert von 2 % zu bringen.« Das Inflationsziel von 2 Prozent soll also dazu dienen, die quantitative Lockerung überflüssig zu machen, doch zugleich betreibt die EZB quantitative Lockerung, um ebendieses Inflationsziel von 2 Prozent zu erreichen. Zusammengefasst: QE würde betrieben, um auf 2 Prozent zu kommen, doch diese 2 Prozent seien dazu da, dieses QE zu vermeiden – auf Basis solcher Gedankengänge wird über Tausende Milliarden entschieden. www.ecb.europa.eu/ecb/educational/explainers/tell-me-more/html/stableprices.de.html www.ecb.europa.eu/ecb/educational/explainers/show-me/html/app_infographic.de.html, Stand: 25.5.2022.

9.

DAS INFLATIONÄRE BLASENPLATZEN, DER INVERSE CRASH!

Beim Blasenplatzen denken die meisten Menschen an einen Crash, also an das klassische Blasenplatzen mit stark fallenden Preisen und gegebenenfalls auch an Schuldnerausfällen. Doch wie gezeigt, geht die Politik seit Jahrzehnten mit vielen Maßnahmen gegen deflationäre Kräfte vor. Zudem haben wir gesehen, dass sich ein riesiger Schuldenberg aufgetürmt hat. Wie bei einem auslaufenden Stausee kann sich daraus eine große Menge an gesparten Zahlungsmitteln über die Volkswirtschaften ergießen, mit der Folge einer Inflation. Droht nun angesichts der großen Menge aller finanziellen Forderungen die größte Inflation aller Zeiten? Dabei bezieht sich die Größe nicht auf die Höhe der Inflationsrate. Die größte Inflation aller Zeiten ist vielmehr gemeint im Sinne der größten inflationären Ersparnisvernichtung aller Zeiten relativ zum BIP im globalen Maßstab.

Die Größte Blase aller Zeiten muss sich also nicht in einem großen Krach entladen, der die Immobilienpreise und Aktienkurse auf das Niveau von – überspitzt formuliert – 1960 zurückführt und sich der Schulden durch massenhafte Bankenpleiten entledigt. Vielmehr könnte die Größte Blase aller Zeiten in einer großen Inflation münden, womöglich der ersten großen globalen Inflation. Doch wie sieht ein inflationäres Blasenplatzen genau aus? Das vollständige klassische Blasenplatzen sorgt für die Rückführung der Anlagepreise und zugleich die deutliche Reduktion des Schuldenniveaus. Wie kann das inflationäre Blasenplatzen dasselbe konkret leisten?

Grundsätzliches zur Inflation

Die Entstehung der Größten Blase aller Zeiten erfolgte durch massive Schöpfung von Krediten und damit Zahlungsmitteln. Es ist aber gerade in den vergangenen Jahrzehnten populär geworden, bei der Betrachtung der Inflation den Aspekt der Zahlungsmittel gering zu schätzen oder gar gänzlich zu ignorieren. Das geht so weit, dass die US-Notenbank die Erhebung und Publikation der Geldmengen in ihren klassischen Abgrenzungen weitgehend eingestellt hat. 2006 beendete sie die Erhebung der Geldmenge M3, die unter anderem Bargeld, Sichtguthaben, Sparguthaben und übertragbare US-Dollar-Wertpapierbestände umfasste.[83] Die Einstellung der Erhebung von Geldmengen in anderen Abgrenzungen folgte später. Die Beendigung von Zeitreihen mit hundertjähriger Tradition zeigt die Geringschätzung vieler offizieller Stellen gegenüber der Zahlungsmittelseite der Inflation. Viele Ökonomen glauben, der Anstieg der Geldmenge und auch deren Umlauf seien ohne Bedeutung.

83 Die OECD veröffentlicht auch für die USA eine Geldmenge M3, die aber anders abgegrenzt ist und deren Werte deutlich abweichen.

Der Preis ist aber ein Verhältnis, denn so ist er definiert. »1 Stück Butter kostet 3 Euro« sagen wir beispielsweise. Auf der einen Seite der Gleichung steht somit die Ware (»1 Stück Butter«), auf der anderen die Geldmenge (»3 Euro«). Es ist also ziemlich gewagt, bei der Betrachtung von Preisen auf eine Seite der Gleichung, die Geldmenge, zu verzichten.

Kommen wir zum Preisniveau. In der Realität wird eine bestimmte Menge an Gütern und Dienstleistungen[84] in einer Periode gehandelt. Es werden beispielsweise an einem Tag 10 Stück Butter zu 3 Euro und 10 Stück Käse zu 3 Euro umgesetzt. Insgesamt fließen dann auf der Güterseite 10 Stück Butter und 10 Stück Käse und auf der Zahlungsmittelseite 60 Euro (=10•3•2). Wenn nun in der nächsten Periode bei ansonsten unveränderten Bedingungen im gleichen Strom der Güter doppelt so viele Zahlungsmittel fließen (ähnlich wie im Inselbeispiel), sind die Preise doppelt so hoch.

Dieser Zusammenhang ist wohlgemerkt mathematisch zwingend! An der Eindeutigkeit dieses Zusammenhangs ändert sich nichts dadurch, dass in der Realität weitere Faktoren hinzukommen (wie Ersparnisbildung/-auflösung, Geldschöpfung/-vernichtung, Menge und Art der Güter, Auslandstransfers und dergleichen mehr). Der Zusammenhang wird auch durch eine Grenzwertbetrachtung verdeutlicht, denn würde im Strom begrenzten Warenangebots unendlich viel Geld fließen, wären auch die Preise unendlich hoch. Wer sich hingegen wie derzeit populär – angesichts der Komplexität der Welt, in der es mehr als Butter und Käse gibt – mit den Zahlungsmitteln um die eine Seite der Gleichung drückt, der drückt sich schlicht um den Kern der Sache. Genauso gut könnte sich ein Physiker um die Schwerkraftgesetze drücken, da Vögel fliegen können, und stattdessen umständlich ver-

84 Die Dienstleistungen lasse ich ab jetzt zur besseren Lesbarkeit oft weg.

suchen, empirisch aus der Flugbahn der Vögel die Bewegungsgesetze abzuleiten.

Es gibt also in jeder Periode einen Strom an Gütern, der gegen Geld gekauft wird, woraus sich das Preisniveau bestimmt. Wird die Menge des Geldes im Umlauf erhöht, ist sie also in der Folgeperiode um einen bestimmten Prozentsatz höher, steigt das Preisniveau um denselben Prozentwert. Es spielt dabei keine Rolle, woher das neue Geld kommt, ob es frisch geschaffen wird oder ob es aus dem Bestand in den Umlauf kommt. Wird umgekehrt die Menge des Geldes im Umlauf gesenkt, fällt das Preisniveau entsprechend. Auch hier spielt es keine Rolle, ob das Geld vernichtet wird (durch Tilgung oder Abschreibung beispielsweise), oder ob es aus dem Umlauf in den Bestand genommen, also gespart, wird.[85] Diese Zusammenhänge sind bei ansonsten unveränderten Bedingungen mathematisch zwingend.

Analoges gilt für die Güterseite. Erhöht sich die Anzahl der Güter bei ansonsten unveränderten Bedingungen, fällt das Preisniveau. Reduziert sich die Anzahl der Güter, steigt das Preisniveau. Allerdings spielt auf der Güterseite die Unterschiedlichkeit eine weitaus größere Rolle. Unterschiede bei den Zahlungsmitteln wie bei der Laufzeit oder der Bonität spielen nach dem Tausch in liquides Geld in der Formel keine Rolle mehr. Eine Gleichheit auf der Güterseite ist jedoch nie gegeben. Dies hat durchaus Folgen bei der gemessenen Höhe des Preisniveaus. Von Bedeutung sind dabei Preisänderungen nur einzelner Waren. Erhöht sich beispielsweise der Preis einer Ware und bleibt

---

85 Diese Formulierung bestimmt mathematisch zwingend das Preisniveau aus der Menge der Zahlungsmittel und der Menge der Waren, die jeweils in einer Periode umgeschlagen werden. Einzig aus einem zwingenden Zusammenhang zwischen Geldmenge, Warenmenge und Preis können zwingende Schlussfolgerungen gezogen werden. Die Formel entspricht der Quantitätsgleichung mit Umlaufgeschwindigkeit = 1. Die Quantitätsgleichung selbst bietet an dieser Stelle keinen zusätzlichen Erkenntnisgewinn. Für die zwingenden Determinanten des Preisniveaus ist die Betrachtung der Stromgrößen relevant, die Bestandsgrößen treten dann zu diesem Kern hinzu.

gleichzeitig die Geldmenge im Umlauf unverändert, sinken die übrigen Waren im Preis. Sie tun dies aber nicht so, wie manchmal behauptet wird, dass sich das Preisniveau nicht ändert.[86]

Wie inflationäres Blasenplatzen abläuft

Doch kommen wir zurück zum inflationären Blasenplatzen. Im Bild des Stausees passiert Folgendes: Das Wasser, das in den Stausee hochgepumpt wurde, läuft ab und erhöht den Kreislauf im unteren Fluss. Übertragen auf die reale Welt bedeutet das: Über Jahrzehnte hatte sich die Verschuldung laufend erhöht, wobei gleich hohe Ersparnisse gebildet wurden. Werden die Ersparnisse aufgelöst, geraten sie in Umlauf. Die Geschwindigkeit, mit der die Gesamtheit aller finanziellen Forderungen umgeschlagen wird, erhöht sich, nachdem sie zuvor im Zuge der zunehmenden Verschuldung beziehungsweise Ersparnisbildung jahrzehntelang gefallen war. Die Preise steigen, da aus dem Bestand Zahlungsmittel in den Umlauf geraten.

Beim inflationären Blasenplatzen platzt die Blase also nicht dergestalt, dass die zuvor gestiegenen Anlagepreise wieder fallen und die zuvor preistreibenden Kredite ausfallen. Vielmehr »platzt« sie derart, dass der Prozess der Ersparnisbildung umgekehrt wird – der zuvor aufgestaute Stausee läuft aus. Die Folge ist eine besonders starke Inflation, die Preise steigen. Dies läuft am Ende auf eine Entschuldung hinaus: Die Gesamtschulden werden relativ zur Wirtschaftsleistung weniger, da sich die Wirtschaftsleistung durch die starke Inflation no-

86 Vielmehr steigt es bei gängiger Indexberechnung bei gleichzeitiger gleichverteilter Preisreduktion der übrigen Waren (Ausnahme: Die übrigen Waren sind in der ersten Periode im Mittel genauso teuer wie die Ware, deren Preis sich ändert). Die Behauptung, Inflation sei stets ein monetäres Phänomen, lässt sich allein deshalb nicht aufrechterhalten.

minell erhöht: Wenn alles doppelt so teuer ist, das Volumen der Schulden aber gleichbleibt, hat sich der Schuldenstand halbiert.

Die Reduktion der Menge an Krediten relativ zum BIP bedeutet aber auch, dass die Anlagepreise relativ zum BIP am Ende ebenfalls fallen – schließlich sind die Kredite die treibende Kraft für die Anlagepreise gewesen und jetzt inflationsbereinigt im geringeren Umfang vorhanden. Dies ist konträr zur Erwartung vieler Anleger, von denen viele Fluchtbewegungen auch in Anlagegüter erwarten. Diese Fluchtbewegungen gibt es, sie verhindern am Ende aber nicht, dass die Blase letztendlich platzt und die Anlagepreise relativ zur Wirtschaftsleistung fallen.

Wie beim klassischen Blasenplatzen reduziert das inflationäre Blasenplatzen somit den bei der Blasenentstehung erzeugten Scheinreichtum. Die Inversion der Blasenbildung findet aber nicht durch den Ausfall von Guthaben/Schulden und den nominellen Rückgang von Anlagepreisen statt. Vielmehr werden die Konsumentenpreise stark angehoben, was den Wert der Guthaben reduziert und am Ende auch den realen Wert der Anlagepreise. Beim inflationären Blasenplatzen platzt die Blase scheinbar paradoxerweise bei steigenden Preisen. Aber nach Transformation des nominellen in das reale Preisniveau ist das Ergebnis in Bezug auf Schuldenstand und Anlagepreise dasselbe, inflationsbereinigt verschwindet auch beim inflationären Blasenplatzen der Scheinreichtum. Auch viele weitere Fehlentwicklungen während der Blasenbildung invertieren sich. Was das konkret für die Wirtschaft, die Bürger und die Anleger bedeutet, können wir nun erschließen.

Fünf Arten an Inflation – es droht die größte

Eine starke Inflation kann also eine Blase inflationär zum Platzen bringen. Inflation ist nun nichts Neues. Die Inflation des inflationären Blasenplatzens unterscheidet sich aber von anderen Inflationsarten. Nachfolgend möchte ich Inflationen daher in fünf Arten gliedern. Diese Abgrenzungen sind nicht scharf, und oft gibt es Überlappungen. Die Unterteilung hilft aber bei der Abschätzung der Folgen.

1.) **Währungsabwertung:** Gerade bei kleineren Ländern stehen Inflationen oft im Kontext einer Währungsabwertung, da diese die Importpreise erhöht. Bei einer globalen Inflation ist dieser Punkt aber prinzipiell sekundär. Nichtsdestoweniger können auch große Währungsräume bei einer globalen Inflation von dieser Art an Inflation phasenweise betroffen sein. Sollte etwa das Vertrauen in den Euro aufgrund drohenden Auseinanderbrechens oder in den US-Dollar aufgrund zu hoher Defizite schwinden und die Währungen daher stark fallen, würden in diesen Währungsräumen die Preise ganz besonders stark steigen.

2.) **Frisch »gedrucktes« Geld:** Diese Art Inflation prägte die 1970er-Jahre. Damals haben Politiker in ihrer Kurzsichtigkeit kreditfinanziert ihre Ziele wie den Vietnamkrieg oder Wohlfahrtsprogramme umgesetzt. Die Inflation entstand also überwiegend durch die Schaffung von neuen Zahlungsmitteln, die unmittelbar in Umlauf gerieten und blieben. Das ist quasi der Klassiker der monetären Inflation: Mehr Geld trifft unmittelbar auf eine begrenzte Menge an Gütern, deren Preise steigen. Diese Art Inflation hat nichts mit der Inflation beim inflationären Blasenplatzen zu tun. Dennoch begleitet sie diese oft. Der Staat will trotz Inflation seine Ausgaben tätigen. Zudem neigen Staaten dazu, die Folgen der Inflation oft durch kreditfinanzierte Ausgabenprogramme zu lindern – womit sie die Inflation weiter anheizen.

3.) Preiserhöhung oder Mangel bei einzelnen Gütern: Oft können Sie lesen, dass die Inflationsrate steigt, weil ein bestimmtes Gut im Preis stieg. In den 1970er-Jahren beispielsweise war dies Rohöl. Tatsächlich kann diese Aussage richtig sein. Sie ist aber meist in geringerem Maße Grund für einen allgemeinen Preisanstieg, als es auf den ersten Blick erscheinen mag. Wenn nämlich nur der Preis des Gutes steigt, gibt es auch gegenläufige Effekte. Würde sich nämlich die in einem Zeitraum verwendete Menge an Zahlungsmitteln nicht erhöhen, würde der Anstieg eines Gutes naturgemäß alle übrigen Preise im Preis drücken. Tatsächlich ist beinahe regelmäßig zu beobachten, dass in solchen Phasen auch die Menge an umlaufenden Zahlungsmitteln angehoben wird, weil parallel dazu Zahlungsmittel geschaffen werden oder Ersparnisse aufgelöst werden und in Umlauf geraten.

Verstärkt wird der Effekt, wenn sich auch die Menge eines gehandelten Gutes reduziert. Beim Entstehen eines echten Mangels, wenn beispielsweise aus politischen Gründen 10 Prozent weniger Rohöl auf den Markt kommen sollte, erhöht sich im Kontext der reduzierten Menge tatsächlich das Preisniveau direkt. Bedenken Sie dabei: Gerade bei kaum ersetzbaren Rohstoffen führt ein Mangel zu deutlich stärkeren Preisanstiegen; ein Produktionsrückgang von 10 Prozent kann ohne weiteres 100 Prozent oder mehr an Preisanstieg bedeuten.

Es lohnt sich aber, die Warenmengen zu betrachten. Wie weit sind sie tatsächlich zurückgegangen? Denn der Anstieg des Preises eines Gutes dient Politikern und Notenbankern als willkommene Entschuldigung. Sie fahren Defizite, erhöhen die Geldmenge und schieben die Verantwortung für die steigenden Preise weit von sich.[87] Da wie gezeigt die Menge an in einem Zeitraum umlaufenden Zahlungsmitteln auf der einen Seite der Gleichung steht, darf sie aber auf keinen Fall unter den Tisch gekehrt werden. Wenn Politiker oder Notenbanker

87 Auch das Ausland, Spekulanten oder raffgierige Firmen müssen oft als Ausrede dienen.

dies dennoch tun, dann um die Gelddruckerei und Schuldenmacherei von Zentralbanken, Banken und Staaten zu verharmlosen.

4.) Geparktes »Geld« gerät in Umlauf: Nun kommen wir langsam zu der Inflation, die beim inflationären Blasenplatzen zu beobachten ist, nämlich dem Auflösen von Sparguthaben. Es werden aber noch nicht alle Guthaben betrachtet, sondern nur die liquideren. Stellen Sie sich vor, der Stausee beginnt auszulaufen, aber ein Teil des Sees ist zugefroren. Wir betrachten nur das aktuell flüssige Wasser, nicht das Eis.

Diese Inflation unterscheidet sich erheblich von der der 1970er-Jahre, als das frisch gedruckte Geld sofort in Umlauf geriet und die Preise unmittelbar anheizte, aber weitaus weniger Ersparnisse vorhanden waren. Die gab es damals auch, und viele wurden auch aufgelöst, gerieten in Umlauf und heizten die Preise zusätzlich an. Die Bedeutung war aber nicht so groß. Denn ihre Menge war viel geringer als in den 2020er-Jahren, da die Geldmenge in Relation zum BIP viel geringer war.

In den Jahren des Aufbaus der Größten Blase aller Zeiten bis 2021 wurde hingegen viel Geld »gedruckt« und dann gespart. Dieses kann jederzeit zeitverzögert in Umlauf geraten und eine Inflation erzeugen. Die Inflation entsteht somit überwiegend durch die Auflösung von Ersparnissen. Sie entfesselt die bisher aufgestaute Inflation. Frisch geschaffenes Geld kommt tendenziell hinzu, dessen Rolle ist aber im Unterschied zu den 1970er-Jahren geringer.

Es sind die aufgestauten liquiden Mittel, die als Erstes eine Inflation starten (in Kapitel 11 zeigt ein Chart anhand der Geldmenge M2, die Bargeld und kurzfristig verfügbare Einlagen umfasst, wie das geschieht; die Inflation auf Basis dieser schnell verfügbaren Gelder hat in der zweiten Jahreshälfte 2021 begonnen). Es wird in dieser monetaristischen Betrachtung aber nur »Geld« berücksichtigt, worunter Zahlungsmittel verstanden werden, die schnell in Umlauf geraten können, wie Bargeld und kurzfristig verfügbare Kontenguthaben. Die hier besprochene Inflation betrachtet somit nur eine Teilmenge aller finanziellen Forderungen. Es gibt aber weitaus mehr an finanziellen Forderungen, und diese weit größere Menge ist von Relevanz, wenn es um das inflationäre Platzen einer Mega-Blase wie der Größten Blase aller Zeiten geht.

5.) Auch langfristige Ersparnisse geraten in Umlauf: So sehr der Fokus auf liquide Mittel berechtigt ist, beim inflationären Blasenplatzen sind am Ende alle finanziellen Forderungen zu berücksichtigen, also auch die langlaufenden Anleihen. Diese sind normalerweise technisch nicht für den Umlauf vorgesehen und bleiben in der monetaristischen Auffassung daher üblicherweise unberücksichtigt. Tatsächlich sind sie aber leicht umlauffähig zu machen. Dies kann auch massenhaft geschehen, da die Zentralbanken sie aufkaufen müssen, wollen sie den Zins unten halten, um die Konjunktur und die Zahlungsfähigkeit der Schuldner nicht zu gefährden.

Dieses In-Umlauf-Bringen auch von langlaufenden Forderungen steht typischerweise nicht am Beginn der Inflation – ähnlich wie beim Stausee-Bild zuerst das Wasser abfließt und erst in einem späteren Schritt das Eis auftaut und dann zu Wasser gewandelt ebenfalls abfließt. Ab wann ist damit zu rechnen, dass sich der gesamte Bereich der Forderungen auf die Realwirtschaft ergießt mit einer entsprechend noch stärkeren Inflation? Das dürfte sehr stark von der Höhe und Dauer der Inflation abhängen. Bei Inflationsraten im zweistelligen Prozentbereich sollte bei immer mehr Haltern auch von Anleihen eine Fluchtbewegung einsetzen. Die Zentralbanken können nicht ausreichend gegensteuern, denn dazu müssten sie die Leitzinsen oberhalb der Inflationsrate ansetzen,[88] was angesichts des hohen Schuldenstan-

88 Alle Inflationsphasen in den vergangenen 50 Jahren in den USA endeten erst als oder kurz nachdem die Leitzinsen oberhalb der Inflationsraten lagen. Siehe Chart in Authers, John: »Markets Overestimate a 'Powell Pivot' at Their Peril«, Bloomberg Opinion, 9. Dezember 2021.

des extrem negative Folgen für Konjunktur und Staatsfinanzen hätte. Die steigende Inflation selbst wird also immer mehr Auflösungen von allen Arten an Ersparnissen zur Folge haben, die wiederum die Inflation weiter anheizen.

Der weltweit hohe Schuldenstand ist daher in doppelter Hinsicht bedrohlich und lässt die Inflation beinahe unvermeidlich werden: Zum einen gibt es dadurch erheblich mehr finanzielle Forderungen, die überhaupt in Umlauf geraten können. Zum anderen ist ein Gegensteuern durch Zinserhöhungen seitens Zentralbanken faktisch unmöglich. Die jahrzehntelange Aufschuldung könnte sich daher als eine der kapitalsten Fehlentwicklungen erweisen, in die die Menschheit je geraten ist.

Es droht somit, dass sich auch von den finanziellen Forderungen aller Art in Höhe von 250 Prozent der jährlichen Wirtschaftsleistung viele in den Wirtschaftskreislauf ergießen und nicht bloß von den liquideren, aber volumenmäßig kleineren Geldmengen wie M2 (Bargeld und halbwegs kurzfristig verfügbare Einlagen). Jeder Halter einer langlaufenden Anleihe wird schließlich unter denselben Enteignungsdruck gestellt – angesichts von Kursverlusten beim Zinsanstieg sogar unter einen höheren –, wenn die Inflation einsetzt. Er muss also verkaufen und das Geld in Umlauf bringen, um sein Vermögen zu schützen – genauso wie jemand, der Bargeld oder Kontengeld hält. Er tut dies lediglich tendenziell später und erst bei höheren Inflationsniveaus, und er macht es technisch erst nach der Wandlung in liquides Geld.

Eine einengende Vorstellung von Geld führt in die Irre

Dass es so etwas wie »Geld« gibt, um das herum die Kreditbeziehungen aufgebaut sind, ist eine gängige, aber falsche Vorstellung. Dieses Geld gibt es in unserer von Warengeld (Gold, Silber) befreiten Wirtschaft nicht. Vielmehr gibt es nur verbriefte Schuldscheine, die zirkulieren können, und von denen man eine – letztlich willkürlich festgelegte liquidere – Teilmenge als »Geld« bezeichnet. Ökonomisch relevant sind aber letztlich alle Schuldscheine, also alle verbrieften finanziellen Forderungen.[89]

Das Merkmal der kommenden, die Größte Blase aller Zeiten am Ende entschuldenden Inflation dürfte also sein, dass sie mehrere der vorgenannten Inflationsarten umfasst. Dabei geht es nicht nur um die übliche »Druckerei frischen Geldes« wie in den 1970er-Jahren. Vielmehr werden auch die Ersparnisse in Umlauf geraten. Dieses In-Umlauf-Geraten betrifft auch den großen Bereich der längerfristigen Finanzanlagen, und nicht nur die bereits umlauffähig gemachten, die man landläufig als »Geld« bezeichnet. Es läuft am Ende also darauf hinaus, dass es schlicht zu viele Schulden gibt, die eine sehr große Inflation – oder andere radikale Entschuldungsmaßnahme – de facto erzwingen. Hinzu können dann im Einzelfall noch andere Inflationsarten wie die durch Währungsabwertung oder beim Mangel von einzelnen Waren kommen.

Randbemerkung: Sie könnten richtigerweise einwenden, dass viele dieser finanziellen Forderungen durch gesetzliche Regelungen nicht verkauft werden können. Das ändert am Gesamtbild manches, aber

89 Insoweit ergäbe es auch Sinn, bei der Umlaufgeschwindigkeit alle verbrieften Forderungen einzubeziehen – also eine Umlaufgeschwindigkeit aller verbrieften Forderungen zu definieren –, und nicht nur eine begrenzte Geldmenge.

nicht alles. So können beispielsweise Pensionskassen ihre Anleihen nicht nach Belieben verkaufen, und die Pensionäre selbst können dies auch nicht erzwingen. Allerdings wäre der politische Druck groß, wenigstens teilweise einen Inflationsausgleich zu erhalten. Diesen könnten die Ruheständler beispielsweise durch Refinanzierung der Pensionskassen oder durch direkte Leistungen vom Staat bekommen. Der müsste sich dazu zusätzlich verschulden – voilà, von dieser Seite kämen dann die zusätzlichen Zahlungsmittel dann doch her. Die Ersparnisse in den Anleihen gerieten nicht durch Verkauf in Umlauf, sondern würden durch neue Mittel ersetzt – am Ergebnis ändert dies nichts. Doch auch wenn nicht alle Mittel aus diesem Bereich direkt oder indirekt zügig in Umlauf geraten, irgendwann tun sie es bestimmungsgemäß und erzeugen Nachfrage.[90] Unabhängig davon handelt es sich nur um einen Teilbereich, andere Anleger können ihre Anleihen verkaufen.

Mit dem bisherigen ist ein stark inflationäres Szenario als Folge der starken Verschuldung skizziert. Doch was bedeutet das konkret? Sprechen wir von einem Jahr Inflation oder zehn Jahren? Sprechen wir von einer sich stetig steigernden Inflation oder einer wellenartig ablaufenden? Ist die Rede von 10 Prozent Inflationsrate, oder von 50, oder gar von einer Hyperinflation, bei der alles Geld schnell praktisch wertlos wird? Vor allem aber: Kann eine Inflation überhaupt zur Entschuldung führen?

90 Die eigentliche Funktion aller Ersparnisse ist es schließlich, irgendwann in Umlauf zu geraten. Daher ist es immer ein Verschieben der Problemlösung in die Zukunft, Inflation durch zusätzliche Ersparnisbildung zu vermeiden.

Die 1940er-Jahre zeigen: Inflation kann entschulden

Die Frage, ob eine Inflation überhaupt entschuldet, ist durchaus berechtigt.[91] Wenn durch Zinszahlungen[92] oder auch Neuverschuldung die Verschuldung schneller wächst als das durch die Inflation angehobene BIP, fällt auch der Schuldenstand nicht. Typischerweise steigt das Zinsniveau ja auch mit der Inflationsrate. Immer zur Entschuldung führt übrigens eine Hyperinflation; darunter werden meist Inflationsraten von mehr als 50 Prozent pro Monat verstanden. Wenn das Geld wertlos wird, verschwinden auch die Schulden. Die Frage ist hier, ob auch bei geringeren Inflationsraten Inflation entschulden kann.

Sie kann es, und es gibt auch Beispiele dafür. Ein gutes Beispiel liefert die Situation in den USA nach dem Zweiten Weltkrieg. Damals stiegen die Inflationsraten schnell, da sich die durch den Krieg aufgestaute Nachfrage entlud. Parallel dazu erfolgte aber eine Entschuldung auf Basis niedriger Zinsen. Die Abbildung zeigt das für den Staatsschuldenstand. Sie weist die Entwicklung der Staatsverschuldung zum BIP als Volllinie aus (linke Skala). Zudem zeigt sie die US-amerikanische Inflationsrate als gestrichelte Linie und die Zinsraten als gepunktete Linie (rechte Skala).

---

91 Rechnerisch stellt es kein Problem dar: Wenn die Inflation beispielsweise 25 Prozent beträgt, dann beträgt die Entschuldung bei 250 Prozent Schuldenstand bereits 50 Prozentpunkte, fällt also auf 200 Prozent – allerdings nur ohne Neuverschuldung und bei unveränderter realer Wirtschaftsleitung.

92 Wozu streng genommen der Zinsbetrag durch einen Akt der Neuverschuldung geschaffen – und damit diesem Bereich hinzugesellt – werden muss, was heute aber meist der Fall ist.

USA: Staatsschulden zu BIP, Inflationsrate, Zins, 1945 bis 1951

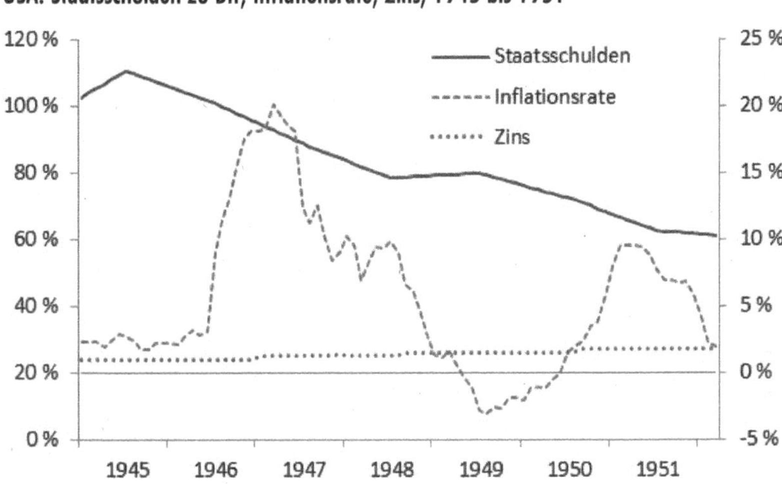

Quellen: FRED, NBER, Gregor Hochreiter

Sie können sehen, wie die Inflation schlagartig nach oben schoss. In den Jahren 1946/1947 stieg die Inflationsrate auf bis zu 20,1 Prozent in der Spitze. Zugleich wurde der Zins aber deutlich unter der Inflationsrate gehalten. Unter Berücksichtigung der Inflationsrate wurden die Sparer also drastisch enteignet. Gleichzeitig konnte der Staat sich auf deren Kosten entschulden, wie die fallende Volllinie verdeutlicht. Die Staatsschuldenquote sank von 110 Prozent binnen nur sieben Jahren auf 60 Prozent.

Möglich wurde diese Entschuldung im Unterschied zu der Zeit nach der Finanzkrise 2008, als der Zins ja auch unterhalb der Inflationsrate lag, da es zu wenigen Neuverschuldungen kam und das Wirtschaftswachstum hoch war. Zudem stieg die Inflation rasch und bot daher kaum Ausweichmöglichkeiten.

Wie sehr die Sparer dabei aber enteignet wurden, zeigt die nächste Abbildung. Sie weist die inflationsbereinigte Entwicklung der niedrig verzinsten Sparguthaben als dunkle Volllinie und des Bargeldes als graue Linie aus (linke Skala). Zugleich sehen Sie die Inflationsrate als gestrichelte Linie (rechte Skala).

USA: Inflationsbereinigte Wertentwicklungen, Startwert 100, Inflation, 1945 bis 1951

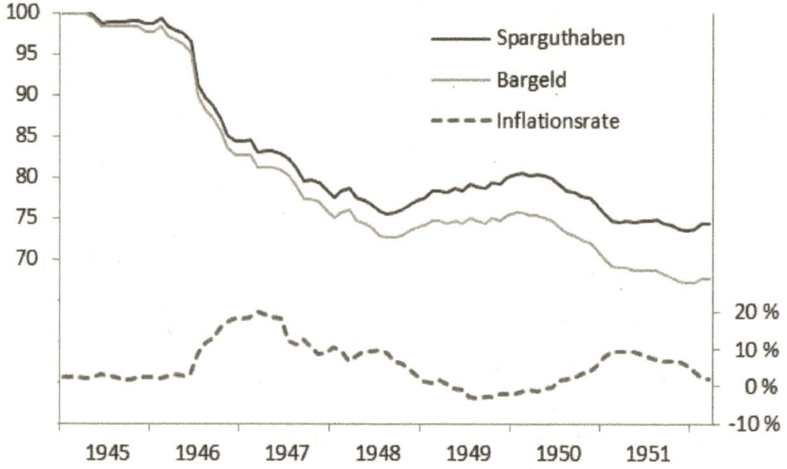

Quellen: NBER, Robert Shiller, eigene Berechnungen

Gut zu erkennen in der Abbildung ist der enge Zusammenhang zwischen den stärkeren Wertverlusten und dem Ansteigen der Inflationsrate. In den gezeigten sieben Jahren verloren die Sparer dabei real 26 Prozent und die Bargeldhalter sogar 33 Prozent. Das war der Preis, den die Bürger für den Rückgang der Staatsschuldenquote um 50 Prozentpunkte zu zahlen hatten.

Bedenken Sie: Damals lag die Gesamtverschuldung deutlich niedriger als heute. Allein um auf eine Gesamtverschuldung zum BIP von 150 Prozent zu kommen, müsste global die heutige Schuldenquote von 250 Prozent um 100 Prozentpunkte und damit doppelt so stark reduziert werden wie in den USA nach dem Zweiten Weltkrieg. Zudem war das Wirtschaftswachstum damals höher. Die USA waren ferner ein Gläubigerland, das ist die Welt als Ganzes naturgemäß nicht. Ein wichtiger Punkt ist außerdem die Kürzung des Militärhaushaltes, der im Krieg in der Spitze über 40 Prozent des BIPs betrug.[93] Eine analoge Ausgabenkürzung ist heute nicht möglich. Die Ausgangslage in den USA nach dem Zweiten Weltkrieg war trotz gestiegener Verschuldung insgesamt recht positiv.

Drohen hohe, stark enteignende Inflationsraten?

In Bezug auf die Dimension der Größten Blase aller Zeiten bieten die 1940er-Jahre daher nur einen Vorgeschmack. Die heutige Verschuldung ist weitaus dramatischer, jede schuldenreduzierende Inflation müsste es auch sein. Damit am Ende eine nennenswerte Entschuldung steht, muss für einige Zeit die Inflationsrate drastisch hoch sein und zugleich deutlich oberhalb des Zinses – sonst findet keine Entschuldung statt. Die Inflation selbst entschuldet schließlich nicht, nur eine Inflationsrate oberhalb des Zinssatzes kann es. Außerdem müsste die Inflation wohl schnell steigen, damit Zinsanpassungen nicht erfolgen können. Die meisten Sparer müssten auf dem falschen Fuß erwischt werden. Wenn dabei die Neuverschuldung nicht im Zaum gehalten würde, würde ebenfalls keine Entschuldung stattfinden.

Der Prozess könnte sogar entgleiten. Eine Hyperinflation ist also möglich, dennoch nicht zwingend. Hohe zweistellige oder dreistellige Inflationsraten liegen nahe, damit es zu einer größeren Entschuldung kommt. Sobald das Schuldenniveau reduziert ist, kann die Inflation jederzeit gestoppt werden – selbst eine Hyperinflation kann auf diese Weise beendet werden. Das ist keine leichte Operation, aber mög-

93 Eine Abbildung des Verlaufs findet sich in Vandenbroucke, Guillaume: »Which War Saw the Highest Defense Spending? Depends How It's Measured«, On The Economy, Blog der Federal Reserve Bank von St. Louis, 4.2.2020, www.stlouisfed.org/on-the-economy/2020/february/war-highest-defense-spending-measured.

lich.[94] Es müssen letztlich nur die Parameter wie der Staatshaushalt in Ordnung gebracht und die Anzahl der Zahlungsmittel strikt begrenzt werden. Dazu müsste die Politik aber konsequent bereit sein. Das Platzen der Größten Blase aller Zeiten wird dann zu Ende sein, wenn die Gesamtverschuldung zum BIP wieder ein übliches Niveau von etwa 100 Prozent bis maximal 150 Prozent erreicht haben wird, was in etwa einer Halbierung entspricht. Das kann Jahre dauern, und es kann in Wellen erfolgen.[95]

Wieso die größte Inflation aller Zeiten droht

Fassen wir zusammen: Das Kreditvolumen, das sich über Jahrzehnte aufgebaut hat und Treibkraft der Größten Blase aller Zeiten war, wird im Zuge des Blasenplatzens deutlich reduziert werden. Dies wird wahrscheinlich im Zuge einer starken Inflation geschehen, wobei sich auch die Ersparnisse über die Realwirtschaft ergießen. Manches spricht dafür, dass dieser Vorgang 2021 begonnen hat; mehr dazu später.

Die Dauer eines derart gravierenden Umbruchs der finanziellen Lage der Menschheit lässt sich kaum abschätzen, auch da es immer wieder Gegenmaßnahmen geben wird. In den USA nach dem Zweiten Weltkrieg dauerte die Entschuldungsphase sechs Jahre – das lässt

---

94 Es gelang beispielsweise in einigen osteuropäischen Staaten in den 1990er-Jahren. Siehe z. B. Hanke, Steve: »Reflections on Exchange Rate Regimes«, Cato Journal, Vol. 18, Nr. 3, S. 335-344, Washington 1999, www.cato.org/sites/cato.org/files/serials/files/cato-journal/1999/1/cj18n3-4.pdf.

95 Ein wellenartiger Abbau könnte sich theoretisch sogar über Jahrzehnte hinziehen. Möglich wäre beispielsweise ein Inflationsschub, der den Schuldenstand von 250 Prozent auf 220 Prozent zurückführt, wo dann für einige Jahre ein relativ stabiler Zustand herrscht, der den Schuldenstand aber wieder auf 250 Prozent führt, bis die nächste Welle nach unten einsetzt. Allerdings dürfte eine häufige Wiederholung nicht eintreten, da sich die Investoren anpassen würden.

an einen längeren Zeitraum denken. Japan hingegen benötigte damals bei deutlich höheren Inflationsraten bis 700 Prozent nur vier Jahre. Das waren aber alles Nachkriegsverhältnisse. Ohne solche ist ein Rahmen von fünf bis 15 Jahren oder länger eher realistisch. Auch mit Blick auf Japan nach 1990 sind längere Zeiträume nicht auszuschließen.

Es droht die größte Inflation aller Zeiten zu werden – nicht in dem Sinne der höchsten Inflationsraten, sondern im Sinne der am meisten durch sie global vernichteten Ersparnisse. Von den fünf genannten Inflationsarten drohen im Prinzip alle. Lassen wir die durch Währungsabwertung außen vor, da global ohne Relevanz, bleiben vier: Die Inflation durch die Schaffung frischer Zahlungsmittel aufgrund der Defizite der Staaten. Es stehen zudem echte Knappheiten und Preiserhöhungen durch Sanktionen, Kriege und langjährig geringe Investitionen im Rohstoffbereich im Raum. Die Inflation durch Auflösung und In-Umlauf-Bringung geparkter Gelder hat bereits 2021 begonnen. Als Nächstes droht nun, dass auch alle langfristigen Ersparnisse aufgelöst werden und in Umlauf geraten. Diese Formen der Inflation – die Auflösung geparkter Gelder und langfristiger Ersparnisse – werden angestoßen, wenn die Anleger bei einer Inflation ihre Ersparnisse sichern wollen. Die Auflösung auch langfristiger Ersparnisse kann den Booster des inflationären Blasenplatzens ausmachen. Am Ende spielt es aber keine Rolle, welche Inflationsart welchen Beitrag leistet; um eine Entschuldung zu bewirken, muss die Inflation bloß stark genug sein. Nach der Entschuldung liegen dann auch die Preise der Anlagegüter inflationsbereinigt wieder auf einem niedrigeren Niveau.

Deflationäre Zusammenbrüche entstehen, wenn Schuldner ausfallen und damit die Guthaben verschwinden und mit ihr die Nachfrage, was für Preisrückgänge sorgt. Das inflationäre Blasenplatzen bringt hingegen Schulden und Anlagepreise inflationsbereinigt zurück. Ein Stausee an Geld ergießt sich über die Wirtschaft. Der See ist so voll, dass Maßnahmen wie höhere Zinsen den Abfluss nicht mehr verhindern können. Auf die größte Blase aller Zeiten droht in diesem Sinne auch die Größte Geldflut aller Zeiten.

Doch die Blasenbildung betraf nicht nur Anlagepreise und Kreditvolumen. Es gab auch viele Begleiterscheinungen. Das inflationäre Blasenplatzen sollte letztlich auch viele dieser Begleiterscheinungen der Bildung der Mega-Blase der vergangenen Jahrzehnte invertieren. Manches davon ist zweitrangig, anderes selbst für jeden einzelnen Bürger gravierend.

10.

INVERSION: STEHT DIE WELT BALD KOPF?

Das inflationäre Platzen einer Blase baut nicht nur die hohe Verschuldung ab und reduziert inflationsbereinigt die Anlagepreise. Es kommt auch zur Umkehrung der Prozesse, die den Schuldenaufbau begleitet und die sich bei der Blasenbildung herausgebildet haben. Zwingend ist dies im Einzelfall zwar nicht, denn kein menschliches Handeln ist zwingend. Unter der Annahme, dass die Kreditzunahme ursächlich für bestimmte Entwicklungen war, lassen sich jedoch Tendenzen herausarbeiten, welche Trends der vergangenen Jahrzehnte sich umkehren dürften, wenn das Schuldenniveau wieder sinkt – sofern nicht andere Faktoren diese Tendenzen aufheben, wie beispielsweise das Steuerrecht in Bezug auf die Kluft zwischen Arm und Reich. Unabhängig davon, ob das Platzen 5 oder 25 Jahre dauern wird, am Ende ist in vielen Aspekten eine weitgehende Bereinigung der vorherigen kreditinduzierten Entwicklungen zu erwarten.

Das Platzen der Blase vernichtet Anlagevermögen inflationsbereinigt

Der Kern der Entwicklung bei der Entstehung der Blase ist der Anstieg der Anlagepreise durch die Ausweitung des Kreditvolumens. Damit stehen zentral am Ende des Platzens einer Blase inflationsbereinigt deutlich tiefere Anlagepreise. Dies betrifft unmittelbar die festverzinslichen Wertpapiere und Guthaben durch die Inflation, es betrifft aber auch viele Sachanlagen.

Die wenigsten Anleger können sich dabei auf dem Höchststand der Blase das Ausmaß der Wertvernichtung vorstellen. Doch sehen Sie sich beispielsweise an, dass die Marktkapitalisierung der Aktien im Jahr 2022 siebenmal so hoch wie in den 1950er-Jahren oder um 1980 war. Daran lässt sich das Abwärtspotenzial erahnen. Dieses inflationäre Platzen wird aber anders ablaufen als durch bloße Kursrückgänge – zu denen es auch kommen kann. Vielmehr wird der Wert vieler Anlagen durch die Geldentwertung bei nominell kaum gefallenen oder gar gestiegenen Preisen erfolgen.

Das gilt übrigens genauso für den Immobilienmarkt. Auch hier sollte es inflationsbereinigt zu Wertverlusten kommen. Hier kommt hinzu, dass auch die Mieten mit der Inflationsrate nicht mithalten dürften. Zudem erschwert Inflation die Hypothekenfinanzierung durch höhere Zinsraten und oft durch reduzierte Einkommen. Das alles drückt dann zusätzlich auf die Preise, auch auf die der selbstgenutzten Immobilien.

Das inflationäre Blasenplatzen kann also bei steigenden Kursen erfolgen, diese bedeuten für den Anleger dennoch, dass er inflationsbereinigt deutlich weniger Werte hat. Die Invertierung der Blase findet im Realwert der Anlagegüter statt. Viele Anleger, die jetzt noch glauben, dass sie durch Anlagen beispielsweise in Aktien und Immobilien gut geschützt sind, da es sich um Sachvermögen handelt, werden beim Blasenplatzen bitter enttäuscht. An dieser Stelle stehen aber bloß Kernaussagen, da Anlagepreise nun einmal das Zentrum jeder Blase ausmachen. Eine ausführlichere Analyse der Anlagemärkte finden Sie im Schlusskapitel.

Die Realwirtschaft wandelt sich in einer Rezession

Doch was bedeutet das inflationäre Blasenplatzen für die Realwirtschaft? Diese Realwirtschaft war schließlich vom Aufbau der Blase stark betroffen. Auch hier dürften sich die Entwicklungen, die die Bildung der Blase mit sich brachten, umkehren. Dabei müssen wir unterscheiden zwischen dem Endzustand in vielleicht zehn oder 20 Jahren und dem Weg dorthin.

Realwirtschaftliche Anpassungsprozesse sind in der Regel schmerzhaft. Gerade bei stärkeren Inflationen kann es zu Rezessionen kommen, bei Hyperinflationen sogar zum Kollaps – die Wirtschaft funktioniert dann ohne stabiles Zahlungs-, Kalkulations- und Wertaufbewahrungsmittel kaum noch, insbesondere wenn keine parallele Währung wie eine stabile Fremdwährung oder Gold anstelle der wertlos gewordenen heimischen Währung tritt. Viele Fehlentwicklungen, die sich beim Aufbau der Blase ohne unmittelbare Komplikationen sukzessive eingestellt haben, werden im inflationären Blasenplatzen wieder rückgängig gemacht. Dieser Abbau geschieht in der Regel in einer bereinigenden Krise mit Schmerzen für die Betroffenen.

Wenn also in einem Sektor wie beispielsweise im Immobilienbereich in Spanien durch die Blase zu hohe Kapazitäten entstanden, geschah dies in einer Expansion. Der Abbau der Überkapazität in diesem Sektor ist aber eine Kontraktion und damit schmerzhaft für Unternehmer, Investoren und Arbeitnehmer – auch Zombies sterben ungern.

Das gilt auch für die Bereiche, die durch die Verschwendungssucht des öffentlichen Sektors übertrieben wuchsen. Es kann insgesamt zu einer starken Kontraktion der Weltwirtschaft kommen, denn das Ausbuchen der Scheinreichtümer wirkt sich negativ auf die Bilanzen und auch die Motivation aus. Insgesamt dürfte der Rückbau der Fehlentwicklung bei der Größten Blase aller Zeiten wegen deren Dimension besonders umfangreich werden.

Die Realwirtschaft wird »realer« – also ohne Finanzexzesse

Am Ende werden dadurch aber Ressourcen – Arbeitnehmer, Material, Infrastruktur – frei, die für sinnvolle Investitionen verwendet oder für künftige Generationen aufbewahrt werden können. Ein einfaches Beispiel ist das absurd unsinnige Schneeballsystem Bitcoin, dessen Stromverbrauch ähnlich hoch geschätzt wird wie der der Niederlande. Sobald diese Teil-Blase geplatzt ist, steht diese Energie für produktive Zwecke zur Verfügung oder kann schlicht gespart werden. Ein anderes Beispiel ist der Finanzsektor. Das nach dem Platzen geringere Volumen an festverzinslichem Vermögen benötigt auch geringere Vermögensverwaltungs-Kapazitäten in diesem Bereich.

In einer Inflation bleiben Löhne und Gehälter oft zurück. Am Ende des Entschuldungsprozesses sollte die Kluft zwischen Arm und Reich aber wieder geringer sein, denn diese wurde ja durch die Aufschuldung ausgeweitet. Das hat wiederum schrumpfende Auswirkungen auf die Wirtschaftsbereiche, die Produkte für besonders finanzkräftige Personen herstellen.

Am Ende wird eine Realwirtschaft stehen, in der der Finanzsektor gemäß seiner Bedeutung für die Wirtschaft wieder reduziert ist. Einkommen aus Arbeit und unternehmerischer Tätigkeit werden wieder höher entlohnt werden, rein spekulative Kursgewinne spielen eine geringere Rolle – bis die nächste Blase startet, sofern sie startet.

Kommt es zum Kollaps?

Anpassungen der Finanzwirtschaft – also der zu hohen Verschuldung – werden in der Regel von Rezessionen begleitet, da der Aufbau der Fehlentwicklung in der Finanzwirtschaft die Realwirtschaft beeinflusst hatte. Das ist theoretisch nicht zwingend, aber meistens fehlen der politische Wille, das Detailwissen und die Fähigkeit, die Prozesse gezielt anzugehen und rezessionsfrei umzusetzen. Das dürfte insbesondere bei der aktuellen Mega-Blase mit ihren enormen Implikationen für Politik, Wirtschaft und Gesellschaft der Fall sein. Eine Rezession erscheint unvermeidlich.

Da beim Platzen der Größten Blase aller Zeiten weitaus mehr realwirtschaftliche Fehlentwicklungen korrigiert werden als beim Platzen von Teil-Blasen wie beispielsweise der 2008 bei der Finanzkrise, sollten Sie sich entsprechend auch auf die Möglichkeit einer erheblich schwereren Krise einstellen als die Finanzkrise 2008.

Tendenziell gilt folgender Zusammenhang: Das Ausmaß eines Zusammenbruchs hängt mit dem Ausmaß der wirtschaftlichen Fehlentwicklung zusammen, die ihm vorausging. Die Depression der 1930er-Jahre war deshalb so schwer, da sie der Beseitigung der Fehlentwicklungen ab 1914 und zum Teil auch zuvor diente. Die Blase 1929 war schlicht zu groß, als dass sie krisenfrei abgebaut werden konnte. Aber sicher hätte man das eine oder andere besser oder auch deutlich besser machen können.

Droht die größte Krise aller Zeiten?

Die aktuelle Mega-Blase ist noch größer als die der 1920er-Jahre. Es handelt sich wie gezeigt um die Größte Blase aller Zeiten. Daher droht der folgende Absturz, besonders groß auszufallen. Doch kommt es daher auch zur größten Krise aller Zeiten?

Die Menschheit hat aus den unterschiedlichsten Gründen bereits viele Krisen durchlaufen, das Platzen von Finanzblasen ist neben Kriegen, Völkerwanderungen, Seuchen oder Naturkatastrophen nur eine. In Relation dazu wäre vielleicht auch ein katastrophaler ökonomischer Absturz nicht die größte Krise aller Zeiten – das wäre allerdings nur ein schwacher Trost. Wichtiger wohl: Der derzeitige Wohlstand ist so hoch, dass selbst ein Einbruch wie in den 1930er-Jahren in vielen Weltregionen – aber nicht allen! – verkraftbar sein würde. Man fiele auf ein Niveau zurück, das im historischen Vergleich immer noch hoch wäre.

Ob es beim Platzen der Größten Blase aller Zeiten zu einem prozentualen Einbruch der Wirtschaft wie in den 1930er-Jahren kommen wird – oder sogar einem stärkeren –, hängt auch von politischen Entscheidungen ab. Anpassungsprozesse müssen nicht immer brutal sein, sie können gesteuert werden und schrittweise erfolgen. Dazu ist aber ein starker politischer Wille nötig, der derzeit nicht erkennbar ist. Vielmehr wirkt die aktuelle westliche Politikergeneration, als wäre sie stark von Glaubenssätzen getrieben, die die Welt in Gut und Böse einteilt, und als hätte sie nur eine geringe Neigung, ihre Methoden an den Resultaten zu messen. Aber auch Politiker sind lernfähig, andere können ersetzt werden, und es genügen einige wenige helle Köpfe, um ein Land besser auszurichten.

Insgesamt sollten Sie auf keinen Fall die Bedrohung unterschätzen, die das Platzen der Größten Blase aller Zeiten mit sich bringen wird. Ein echter Kollaps droht! Dieser kann größer ausfallen als alles, was Sie zu Ihren Lebzeiten erfahren haben. Dementsprechend sollten sich

Sie sich als Bürger – und als Anleger – stärker schützen, als es für bisherige Krisen nötig war.

Krise: Es wird starke regionale Unterschiede geben!

Naturgemäß steigen beim inflationären Blasenplatzen die Rohstoffpreise. Als Hauptprofiteure zeichnen sich daher die Länder ab, die Rohstoffe produzieren. Das betrifft viele aufstrebende Länder, aber auch einzelne entwickelte Länder wie Norwegen. Auch Russland, das zudem gering verschuldet ist, gehört unabhängig von den Sanktionen zu den Profiteuren.

Umgekehrt trifft eine Inflation Europa als Rohstoffimporteur hart. Es müsste seine Exportbasis ausbauen, um die höheren Rohstoffkosten zu erwirtschaften. Dies ist mit Blick auf die Demographie, den zunehmenden Mangel an Technikern und die Wettbewerbsschwäche der Südländer und bei hohen Energiepreisen zunehmend auch der Nordländer aber nicht realistisch. Europa ist hoch verschuldet und zusätzlich mit den Risiken der suboptimal funktionierenden Eurozone belastet. Die Abkehr von Russland als günstigen Rohstofflieferanten und eine Politik, die oft von sachlichen und speziell von ökonomischen Erwägungen befreit ist, verstärken die Problematik zusätzlich. In Europa akkumulieren sich viele Problemfelder.

Aufstrebende Länder, die Rohstoffe zu höheren Preisen importieren müssen, gehören ebenfalls zu den großen Verlierern. Hier könnten sich ernsthafte Probleme bis hin zu Hungersnöten einstellen, denn die Reserven dieser Länder sind gering und der Anteil der Rohstoffe an der Gesamtwirtschaft ist hoch. Verstärkt wird diese Problematik im Falle einer hohen Verschuldung in US-Dollar, wenn die Zinsen im Zuge der

Inflation steigen. Potenziell betroffen sind dutzende Länder in Lateinamerika, Afrika und Asien.

Im Unterschied zu Europa sind die USA im Energiebereich nicht defizitär, dafür herrscht aber insgesamt ein großes Leistung- und Handelsbilanzdefizit. Außerdem hat sich eine enorme Auslandsverschuldung aufgebaut. Auch wenn diese Defizite bereits weit länger anhalten als je zuvor für einen großen Wirtschaftsraum: Ewig können diese wirtschaftlichen Ungleichgewichte nicht andauern. Die schweren Asienkrisen Ende der 1990er-Jahre bieten Ihnen eine Vorstellung, wie die Auflösung solcher Ungleichgewichte ablaufen kann. Praktischerweise haben sich die USA aber in ihrer eigenen Währung verschuldet, sodass auch deren viele Halter im Ausland die »Dummen« sein und den USA einen Teil der Last abnehmen werden. Jedoch sind die USA auch im Inland stark verschuldet, und der Staat ist hoch defizitär. Der nötige Anpassungsprozess der USA insgesamt ist erheblich. Am Ende werden die USA wie üblich in der Geschichte und bei anderen Ländern ausreichend Waren und Dienstleistungen liefern müssen für ihre Importe.

Auch in China sind große Anpassungsprozesse wegen der hohen Immobilienpreise und Verschuldung nötig. Gegenüber dem Ausland hat das Land aber positive Salden. Eine Anpassungsrezession kann dennoch sehr schwer werden, wie das Beispiel der USA der 1930er-Jahre zeigt.

Manche Länder wie Japan sind von einem besonders hohen Schuldenstand betroffen. In diesen Ländern sollte das Blasenplatzen tendenziell mehr Verheerungen als in geringer verschuldeten hervorrufen.

Die Bedeutung des US-Dollars nimmt ab

Die Entwicklung zwischen dem Westen und dem Rest der Welt im Allgemeinen sowie den USA und China im Speziellen gehört sicherlich zum Spannendsten beim Platzen der Größten Blase aller Zeiten. Denn bereits beim Aufbau der Blase ging es auch um die Rolle einzelner Länder im Gefüge der Nationen. Sehen wir uns daher die diesbezüglichen wirtschaftlichen Entwicklungen an, die sich im Kontext der Inversion der Blasenbildung abzeichnen.

Der US-Dollar wurde schon oft totgesagt. Allerdings verschwindet eine Weltleitwährung nicht mal eben so auf die Schnelle in die Bedeutungslosigkeit. Die USA sind neben China immer noch die größte Volkswirtschaft der Erde. Es gibt zudem andere Faktoren für die internationale Bedeutung des US-Dollars, wie den Welthandel, den Petrodollar, die Zentralbankreserven, die Konvertierbarkeit, die Liquidität, die Rechtssicherheit, die Gewohnheiten der Marktteilnehmer und die militärische Macht.

Die USA bauten ihren Wohlstand und ihre Rolle als Weltmacht einst auf ihrer weltweit führenden industriellen Rolle auf. Diese hatte ihren Höhepunkt jedoch bereits in den 1950er-Jahren und schwindet seit Ende der 1960er-Jahre stetig. Im Gegensatz zu dieser relativen Deindustrialisierung in den USA kam es in China zu einem für die Größe des Landes enormen Wirtschaftswachstum: Das Land wurde zur »Werkbank« der Welt.

Was den Handel angeht, konnte China die USA bereits ablösen. Die Abbildung zeigt den Anteil der Länder weltweit, die stärker mit China beziehungsweise stärker mit den USA Handel treiben. Der Anteil der USA lag deutlich erkennbar um die Jahrtausendwende bei über 80 Prozent und fiel bis 2020 auf knapp über 30 Prozent. Der Anteil der Länder, für die China der wichtigere Handelspartner ist, stieg entsprechend auf fast 70 Prozent. Die Bedeutung Chinas und der USA beim Welthandel hat sich also stark gewandelt!

Anteil Länder mit dominantem Handel zu China vs. USA, in Prozent, 2000 bis 2020

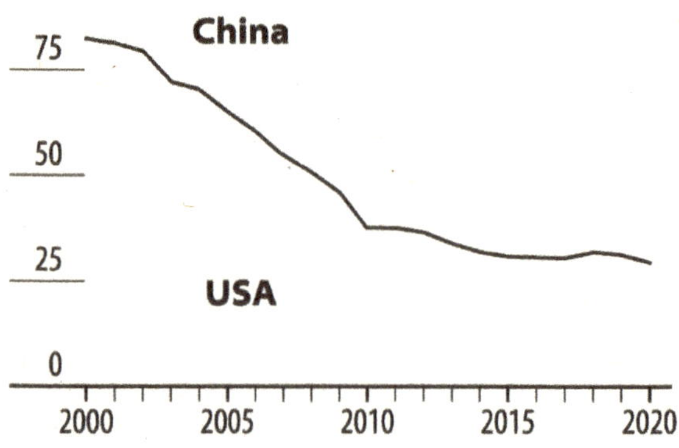

Quellen: IWF DOTS, *The Economist*

Betrachten wir nicht die Anzahl der Länder, sondern das Handelsvolumen, ist der Rückgang zwar weniger stark, aber immer noch deutlich. Der Anteil der USA am Anteil dieser beiden Länder sank in Relation zu dem Chinas von 76 Prozent im Jahr 2000 auf 46 Prozent im Jahr 2020. Somit liegt China umgekehrt auch in Bezug auf das Welthandelsvolumen vor den USA.

Dennoch betrug der Anteil von Chinas Währung an grenzüberschreitenden Zahlungstransaktionen nur etwa 3 Prozent, der der US-amerikanischen lag bei 40 Prozent, und ist somit mehr als zehnmal so hoch! Die Verhältnisse im Zahlungsverkehr spiegeln die Warenströme also in keiner Weise mehr wider. Allein aus diesem Grund ist mit einem Bedeutungsverlust des US-Dollars – in diesem Fall zugunsten des chinesischen Yuan – zu rechnen.

Defizite nicht auf Dauer finanzierbar

Es gibt noch weitere Faktoren, die die Bedeutung des US-Dollars beeinflussen, und weitere wichtige Zusammenhänge. Im Zuge der Mega-Blasenbildung kam es ab etwa Mitte der 1960er-Jahre erstmals in der Geschichte der Menschheit dazu, dass die Zentralbanken große Mengen an Reserven in Schuldverschreibungen hielten und somit das Doppeldefizit der USA finanzierten. Hinzu kommt der Petrodollar, der für weitere Käufe von US-Schuldverschreibungen im Kontext der Ölförderung sorgte.

Beides wird sich im Zuge des Platzens der Größten Blase aller Zeiten auflösen und die zugehörigen Trends umkehren. Wenn der US-Dollar an Wert verliert, werden sich die Zentralbanken und andere große US-Dollar-Halter nach Alternativen umschauen. Da derzeit kaum Alternativen im Währungsbereich existieren – Euro, Yen oder Yuan haben ihre eigenen Probleme –, sollte zunehmend Gold seine traditionelle Rolle als Währungsreserve wieder aufnehmen, die es jahrtausende lang innehatte. Es ist staatenfrei, kann nicht bankrott gehen und nicht entwertet werden.

Geopolitik: Die Vormachtstellung des Westens schwindet

Das Ende des Petrodollars und des US-Dollars als dominierende Weltreservewährung hat durchaus auch geopolitische Implikationen. Schließlich wurde damit auch das globale US-Militär finanziert, und den beteiligten Ländern wie beispielsweise den arabischen Ölförderstaaten eine gewisse Sicherheitsgarantie gegeben. Die globale Vorherrschaft des Westens dürfte daher abnehmen, insbesondere die Rolle der

USA als Nachfolgerin des britischen Imperiums und alleinige Weltenherrscherin seit Zusammenbruch der Sowjetunion wird geschwächt.

Inversion auch beim Petrodollar ...

Insbesondere für Anleger ist wichtig: Die USA haben sich im Zuge der Mega-Blasenbildung aufgrund des Petrodollar-Systems und der Rolle der Leitwährung zum größten Schuldnerland der Geschichte entwickelt. Das bedeutet aber umgekehrt, dass sich die USA am bequemsten über Inflation entschulden können. Schließlich sitzen entsprechend viele Gläubiger im Ausland. Die USA haben daher ein besonderes Interesse, sich über Inflation zu entschulden, da weit überproportional viele Ausländer geschädigt werden und entsprechend weniger Inländer.

... und in der Reservehaltung

Zum Invertierungsprozess des Blasenaufbaus gehört, dass sich die internationalen Zentralbanken zunehmend vom Dollar abwenden, wenn sich die USA der Schulden in einem stärkeren Maße durch Inflation entledigen. Verstärkt wird dieser Prozess durch Finanzsanktionen, bei denen westliche Staaten Devisenreserven als politisches Druckmittel einsetzten; 2021 froren die USA die Reserven Afghanistans ein, 2022 die Russlands. Die Reserven Afghanistans wurden 2022 dann sogar eingezogen. Viele Zentralbanken werden sich daher auch aus Sicherheitserwägungen weniger Dollar zulegen oder Dollarbestände abbauen.

Prozesse bei der Reservehaltung können dennoch dauern – Zentralbanken sind nicht die schnellsten Akteure an den Märkten; außerdem bevorzugen sie in Folge des Netzwerkeffekts eine möglichst geringe Zahl an Währungen, da diese auch am ehesten von anderen Parteien akzeptiert werden.[96] So zog sich der Rückgang des Britischen Pfundes in der Reservehaltung lange hin – bis Ende der 1960er-Jahre, also gut 10 Jahre nach der Suezkrise, als das britische Imperium endgültig scheiterte, mehr als 20 Jahre nach dem Ende des Zweiten Weltkrieges, als die USA die machtpolitische Nachfolge des britischen Imperiums übernahmen, und über 40 Jahre, nachdem die USA Großbritannien ökonomisch übertrumpft hatten. Der Chart zeigt den Anteil des britischen Pfundes als gestrichelte Linie und des US-Dollars als Volllinie an den gesamten gemeldeten Zentralbank-Reserven ohne Gold ab 1951.

Devisen: Anteil an den Zentralbank-Reserven, 1951 bis 2021

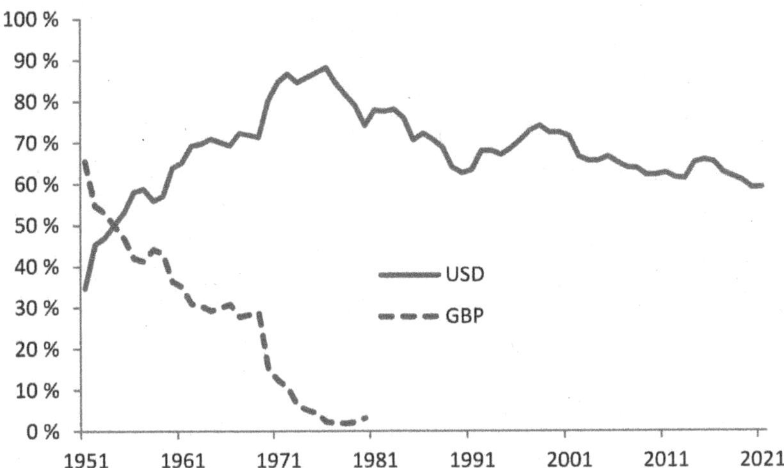

Quellen: Barry Eichengreen, COFER

96 Der Nutzen dieses Effekts gegenüber dem der Diversifikation und einer Gewichtung nach der Bedeutung der Handelspartner könnte allerdings schwinden, denn der Wechsel von einer Währung beziehungsweise Anlage in eine andere ist heute dank des technischen Fortschritts nur noch mit geringen Kosten verbunden.

USA: Finanzierung des Defizits droht auszubleiben

Schneller als der Rückgang der Anteile an den Reserven könnte das Ausbleiben der Finanzierung des Defizits der USA durch das Ausland im Zuge der Invertierung der Prozesse beim Petrodollar und bei der Zentralbankreserve eintreten. Dazu müssen die Zentralbanken ihre Dollarbestände nicht abstoßen, es genügt, wenn sie insgesamt keine neuen aufbauen.

Es ist nun mal die Kehrseite: Wer sich seiner Schulden durch Inflation entledigt, wie absehbar die USA, und wer Eigentumsrechte missachtet durch Einfrieren von Guthaben und regelrechten Diebstahl, wird immer schwerer jemanden finden, der ihn noch finanziert.

Dies wird zu einem Rückgang des Güterimports führen, und es wird nicht leicht werden, die Produktionskapazitäten im Inland wieder aufzubauen. Die USA werden gezwungen sein, ihr Außendefizit auszugleichen.[97] Wenn das nicht gelingt, könnte ein Dollarverfall die Inflation gerade in den USA weiter beschleunigen mit zusätzlichem wirtschaftlichem Schaden. Am Ende wird der US-Dollar seine Sonderrolle verlieren mit der Invertierung aller Prozesse, die damit zusammenhängen.

---

97 Mittlerweile (Mitte 2022) hat auch die EU ein erhebliches Handelsbilanzdefizit in Höhen von etwa 40 Milliarden Euro pro Monat infolge stark gestiegener Energiepreise und ausbleibender Exporte nach Russland. Dieses ist plötzlich und überwiegend aus politischen Gründen (Sanktionen) entstanden. Ein Handelsbilanzdefizit dieser Größenordnung wäre auf Dauer kaum tragbar.

Der Zeitgeist könnte sich wandeln

Zu guter Letzt: Es ist anzunehmen, dass der jahrzehntelange Aufbau der Größten Blase aller Zeiten auch den Zeitgeist prägte. Wenn es viel an Scheinreichtum gibt, wenn die Finanzierung vieler Vorhaben leicht erscheint, und wenn immer wieder Einzelne von Blasenexzessen profitieren, prägt das die Geisteshaltung, das Weltbild und das Lebensgefühl vieler Menschen.

Vielleicht ändert sich nach dem Platzen damit auch die herrschende Haltung und das dominante Weltbild: weg von Kurzsichtigkeit, Gier und Scheinreichtum – hin zu Realitätssinn und Nachhaltigkeit. In Bezug auf die Ökonomie könnte das bedeuten: weg von der Verharmlosung der Blasenbildung und des Staatskredits – hin zur Vermeidung von Kreditexzessen und zu Theorien, die den Kredit ins Visier nehmen. Ob es dazu kommt, muss letztlich aber offenbleiben.

11.

HAT DER INFLATIONÄRE ZUSAMMENBRUCH BEREITS BEGONNEN?

Wenn Sie sich den vor Jahrzehnten begonnenen Prozess der Bildung der Mega-Blase in Erinnerung rufen, so begann diese bei einem niedrigen Niveau der Anlagepreise und des Schuldenvolumens und stieg wellenartig auf immer höhere Niveaus.

Sie fragen sich vielleicht: Kann das nicht endlos so weitergehen? Theoretisch ja, es gibt keinen Grenzwert bei der Verschuldung. Die Sparer könnten immer mehr zur Seite legen, bis in ferner Zukunft die Verschuldung und parallel die Guthaben so hoch wären, dass ein einzelner Sparer mit seinen Ersparnissen die Jahresproduktion der ganzen Welt kaufen könnte – vorausgesetzt die Preise stiegen dann nicht, tatsächlich gäbe es natürlich sofort eine starke Inflation.

Eine so hohe Verschuldung ist selbstverständlich nicht realistisch, denn in der Realität werden die Sparer bereits vorher beginnen, ihre Ersparnisse abzuheben, um sich etwas zu kaufen und besser zu leben.

Dadurch entsteht Inflation, was dann immer mehr Sparer zum Geldabheben und -ausgeben anregt.

Direkt lässt sich der Zeitpunkt dieser Wende nicht bestimmen. Die Bereitschaft zum Abheben hängt von verschiedenen Faktoren ab. Wenn die Ersparnisse beispielsweise konzentriert bei Reichen oder bei Pensionskassen liegen, werden die Ersparnisse tendenziell erst zu einem späteren Zeitpunkt abgehoben – auch das war übrigens ein Grund dafür, dass es im Zuge der Mega-Blasenbildung zu dieser Verlagerung zu den Reichen kam.

Im Unterschied zu den Naturwissenschaften kann an den Finanzmärkten und in der Wirtschaft eben vieles nicht genau berechnet werden, da Menschen ihre Entscheidungen nicht immer auf genau dieselbe Art treffen. Das gilt übrigens nicht nur für die Frage des Zeitpunkts. Auch die Entscheidung, ob die Größte Blase aller Zeiten inflationär oder deflationär platzen wird oder ob sogar eine andere Art der Entschuldung gewählt wird, ist im Prinzip offen – es sprechen lediglich viele der genannten Anzeichen dafür, dass die Entscheidung für eine Inflation gefällt wird.

Begeben wir uns nun auf die Suche nach dem Zeitpunkt des Beginns des Platzens der Größten Blase aller Zeiten. Die Antwort auf diese Frage ist schließlich für Anleger, Bürger und Entscheidungsträger in Wirtschaft und Politik von großer Bedeutung. Denn die Jahre danach werden maßgeblich von dieser Entwicklung geprägt sein.

Die Hinweise auf den Zeitpunkt lassen sich in zwei Gruppen einteilen. Zum einen kann es Hinweise darauf geben, dass sich die Blasenbildung erschöpft hat, dass also ein weiteres Aufpumpen der Blase nicht mehr möglich ist. Zum anderen suchen wir nach Indizien dafür, dass das Platzen der Blase bereits begonnen hat.

2008 leitet den letzten Zyklus ein

Die Zyklik gibt einen starken Hinweis auf das Platzen der Blase. Denn von Teil-Blase zu Teil-Blase wurden immer weitreichendere Manipulationen nötig. Die Manipulationen nach 2008 sind mit der Nullzinspolitik und sogar leicht negativen Zinsen nun am Ende angelangt. Zwar wurden weitere Methoden angedacht, wie eine Gebühr auf Geld beziehungsweise höhere Negativzinsen zusammen mit einem Bargeldverbot. Es scheint aber so, dass sie nicht zur Anwendung kommen werden – falls sie überhaupt ein weiteres Aufblähen der Mega-Blase hätten ermöglichen können.

Damit ist aber klar: Mit der nächsten Rezession kann es keine weiteren Mittel mehr geben außer dem Erzeugen von Nachfrage, die direkt inflationär wirkt. Einen Zinssenkungsspielraum gibt es wegen der Null-Prozent-Grenze, ab der Sparer ins Bargeld ausweichen können, nicht mehr. Die Grenze ist also erreicht, da bei höherem Blasen-Niveau kein weiterer Zinssenkungsspielraum mehr besteht. Dies ahnend haben die Zentralbanken nach 2008 anscheinend alles darangesetzt, die wirtschaftliche Erholung so weit wie möglich zeitlich zu strecken und keine Rezession aufkommen zu lassen.

Neben dem Nullzinsniveau gibt es aber noch einen weiteren Grund, weshalb die Größte Blase aller Zeiten nicht noch weiter aufgepumpt werden kann: Es gibt keinen weiteren größeren Wirtschaftsraum mehr, der auf einem relativ niedrigen Schuldenniveau steht und noch Aufschuldungspotenzial hat. Nach der Finanzkrise 2008 war dies China. Das Land expandierte sein Schuldenniveau in einem Rekordtempo von nur gut zehn Jahren von etwa 135 Prozent der jährlichen Wirtschaftsleistung um extrem hohe 165 Prozentpunkte auf fast 300 Prozent. Dies schuf weltweit enorme Nachfrage, stützte die Weltwirtschaft und auch die Finanzmärkte. Anfang der 2020er-Jahre gab es keinen größeren Wirtschaftsraum mit hohem Neuverschuldungspotenzial mehr.

Die 3 Nadelstiche in die Größte Blase aller Zeiten

Fassen wir zusammen: Die Größte Blase aller Zeiten mit ihren ersten Wurzeln bis in die 1960er-Jahre, die sich ab Anfang der 1980er-Jahre bildete und dann mehrmals ausgebaut wurde, ist ab etwa 2020 an ihrem Ende angelangt. Dies liegt darin begründet, dass eine weitere Teil-Blase nicht mehr möglich ist. Die Letzte wurde nach der Finanzkrise 2008 gestartet. Was damals noch möglich war, ist jetzt nicht mehr möglich. Die folgenden drei Gründe legen dar, wieso eine weitere Teil-Blase ausgeschlossen werden kann:

1.) Eine weitere nennenswerte Zinssenkung wäre wegen des seit 2008 durchgehenden Nullzinsniveaus bei einer Rezession unmöglich und auch nicht mehr sinnvoll. Jede Rezessionsbekämpfung wäre nur möglich durch die »Druckerpresse« mit direkter Inflationsfolge.

2.) Es gibt auf dem Globus keinen größeren Wirtschaftsraum mehr, der auf einem relativ niedrigen Schuldenniveau steht und noch Aufschuldungspotenzial hat wie zuletzt China.

3.) Das weltweite Schuldenniveau ist noch höher als 2008. Dieses Kriterium ist zwar weich. Wäre aber anderseits die Verschuldung niedriger als 2008, könnte wohl irgendwie eine weitere Teil-Blase gestartet werden.

Damit ist die Größte Blase aller Zeiten nach vielen Jahrzehnten an ihrem Ende angelangt. Sie hat sich erschöpft. Sie bestand aus vielen Teil-Blasen. Dazu zählt beispielsweise die US-Immobilienblase, die in der Finanzkrise 2008 platzte. Die davor war die Technologieblase, die platzte 2000. Das waren aber alles nur Teil-Blasen. Jetzt platzt die gesamte Mega-Blase.

Die Größte Blase aller Zeiten hat sich erschöpft!

Die Abbildung veranschaulicht schematisch das zeitliche Zusammenspiel von Teil-Blasen (als kleine Halbkreise) und Mega-Blase (in Form des großen Bogens). Die Finanzkrise 2008 stellte nur das Platzen einer Teil-Blase dar. Die übergeordnete Mega-Blase platzte nicht.

Was jetzt angesichts der Erschöpfung der Mega-Blase droht, ist mehrere Hausnummern größer: das Platzen der Mega-Blase, die zugleich die Größte Blase aller Zeiten ist. Es geht nicht um einen der kleinen Halbkreise, es geht diesmal um den großen Bogen!

Zusammenspiel von Mega-Blase und Teil-Blasen

Nicht auszuschließen ist dabei aber, dass das Platzen der Mega-Blase auf halber Strecke aufgehalten wird, also beispielsweise nach dem Abbau von zwei oder drei Teil-Blasen eine Stabilisierung eintritt. In diesem Fall würden Kreditvolumen und Anlagepreise zurückkommen, der Exzess aber nicht vollständig abgebaut. Denkbar wäre etwa, dass die Entschuldung bereits bei einem globalen Schuldenstand von 180 Prozent zum BIP stabilisiert wird. Ob das angestrebt wird, praktisch umsetzbar und überhaupt wünschenswert ist, ist eine andere Frage.

Indizien für den Beginn des Platzens der Größten Blase aller Zeiten

Es gibt somit starke Hinweise darauf, dass sich die Blasenbildung erschöpft hat, dass das Aufpumpen einer weiteren Teil-Blase und damit der Mega-Blase insgesamt nicht möglich ist, und dass das Platzen der letzten Teil-Blase und damit der Mega-Blase insgesamt konkret im Raum steht. Allerdings gab es verschiedene externe Faktoren wie die Coronakrise 2020, die zu den Finanzmechanismen hinzukommen. Blicken wir daher als Erstes auf Indizien vor Beginn der Coronakrise.

Im Dezember 2019 setzte von den Märkten anfangs unbeachtet die Ausbreitung des neuen Coronavirus SARS-CoV-2 ein. Die konjunkturelle Erholung dauerte damals aber mit gut elf Jahren bereits überdurchschnittlich lange an. Eine klare Sprache sprechen auch die Leitzinsen der US-Notenbank, die bereits am 31. Juli, dann wieder am 18. September und erneut am 30. Oktober 2019 gesenkt wurden. Alle drei Termine liegen vor Beginn der Pandemie. Außerdem begann die FED am 16. September 2019 – und somit Monate bevor das neue Coronavirus in Erscheinung trat – mit Notmaßnahmen zugunsten von Finanzteilnehmern, als sich der Zins am sogenannten Repo-Markt an einem Tag auf über 5 Prozent verdoppelte. Binnen weniger Wochen musste die FED ihre Bilanz, die sie zuvor noch konsolidierte, schnell um einen dreistelligen Milliardenbetrag ausweiten.

Die vorgenannten Faktoren sprechen dafür, dass das Finanzsystem bereits Ende 2019 auf der Kippe stand und die letzte Teil-Blase und damit die Größte Blase aller Zeiten an ihrem Ende. Wir werden allerdings nie wissen, wann die Größte Blase aller Zeiten ohne die Corona-Pandemie geplatzt wäre. Angesichts der besprochenen Lage von Finanzsystem und Wirtschaft wäre Anfang der 2020er-Jahre aber ein naheliegender Zeitpunkt.

Highflyer-Aktien stürzen vor

So begann das Platzen der Größten Blase aller Zeiten unter dem Einfluss der Corona-Pandemie. Sehen wir uns zuerst die Weltleitbörse in den USA an. Dort waren die Exzesse an der Technologiebörse am ausgeprägtesten. Sehen wir uns daher die Flaggschiffe der Blase der Technologiewerte an. Der Chart zeigt dazu den Kursverlauf des damals hochgejubelten ARK Innovation Fonds.

ARK Innovation Fonds, 2015 bis 2022

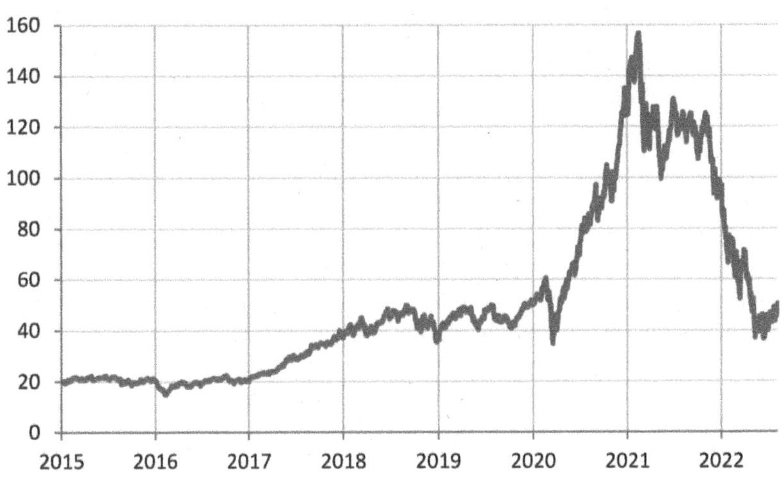

Quelle: Yahoo

Wie Sie sehen, stieg der Kurs vor allem ab März 2020 stark an. Doch bereits ab Februar 2021 fiel der Kurs und setzte dann seinen Abwärtstrend fort. Die nicht ganz so spekulativen Titel an der Technologiebörse begannen, gemessen am Nasdaq Composite Index, ab November 2021 mit ihrem Abwärtstrend. Der marktbreite S&P 500 Aktienindex folgte in den Tagen um den Jahreswechsel 2021/2022. Andere spekulative Märkte wie Bitcoin drehten ebenfalls 2021.

Das Ende der Größten Blase aller Zeiten wäre somit gemessen an den Kursverläufen der wichtigsten Börse und des spekulativsten Instruments mit 2021 anzusetzen. Den Beginn können wir mit Anfang der 1980er-Jahre – mit Vorläufern, die bis Mitte der 1960er-Jahre zurückreichen –, allerdings wegen des langsamen Anlaufens, prinzipiell nicht genau datieren. Ihre Dauer beträgt somit etwa 40 Jahre oder mehr. Auch das ist wohl ein Rekord, die Größte Blase aller Zeiten macht ihrem Namen alle Ehre.

Auch die Inflation setzte 2021 ein

Die Anlagepreise begannen also 2021 zu fallen. Doch ab wann änderte sich etwas an der zugrunde liegenden Finanzierung der Blase? Achten wir dazu auf die Inflation. Anfang 2020 kam die Corona-Pandemie als reales Problem zu den finanziellen hinzu. Sie sorgte aufgrund der Schutzmaßnahmen für einen Wirtschaftseinbruch mit anschließender Erholung und Problemen bei den Lieferketten. Die Preise begannen zu steigen. Es waren solche externen Faktoren, die 2021 von den meisten Notenbankern und Ökonomen als preistreibend benannt wurden. Monetäre Faktoren fanden hingegen so gut wie nie Erwähnung, der »zweite Teil der Gleichung«, der die Zahlungsmittel enthält, wurde schlicht ignoriert. Die Inflationsgefahr wurde daher ähnlich wie Anfang der 1970er-Jahre erheblich unterschätzt – die US-Notenbank sprach von einem »vorübergehenden« Phänomen, die EZB sah in ihren Prognosen schlicht keinerlei Preisanstieg kommen.

Tatsächlich stieg die Inflationsrate in etwa einem Jahr von gut 1 Prozent 2021 auf über 8 Prozent Anfang 2022 und damit weit schneller und stärker als von den meisten Beobachtern erwartet, die beim Phänomen Inflation mit der Menge der im Umlauf befindlichen Zahlungsmittel die zweite Seite der Gleichung dem Zeitgeist entsprechend einfach ignorieren; dazu gleich mehr. Der Chart zeigt die Inflationsrate in den USA ab 2010. Ab dem Jahr 2021 begann die Inflation, quasi aus dem Stand heraus stark zu steigen. Das Datum 2021 als Blasenende wird also auch von dieser Seite aus gestützt.

USA: Inflationsrate, Konsumentenpreise, 2010 bis 2022

Quelle: FRED

Inflation gerät auch in Deutschland außer Kontrolle

In Deutschland war die Lage nicht besser. Sehen wir uns dazu den nächsten Chart an. Er zeigt die Entwicklung der Erzeugerpreise gewerblicher Produkte ab 1950 in Deutschland. Diese schwanken stärker als die Konsumentenpreise, zeigen aber ebenfalls und oft schneller als diese die Entwicklung bei den Preisen an. Um das Ausmaß der Preisprobleme in der deutschen Industrie zu verdeutlichen, habe ich die jährlichen Daten bis 1976 mit den monatlichen danach verknüpft. Das führt zu einer glatteren Linie in der linken Hälfte des Charts. Diese Vorgehensweise ermöglicht aber einen längeren Rückblick. Wie gut zu sehen ist, schossen die Erzeugerpreise 2021 in die Höhe und stiegen Mitte 2022 sogar um über 35 Prozent gegenüber dem Vorjahresmonat. Dieser steile Anstieg und hohe Wert sind einmalig in der deutschen Nachkriegsgeschichte! Auch hierzulande stellte sich die Inflation somit 2021 ein.

Deutschland: Erzeugerpreise gewerblicher Produkte, Jahresänderung, 1950 bis 2022

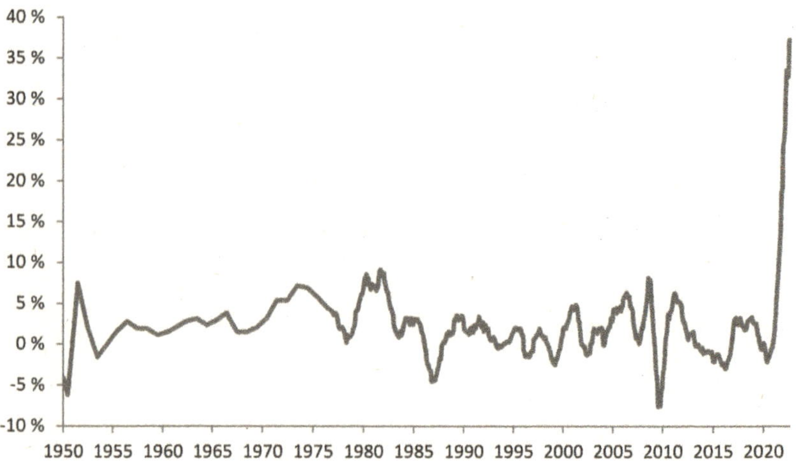

Quelle: Statistisches Bundesamt

Diese Inflation entstammt der Druckerpresse

Sehen wir uns im Unterschied zu FED und EZB auch die »zweite Seite der Gleichung« genau an. Der nächste Chart zeigt dazu mit durchgezogener Linie die Geldmenge M2 (Bargeld und mittelfristig verfügbare Einlagen) in den USA ab 2010 in logarithmischer Skalierung. Eingezeichnet habe ich im Chart gestrichelt die Trendlinie nach Maßgabe der Vorjahre.

USA: Geldmenge M2, Milliarden US-Dollar, 2010 bis 2022

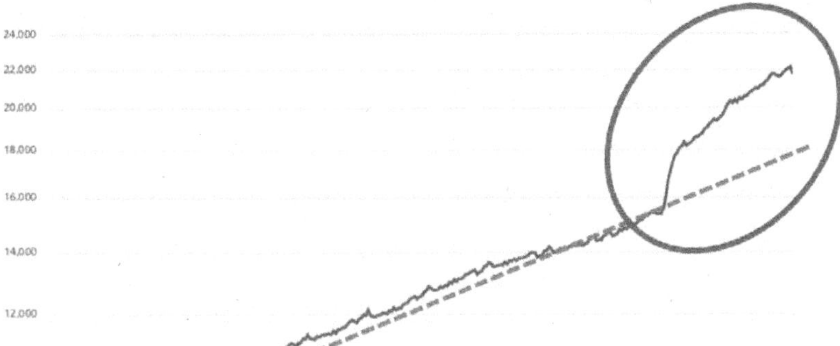

Quelle: FRED

Sie können ab 2020 eine starke Ausweitung der Geldmenge und daraus folgend einen hohen Ersparnisüberhang von etwa 4 Billionen US-Dollar erkennen! Die Inflation, die 2021 startete, war also im Wesentlichen durch die »Druckerpresse« verursacht. Es wurde schlicht zu viel Geld geschöpft. Dieses wurde aber anfänglich erst gespart, sodass anfangs keine Inflation entstand.

Das gesparte Geld geriet dann zunehmend in Umlauf und heizte zeitverzögert die Inflation an. Diese Inflation ist also die, bei der geparktes »Geld« in Umlauf gerät. Es zeigt sich hier deutlich, dass frisch »gedrucktes« Geld nicht sofort eine Inflation bewirken muss. Vielmehr kann es erst gespart werden, sodass sich die Inflation aufstaut. Erst später gerät es in Umlauf und heizt die Preise an.

Das war aber erst der Anfang! Der Prozess ist noch lange nicht abgeschlossen. So liegt bereits die eingezeichnete Trendlinie höher als das nominelle Wirtschaftswachstum. Also auch so gesehen besteht noch ein Potenzial an monetärer Nachfrage, die jederzeit in Umlauf geraten kann. Denn auch wenn ein Trend langjährig anhält, bedeutet das nicht, dass er eine dauerhafte Grundlage hat.

Randbemerkung: Der Krieg in der Ukraine und vor allem die Sanktionen gegen Russland drohen die Inflation weiter zu verstärken. Sie erzeugen einen echten Mangel und höhere Kosten beispielsweise durch insgesamt längere Lieferwege; wenn zum Beispiel Indien russisches Öl über weite Strecken importiert und Europa anstelle des nahen russischen nun Öl aus Arabien heranschifft, steigen die bereits rekordhohen Leistungsbilanzüberschüsse Russlands weiter, während der Verbraucher in der EU Rekordpreise zahlen muss. Zudem dient vor allem der Krieg den Politikern als willkommene Entschuldigung für die Inflation, sodass sie sich weniger Mühe geben, gegen diese vorzugehen – tatsächlich aber stiegen die Energiepreise bereits viele Monate vor Kriegsbeginn. Außerdem sind Krieg und Sanktionen ein Anlass, die Staatsdefizite auszuweiten. Wie die Coronakrise gehören beide zu den externen Faktoren.

2021: Das Jahr, an dem die Größte Blase aller Zeiten zu Platzen begann

Vor allem aber steht der noch viel größere Brocken der langfristigen Ersparnisse aus, die Geldmenge M2 umfasst nur einen Teil der gesamten finanziellen Forderungen. Auch die langfristigen Ersparnisse können jederzeit in Umlauf geraten und werden es tun, wenn die Inflation nicht gestoppt werden kann. Dies wiederum ist angesichts der wegen der hohen Verschuldung bestehenden Schwierigkeiten, die Zinsen deutlich anzuheben, kaum möglich.

Die Corona-Pandemie hat die Inflation in Gang gesetzt, die aber grundsätzlich im Zuge der Überwindung der nächsten Rezession im Raum stand. Vieles weist darauf hin, dass 2021 tatsächlich die Größte Blase aller Zeiten zu platzen begann. Die mit Nullzinsen auf ihr Maximum getriebene Mega-Blase war bereits vorher erschöpft, 2021 begann der Trend an den Aktienmärkten zu drehen, und die Inflation schoss nach oben. Eine neue Zeit scheint angebrochen zu sein.

Bereiten Sie sich auf turbulente Zeiten vor!

Fassen wir zusammen: Die letzte Teil-Blase der Mega-Blase begann nach der Finanzkrise 2008. Sie setzte der Größten Blase aller Zeiten die Krone auf. Umfangreiche Manipulationen der Staaten und Zentralbanken wie die Nullzinspolitik schufen diese letzte Teil-Blase. Auf diese konnte aufgrund des erreichten Nullzinsniveaus und fehlendem größerem Wirtschaftsraum mit Aufschuldungspotenzial keine weitere Teil-Blase mehr folgen. Als gegen Ende der 2010er-Jahre die Konjunktur lahmte, waren alle konventionellen staatlichen Eingriffs-Methoden ausgereizt. Es blieb nur noch die nackte »Druckerpresse«, um eine schwere Deflation zu verhindern, die beim Platzen der Größten Blase aller Zeiten sonst sicher gekommen wäre. Es war dann aber die Corona-Pandemie, die die Inflation anstieß. Krieg und Sanktionen drohen sie zu verstärken.

Das inflationäre Platzen der Größten Blase aller Zeiten hat somit begonnen. Die Inflation sollte jedoch noch weitaus stärker werden, wenn die hohe Verschuldung durch sie bereinigt werden sollte. 2022 waren die aufgestauten Ersparnisse noch kaum in Umlauf, die Preise an den Anlagemärkten trotz erster Rückgänge noch sehr hoch. Der Prozess des Abbaus des Schuldenstandes und der Mega-Blase kann noch Jahre dauern.

Das Platzen der Größten Blase aller Zeiten droht viele Vermögen zu vernichten und viele Bürger um ihre Existenz zu bringen. Es drohen Rezessionen, politische und soziale Verwerfungen. Jetzt muss der Preis bezahlt werden für die dauerhaften Staatsdefizite, für die jahrelangen Manipulationen der Zentralbanken, und für die exzessive Blasenbildung an den Anlagemärkten. Turbulente Zeiten stehen an! Jeder Bürger und jeder Anleger wird damit vor die Frage gestellt, wie er schadlos durch diese Zeiten kommen kann.

12.

DROHT DIE GRÖSSTE KRISE ALLER ZEITEN? SO KÖNNEN SIE SICH SCHÜTZEN!

Die Menge aller Guthaben ist genauso hoch wie die der Schulden. Daher kann das eine nicht ohne das andere verschwinden. Das macht den hohen Schuldenstand brandgefährlich, ein Abbau der Schulden führt zu einem Verlust von gebuchtem Vermögen. Für die Volkswirtschaften und die Finanzmärkte gibt es bei der Größten Blase aller Zeiten keinen gemütlichen Ausweg mehr aus diesem Dilemma. Auch die hohen Preisniveaus an den Anlagemärkten von Aktien über Bitcoins bis hin zu Immobilien sind akut gefährdet.

Mit der steigenden Inflation hat die Größte Blase aller Zeiten zu platzen begonnen. Dieses Platzen sollte auch inflationär erfolgen und viele Jahre dauern. Vergessen Sie daher alle Trends, an die Sie sich in den letzten Jahren und Jahrzehnten gewöhnt haben. Stellen Sie sich hingegen jetzt voll auf ein neues, vermögensvernichtendes Umfeld ein. Fahren Sie eine Sicherheitsstrategie, deren Schwerpunkt auf dem

Schutz Ihrer Ersparnisse vor der Geldentwertung liegt. Schützen Sie sich auch als Bürger, denn inflationäre Zeiten können Sie im Alltag vor große Herausforderungen stellen.

Beim Platzen der Größten Blase aller Zeiten droht auch eine sehr schwere Krise. Gesamtwirtschaftliche Entschuldungsvorgänge werden oft von schweren Krisen begleitet. Jeder Bürger sollte sich auf einen solchen Extremfall vorbereiten, obwohl dieser nicht zwingend kommen muss. Auch wenn es zu keiner sehr schweren Krise kommen sollte: Ganz ohne Krise wird die Bereinigung einer jahrzehntelangen Fehlentwicklung wohl kaum erfolgen.

Der vollständige Abbau der Blase und damit die Krise werden erst zu Ende sein, wenn auch der Schuldenstand deutlich niedriger ist als heute. Ein solcher Prozess kann viele Jahre dauern und damit deutlich länger als beispielsweise die Finanzkrise 2008. In diesem Falle wären die Verwerfungen an den Finanzmärkten enorm, viele Anleger würden erhebliche Beträge verlieren – eine ganze Menge Scheinreichtum würde schließlich dabei verschwinden. Anleger können sich aber schützen, wenn sie sich vorbereiten. Denken Sie aber stets daran: Setzen Sie nie alles auf eine Karte! Streuung ist sehr wichtig, denn auch nach umfangreichen Analysen kennt am Ende kein Mensch die Zukunft.

Guthaben sind direkt von der Geldentwertung betroffen

Inflationsbereinigt müssten die Sparer mindestens die Hälfte ihrer Einlagen verlieren, sollte die Inflation die Mega-Blase deutlich abbauen. Tatsächlich könnten es auch deutlich mehr werden. Das betrifft alle Kontenformen wie Girokonten, Sparbücher und festverzinsliche Anlagen. Es umfasst aber auch alle Anleihen, die sich auch in Fonds, Pensionskassen oder Lebensversicherungen wiederfinden. Bei einer starken Inflation sollten Sie so wenig wie möglich davon halten. Bei einigen Anlagen wie Lebensversicherungen, bei denen durch die Kündigung Nachteile entstehen können, sollten Sie sich aber vorher genau informieren.

Zur Beurteilung der Lage zeigt die Abbildung, wie sehr ein Betrag von 100 Euro (oder jeder anderen Währung) abhängig von einer Inflationsrate von 1, 7, 15, 30 und 50 Prozent real an Wert verliert. Bei 1 Prozent, wie es etwa die offizielle Rate der 2010er-Jahre war, bleiben nach fünf Jahren immerhin noch 95,1 Euro. Bei 7 Prozent, die in den 1970er-Jahren und 2022 übertroffen wurden, sind es nur noch 69,6 Euro. Danach geht es rasch nach unten: Bei 15 Prozent sind es 44,4 Euro, bei 30 Prozent 16,8 Euro und bei 50 Prozent Inflation bleiben real nach fünf Jahren nur noch 3,1 Euro auf dem Konto.

Ersparnisse: Realer Wert, inflationsabhängig, Jahre

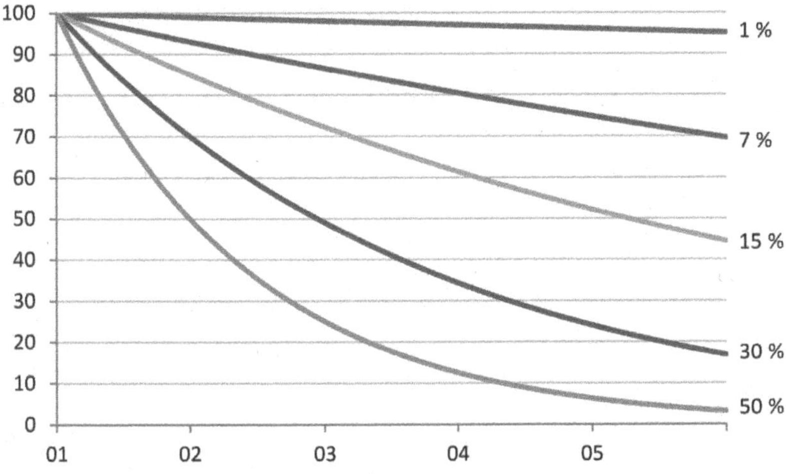

Quelle: Eigene Berechnungen

Wie schnell die Inflation im Extremfall in die Höhe schießen kann, zeigt Ihnen die Türkei. Dort stieg die offizielle Rate ab Ende 2021 binnen eines halben Jahres von 20 auf 70 Prozent – die tatsächliche war noch weitaus höher. Die Schnelligkeit dieses Anstiegs der Inflationsrate ist zwar insofern nicht repräsentativ, da die Türkei kaum Maßnahmen gegen den Anstieg unternahm. Wie aber gezeigt, sind wegen des hohen Schuldenstandes auch die Möglichkeiten anderer Zentralbanken einschließlich der EZB begrenzt. Auch ein weniger schneller Anstieg dürfte daher für viele Anleger überraschend kommen.

Den Ernst der Lage im Deutschland des Jahres 2022 zeigt die nächste Abbildung. Sie weist ab 1953 die Inflationsrate als gepunktete Linie aus und die Rendite zehnjähriger Bundesanleihen als durchgehende Linie. Wie Sie sehen, lag bisher die Verzinsung stets über der Inflationsrate. Auch in den inflationären 1970er-Jahren konnte die Bundesbank die Inflation so weit zügeln, dass dies der Fall war. Mitte 2022 lag die Inflation aber etwa 7 Prozentpunkte oberhalb der Verzinsung zehnjähriger Anleihen! Erstmals in der deutschen Nachkriegsgeschichte kam es somit zu einer radikalen Enteignung durch Geldentwertung.

Deutschland: Inflationsrate, Rendite zehnjähriger Bundesanleihen, 1953 bis 2022

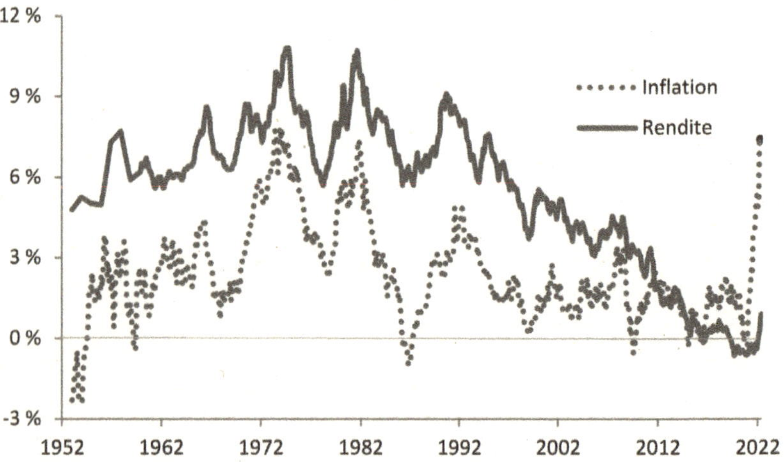

Quellen: Global Financial Data, FRED, Statistisches Bundesamt, Bundesbank

Fremdwährungen sind kaum besser

Angesichts der Eurokrise glauben viele Anleger, dass Fremdwährungen sicherer wären. Alle großen Währungen leiden aber unter demselben Problem der Überschuldung. Sie sind also ähnlich stark von Inflation bedroht. Auch der unter deutschen Anlegern populäre Schweizer Franken ist davon nicht ausgenommen. Zudem ist er wegen früherer Fluchtgelder überbewertet. Im Falle von deren Abzug drohen zusätzliche Verluste, da er dann diese Überbewertung wieder abbauen würde. Die großen Fremdwährungen bieten daher keinen ausreichenden Schutz vor der Gefahr der Geldentwertung.

Dem Aktienmarkt drohen inflationsbereinigt massive Verluste

Viele Anleger glauben angesichts von Inflationsgefahren, Aktien böten einen Schutz vor Geldentwertung, da hinter den Anteilscheinen Sachwerte wie Fabriken und Grundstücke stecken. 2022 sind Aktienmärkte aber Teil der Mega-Blase und, wie gezeigt am größten Aktienmarkt in den USA, so überteuert wie nie zuvor. Ein Abbau dieser enormen Überbewertung wäre somit beim Platzen am Ende des Blasenzyklus zu erwarten.

Im Zuge eines inflationären Blasenplatzens kann diese Bereinigung aber erfolgen, ohne dass die nominellen Kursrückgänge so groß ausfallen müssen wie beispielsweise in der Baisse nach 1929, als die Aktienkurse um 90 Prozent einbrachen. Vielmehr kann auch bei einem relativ geringen nominellen Einbruch der reale sehr hoch ausfallen. Drei historische Beispiele können Ihnen das verdeutlichen.

Den ersten Vorgeschmack bieten die 1970er-Jahre. In den USA stieg die Inflation bis auf 13 Prozent in der Spitze. Die Aktien wurden dabei aber vor allem inflationsbereinigt entwertet. Die durchgezogene Linie in der folgenden Abbildung zeigt die um die Inflation bereinigte Entwicklung des US-Aktienindex S&P 500 zwischen 1968 und 2000 mit Startwert 100. Die gestrichelte Linie wurde auf das Zwischenhoch im Dezember 1968 fixiert.

S&P 500, inflationsbereinigt, indexiert, 1968 bis 2000

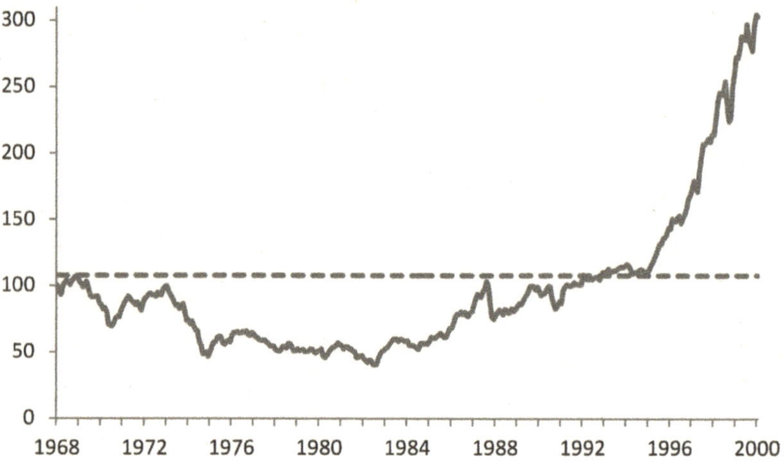

Quelle: Robert Shiller, Standard & Poor's

Wie die Grafik zeigt, haben die Aktienkurse in den frühen 1970er-Jahren real deutlich an Wert verloren. Insgesamt brach der S&P 500 auf Monatsbasis gerechnet von Ende 1968 bis 1982 real um 62,6 Prozent ein. Das US-Wirtschaftsmagazin *BusinessWeek* titelte in seiner Ausgabe vom 13. August 1979 passend »Der Tod der Aktien – wie die Inflation den Aktienmarkt zerstört«. Ganz besonders schmerzhaft für Aktienanleger: Wie Sie an der gestrichelten Linie erkennen können, haben die Aktienkurse ein Vierteljahrhundert benötigt, um sich von diesem realen Verlust wieder zu erholen!

Die andere große Inflationsphase in der jüngeren Geschichte der USA lag nach dem Zweiten Weltkrieg, vor allem in der zweiten Hälfte des Jahres 1946 schoss die Inflationsrate nach oben. Damals kam es ebenfalls zu einem starken Rückgang. Die inflationsbereinigten Verluste am US-Aktienmarkt in dieser Phase betrugen auf Monatsbasis 42,4 Prozent. Damit lagen sie sogar höher als die Verluste von 26 Prozent bei Sparguthaben, wie zuvor gezeigt. Die meisten der realen Verluste bei Aktien entstanden binnen zweier Jahre, wie der Chart von 1946 bis 1949 zeigt.

S&P 500, inflationsbereinigt, indexiert, 1946 bis 1949

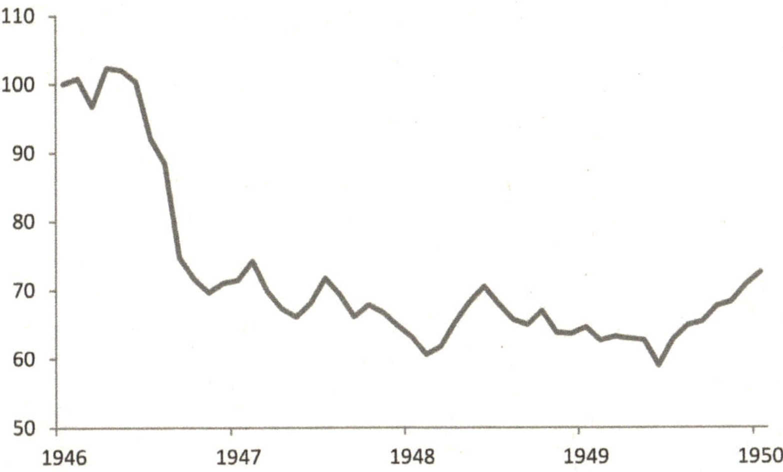

Quelle: Robert Shiller, Standard & Poor's

Doch in beiden vorgenannten Beispielen lag im Vorfeld der Inflationsphasen die Gesamtverschuldung niedriger als 2022, und auch die Überbewertung am Aktienmarkt war geringer. Wie eingangs gezeigt, sind am Ende der Größten Blase aller Zeiten alle US-Aktien relativ zur jährlichen Wirtschaftsleistung im Vergleich zu Anfang der 1980er-Jahre mehr als siebenmal so teuer. Zum Jahreswechsel 2021/2022 kosteten sie weit über 200 Prozent des BIPs, damals etwa 30 Prozent. Das inflationsbereinigte Abwärtspotenzial der US-Aktien liegt in der Spitze also bei über 85 Prozent.

Das ist übrigens auch der Wert, den die deutschen Aktien inflationsbereinigt in der Hyperinflation in Deutschland Anfang der 1920er-Jahre zwischenzeitlich verloren. Damit sind wir beim dritten Beispiel, bei dem die Inflation deutlich größer ausfiel und dann außer Kontrolle geriet. Die Abbildung zeigt den deutschen Aktienindex ab Februar 1920 bis zum Dezember 1923, einen Monat nach dem Ende der Hyperinflation. Den Aktienindex habe ich in US-Dollar umgerechnet, der Dollar war damals goldgedeckt. Dadurch zeigt die Abbildung den Verlauf der deutschen Aktien in harter Währung und damit quasi inflationsbereinigt und nicht in der sich auflösenden Mark.

Deutschland: Aktienindex, in US-Dollar, indexiert, 1920 bis 1924

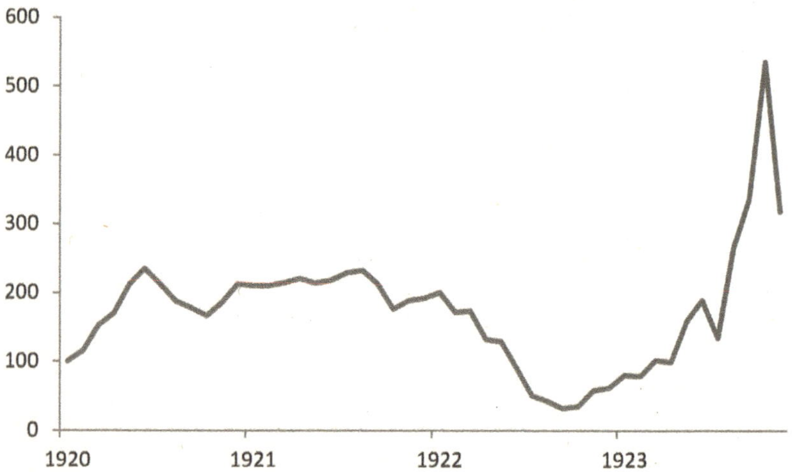

Quellen: Statistisches Reichsamt, eigene Berechnungen

Sie sehen den starken Rückgang von Herbst 1921 bis Oktober 1922, als das Tief der Kurse ausgebildet wurde. Damals betrug die Inflation aber bereits 65 Prozent – pro Monat! Bis dahin fielen die Aktienkurse, obwohl auch da die Inflation bereits sehr hoch war. Aber erst ab diesem extrem hohen Wert von 65 Prozent pro Monat drehten sie dann nach oben. Es ging wegen der Hyperinflation dann nur noch darum, irgendwie irgendetwas vom Geldwert zu retten. Diese Funktion erfüllten die Aktien dann gut und stiegen.

Auch wenn dieses Beispiel der Aktienkurse im hyperinflationären Deutschland der 1920er-Jahre sicher besonders extrem ist, gibt es zusammen mit den beiden anderen Beispielen doch eine Vorstellung vom typischen Verlauf der Aktienkurse in Inflationszeiten. Aktien fallen inflationsbereinigt selbst bei einer starken Inflation und verlieren deutlich an Wert. Erst wenn die Inflation völlig außer Kontrolle gerät, schützen Aktien die Ersparnisse und steigen sogar. In Deutschland begann der Anstieg der Aktien aber erst, als die Inflationsraten über 50 Prozent im Monat betrugen. Davor boten sie kaum Schutz vor Geldentwertung.

Ausgewählte Aktien werden (relativ) steigen

Nun sind nicht alle Aktien gleich. Es gibt Aktien, deren Kurse gerade in einer Inflation typischerweise steigen. Dazu zählt naturgemäß der gesamte Rohstoffbereich, denn gerade die Rohstoffpreise steigen in der Inflation. Rohstoffproduzenten profitieren davon unmittelbar. Gemeint sind hiermit die Produzenten von Energieträgern wie Rohöl, Basis- und Edelmetallen oder Agrarrohstoffen. Viele dieser Werte blieben bis Anfang der 2020er-Jahre relativ zu den Technologiewerten stark zurück. Auch beim Platzen der vorherigen Technologieblase 2000 waren diese Werte im Vorfeld zurückgeblieben. Viele von ihnen holten dann auf.

Immobilien bieten Ihnen nur begrenzten Schutz

Viele Anleger glauben, Immobilien böten einen guten Schutz vor Inflation. Gerade bei einer stärkeren Inflation können Immobilien inflationsbereinigt jedoch deutlich an Wert verlieren. Zwar kann es wegen der Flucht aus den wertloser werdenden Währungen zu Umschichtungen in Immobilien kommen, deren Ausmaß ist aber begrenzt. Insgesamt dominieren die negativen Einflussfaktoren auf den realen Preis. So steigen die Mieten oft nicht mit der Inflationsrate mit, sodass Kapitalanleger verkaufen beziehungsweise nicht mehr nachfragen. Die Mehrzahl der Immobilien wird außerdem unter Zuhilfenahme einer Hypothek gekauft. Mit der Inflation steigen aber auch die Zinsen. Die daraus folgenden höheren Darlehenskosten ermöglichen es immer weniger Käufern, hohe Immobilienpreise zu bezahlen. Es kann sogar zu Notverkäufen kommen, weil Anleger eine Hypothek mit variablem Zins vereinbart hatten und das Darlehen nicht mehr bedienen können. Wegen der Inflation bleibt den Haushalten zudem grundsätzlich weniger vom laufenden Einkommen übrig. Auch deshalb steht weniger Geld für den Immobilienkauf zur Verfügung. Außerdem befinden sich Immobilien in vielen Regionen Deutschlands in einer Blase, wie eingangs gezeigt. Deren Platzen würde die realen Immobilienpreise zusätzlich drücken.

Oft kommt bei Immobilien die Frage nach Sondersteuern oder Zwangsanleihen auf. Immobilien sind für den Staat schwerer zugänglich als Bankguthaben oder festverzinsliche Wertpapiere, und anders als diese – die ja das Gegenstück der Schulden darstellen – trägt deren Enteignung nicht direkt zur Entschuldung bei. Dennoch sind Immobilien dem Risiko ausgesetzt, dass der Staat bei finanziellen Verwerfungen verstärkt zugreift. Ihm sind alle Immobilienbesitzer bekannt, und es gibt genügend von ihnen – der Aufwand lohnt sich also. Deutschland hat im 20. Jahrhundert zweimal auf diese außerordentliche Belastung von Immobilien zurückgegriffen. Zum ersten Mal kam ein Lastenausgleich als Hauszinssteuer oder Gebäudeentschuldungssteuer 1924 nach der Hyperinflation 1923 zur Anwendung. Das zweite Mal wurde 1952 ein Lastenausgleichsgesetz beschlossen. Diese beiden historischen Vorbilder legen nahe, dass im Falle einer starken Inflation erneut Sondersteuern, Zwangsanleihen oder ein Lastenausgleich drohen.

All diese Faktoren lassen also Druck auf den Immobilieneigentümer erwarten. Dies ist auch deshalb gefährlich, da das Immobilieneigentum bei Privatanlegern meist einen großen Teil des Vermögens ausmacht. Anderseits ist die individuelle Lage der Immobilien wie auch die Situation der Eigentümer sehr unterschiedlich. Außerdem gibt es bei einer starken Inflation auch bei den meisten anderen Geldanlagen wie gezeigt Bedrohungen.

Eine Immobilie kann daher in inflationären Zeiten trotz absehbaren inflationsbereinigten Wertverlusts des Gesamtmarkts durchaus Sinn ergeben, beispielsweise wenn sie selbstgenutzt ist oder wenn dadurch die Anlagen gestreut werden. Interessant kann ein Objekt auch sein, wenn es außerhalb einer Blasen-Region liegt, wenn durch eine angemessene Beleihung der inflationsbereinigte Wertverlust kompensiert werden kann und wenn dabei gesichert wird, dass die monatliche Belastung geringgehalten werden kann. Auf jeden Fall drohen mit der Inflation Zinsanstiege bei Hypotheken. Hypotheken mit variablem Zinssatz können sich hier als Falle erweisen und zu erheblichen – oder sogar nicht mehr leistbaren – monatlichen Belastungen führen. Eine Umschuldung auf ein Darlehen mit langfristiger Zinsbindung kann im Niedrigzinsumfeld eine sehr gute Idee sein.

Luxusgüter sind kein Inflationsschutz

Es gibt neben Aktien und Immobilien viele weitere Werte, die in den vergangenen Jahren im Zuge von Mega-Blase und Niedrigzinspolitik stiegen und die sich Anfang der 2020er-Jahre selbst in eine Blase hinein entwickelten. Dazu zählen beispielsweise hochpreisiger Wein, Whisky, Kunstwerke, Uhren, Oldtimer und dergleichen. Viele Anleger investieren auch deshalb in solche Güter, um sich vor Inflation zu schützen. Zwar handelt es sich um Sachwerte. Dennoch drohen deren Preise inflationsbereinigt zu fallen. Sie gehören eben zu den Instrumenten, die in der Blasen-Phase auf hohe Niveaus stiegen. Der Treibsatz für diese Übertreibungen war das übermäßig viele billige Geld, und mit dem inflationären Blasenplatzen und dem Abbau des Kreditvolumens fällt dieser Treibsatz weg. Damit drohen solche Luxusgüter, inflationsbereinigt im Preis zu fallen.

Das vor Augen, können solche Dinge natürlich dennoch etwas für Liebhaber und Sammler sein. Wer beispielsweise einen Weinkeller hat, wird vielleicht jetzt seine Bestände auffrischen wollen. Im Unterschied zum Geldwert verschwindet hier nichts – sofern richtig gelagert und der passende Wein.

Eine stärkere Inflation trifft zuerst die unteren Einkommensschichten, ergreift dann aber schnell auch das Bürgertum und am Ende selbst die Wohlhabenden. Wenn ein Haushalt aber – ob wohlhabend oder nicht – ein real um beispielsweise 20 oder 30 Prozent gekürztes monatliches Einkommen zur Verfügung hat, wird er naturgemäß zuerst auf höherpreisige Güter verzichten, um seine Grundversorgung zu sichern. Luxusgüter bieten auch deshalb inflationsbereinigt keinen Schutz vor Geldentwertung!

Bitcoin, das größte Schneeballsystem aller Zeiten, droht zu platzen

Meine bisherigen Ausführungen lassen erahnen, dass ich den gegenwärtigen Stand des Finanzsystems für fragil und verbesserungswürdig halte – um es zurückhaltend zu formulieren. Verschuldung zur Blasenbildung und zur Staatsfinanzierung führte auf zweifache Weise zu hohem Scheinreichtum, zu realwirtschaftlichen Missständen und zum Risiko erheblicher Verwerfungen der Finanz- und Realwirtschaft. Das hier vorliegende Buch über die Größte Finanzblase aller Zeiten ist eine Beschreibung dieser Fehlentwicklungen, eine Analyse der zugrundeliegenden Mechanismen und damit implizit und explizit von Vorschlägen, wie solche Fehlentwicklungen in Zukunft vermieden werden könnten.[98]

Die Finanzkrise 2008 hat dazu geführt, dass die Anzahl der Kritiker des Finanzsystems schlagartig zunahm. Dabei wurde insbesondere die Rolle der Banken hinterfragt. Protestbewegungen wie »Occupy Wall Street« bekamen großen Zulauf, die eine stärkere Kontrolle des Finanzsektors forderten. Diskussionen zum Geldsystem, die zuvor zu Randerscheinungen verkümmert waren, waren wieder en vogue. Da kam 2009 die sogenannte Kryptowährung »Bitcoin« gerade recht. Sie versprach Bankenunabhängigkeit und Anonymität und somit eine Alternative zum herrschenden krisenanfälligen Finanzsystem.

Bereits in den 1990er-Jahren gab es Verfahren (»Digicash«) und Veranstaltungen zur Finanzkryptographie, und auch der US-Geheim-

98 Wobei fraglich ist, ob dies je gelingt, denn der Mensch und insbesondere der Politiker ist ein Wesen mit Hang zum kurzfristigen Vorteil. Ein Versuch wäre es aber wert.

dienst NSA forschte damals zu kryptographischem Geld.[99] Bitcoins sind in dieser Reihe nicht sonderlich bedeutsam, was den weiterhin nur sehr geringen Umsatz für reale Zahlungsvorgänge angeht, sehr wohl aber in Bezug auf den Wert aller Bitcoins, der in der Spitze im Herbst 2021 bei über 1000 Milliarden Euro lag – allein das sollte stutzig machen in Bezug auf das, was Bitcoins eigentlich sind; doch dazu gleich mehr.

Der Bitcoin selbst ist ein kryptographisch legitimierter Datenbankeintrag in einem dezentralen Buchungssystem. Der pseudonyme Urheber Satoshi Nakamoto nennt das Ziel das Ermöglichen von Online-Zahlungen direkt von einer Partei zur nächsten ohne Beteiligung einer Finanzinstitution.[100] Dieses Ziel hat Bitcoin technologisch erreicht, die realen Umsätze zu Geschäfts- und nicht zu Anlagezwecken sind aber wie erwähnt marginal. Zu den Gründen zählen die hohe Volatilität von Bitcoin und die hohen (variablen) Kosten, die 2021 zwischen etwa 2 und 50 Euro pro Transaktion betrugen und damit deutlich hö-

---

99 Law, Laurie; Sabett, Susan; Solinas, Jerry: »How To Make A Mint: The Cryptography of Anonymous Electronic Cash«, National Security Agency Office of Information Security Research and Technology Cryptology Division, 18. Juni 1996, auf dem CSAIL-Groups-Server des Massachusetts Institute of Technology; http://groups.csail.mit.edu/mac/classes/6.805/articles/money/nsamint/nsamint.htm; auch: American University Law Review 46, Nr. 4 (April 1997): 1131-1162, https://digitalcommons.wcl.american.edu/aulr/vol46/iss4/6.

100 »A purely peer-to-peer version of electronic cash would allow online payments to be sent directly from one party to another without going through a financial institution.« Nakamoto, Satoshi (Pseudonym): »Bitcoin: A Peer-to-Peer Electronic Cash System«, 2008, www.bitcoin.org/bitcoin.pdf; es kann sich bei Nakamoto auch um eine Personengruppe handeln, er schreibt beispielsweise »We propose«.

her lagen als die der (eigentlich veralteten) Kreditkartentechnologie.[101] Für seinen ursprünglich angedachten Zweck ist Bitcoin in der Praxis somit kaum geeignet. Kommen wir zur reinen Wertaufbewahrung.

Viele Anleger halten Bitcoin für eine Art neues Gold, also ein modernes, banken- und staatsunabhängiges, elektronisches, wertstabiles Geld. Die Schöpfung von Bitcoins wird als »Mining« bezeichnet, als ob hier Bergbau von Gold betrieben würde. Bitcoin wird allgemein als »Currency« (Währung) bezeichnet wie der Dollar oder der Euro. Die populäre Darstellung von Bitcoins erfolgt oft in Anlehnung an Gold in goldener Farbe und in Anlehnung an das Dollar-Symbol mit zwei Linien. Das alles sieht vielversprechend aus: dezentral, ohne Bankensystem, modern, ähnlich wie Gold und zugleich wie eine Währung. Doch nur weil das heutige Geldsystem große Schwächen aufweist, muss eine Alternative nicht besser sein; sie kann auch schlechter sein. Doch zuerst stellt sich die Frage: Ist Bitcoin überhaupt Geld?

---

101 Um die Problematik zu umgehen, gibt es nun absurderweise Kreditkarten, die auf Bitcoin lauten, das ja eigentlich ein Zahlungsdienst sein soll. Wie viele echte Transaktionen zu Geschäftszwecken mittels der Bitcointechnologie stattfinden, scheint kaum noch zu interessieren. Für den Mai 2018 wurden gerade einmal 60 Millionen US-Dollar ermittelt (Iannini, Alice: »Cryptocurrencies as speculative bubbles: the case of Bitcoin«, LUISS Guido Carli Bachelor's Degree Thesis A.A. 2017/2018, https://tesi.luiss.it/22929).

Bitcoin, bildhafte Darstellung

Bildnachweis: Mahmader/Shutterstock

Nur weil etwas technisch neu ist, ist es ökonomisch noch längst nichts Neues. Sie kämen wohl kaum auf die Idee, einen beliebigen Fetzen Papier als Geld zu bezeichnen, nur weil es die Technologie des Papiergeldes gibt. Doch was ist Bitcoin ökonomisch? In der jahrtausendealten und sehr umfangreichen Geldgeschichte der Menschheit gab es nur drei Geldarten:

1.) Warengelder wie Silber und Gold. Warengelder haben unabhängig von ihrem Gebrauch als Geld, also als liquider Wertspeicher, immer einen Grundwert. Diesen beziehen sie aus ihrem Nutzen, bei Gold ist das vor allem der als Schmuckmetall. Dadurch, dass sie auch zur Wertaufbewahrung genutzt werden, steigt die Nachfrage und damit liegt ihr Wert über dem Grundwert, der sich aus dem reinen Waren-Nutzen ergibt. Doch der Wert eines Warengeldes kann nicht unter diesen Grundwert fallen, selbst wenn es nicht mehr als Geld verwendet würde.[102]

2.) Kreditgelder wie Euro oder US-Dollar.[103] Die heutigen Währungen sind kreditbasiert. Dabei handelt es sich um nichts anderes als um durch das Bankensystem umlauffähig gemachte Schuldscheine. Im Idealfall sind sie vollständig durch ein Sachpfand, etwa durch eine Immobilie, gedeckt. Dass dies in der Praxis oft nicht der Fall ist und dass Staaten und Zentralbanken auch ohne Realpfand Unmengen an Geldern schaffen, gefährdet zwar den Wert der Währungen – gerade bei der Größten Blase aller Zeiten –, dennoch können Kreditgeldsysteme über Jahrzehnte bestehen, wie die 1948 eingeführte Deutsche Mark zeigt.[104]

3.) Willkürgelder wie die aktuellen Münzen.[105] Diese entstehen durch bloße Deklaration, ohne dass ihnen eine Ware oder ein Kreditgeschäft

---

102 Warengelder sind historisch aus der Bevorzugung von bestimmten Zwischentauschgütern entstanden (»Tauschmittel«). Sie sind Marktgeld.

103 Der im englischen Sprachraum gebräuchliche Begriff »fiat money« ist unbefriedigend, da er nicht zwischen Kreditgeld und Willkürgeld differenziert, die in ihrer ökonomischen Kerneigenschaft unterschiedlich sind. Vom ökonomischen Gehalt her gesehen gibt es drei Geldarten, nicht zwei wie oft geglaubt wird (und schon gar nicht nur eine, und auch nicht mehr als drei), sowie Unterarten und Mischformen.

104 Kreditgeld ist historisch als Nachfolger des Systems zirkulierender Wechsel entstanden. Es ist vom ökonomischen Gehalt her weitgehend Marktgeld, sofern der Staat nicht als Schuldner und damit Partei auftritt (die staatliche Nominale (»Währung«) und die Abwicklung übers (Zentral-)Bankensystem erzeugen ebenfalls eine – wenn auch geringe und weitgehend sinnvolle – Marktferne).

105 Willkürgeld ist historisch zur Staatsfinanzierung (»Münzgewinn«, »Seigniorage«) entstanden. Es ist kein Marktgeld und daher tendenziell Binnengeld. Die Bezeichnung »Willkürgeld« – ich fand keine bessere (vielleicht »Deklarationsgeld«, da der Begriff »Willkür« heute meist negativ besetzt ist?) – aus Schilcher, Rudolf: »Geldfunktionen und Buchgeldschöpfung: ein Beitrag zur Geldtheorie«, Berlin 1958, S. 105. Fehlende Realpfänder bei Kreditgeld machen aus Kreditgeld kein Willkürgeld, sondern eine Unterart des Kreditgeldes (auch wenn sich die ökonomischen Wirkungen angleichen können). Historisch traten Willkürgelder seit der Antike oft in Mischform mit Warengeld auf (wie bis 1974 die silberhaltigen 5-DM-Münzen).

zugrunde liegt. In der Regel bringt der Staat Willkürgelder in Umlauf. Da er seine Ausgaben mit Willkürgeld noch bequemer als per Schuldenaufnahme bezahlen kann, können sich Willkürgeld-Systeme schnell inflationär auflösen – insbesondere mittels (physischer) Druckerpresse bei Hyperinflationen. Sie sind deshalb besonders anfällig. Wenn Willkürgelder wie die aktuellen Münzen nur einen geringen Anteil am Geldumlauf ausmachen, gefährden sie das Finanzsystem hingegen nicht.

Bitcoins sind nichts von alledem. Sie sind kein Warengeld, denn sie haben keinerlei Grundwert, wie es etwa Gold durch seine Funktion vor allem als Schmuckmetall hat. Sie sind damit definitiv kein Warengeld. Sie sind aber auch kein Kreditgeld, es liegt ihnen kein Kredit und schon gar kein mit Realpfand besicherter Kredit zugrunde. Sie haben also keinerlei Bezug zur realen Welt – noch weniger als unsere aufgeblähten und zugrunde gewirtschafteten Währungen!

Doch nicht einmal Willkürgelder können Bitcoins sein, denn Geld ist ein Zwischengut zwischen dem Individuum und der Gesellschaft. Zu seiner Akzeptanz muss die Festlegung eines Willkürgeldes daher übergeordnet (meist durch den Staat) erfolgen; sonst könnte jeder nach Belieben alles zu Geld erklären (und entsprechend gibt es auch bereits tausende Kryptowährungen, die Bitcoin Konkurrenz machen). Bitcoins können also nicht einmal mit der schlechtesten Geldart, dem Willkürgeld, mithalten. Doch was sind sie dann?

Bitcoins beziehen ihren Preis nicht, weil sie Geld sind, sondern von Folgekäufern. Bitcoins und sämtliche andere Kryptowährungen leben nur davon, dass immer neue Anleger gefunden werden. Diese neuen Anleger können nur gewonnen werden, wenn sie an Erträge glauben. Das ist aber das klassische Kennzeichen eines Schneeballsystems. In der Wirtschaftswelt wird dafür der Begriff der »Greater Fool Theory« verwendet. Selbst der Ankauf eines wertlosen Instruments erscheint sinnvoll, wenn davon ausgegangen werden kann, dass sich immer ein noch größerer Dummkopf – ein »Greater Fool« – finden wird, der einem dieses Instrument abkaufen wird.

Dass hinter den Bitcoins auch eine neue Zahlungsmitteltechnologie steckt, gibt den Bitcoins selbst keinen Wert. Allerdings entsteht daraus ebenfalls eine Nachfrage nach Bitcoins, insbesondere um staatliche Schranken zu umgehen.[106] Doch so sehr sich viele Bitcoin-Fans ein staatenunabhängiges Zahlungssystem zum Schutz der Freiheitsrechte wünschen: Daraus resultiert nur ein sehr geringer Teil der Nachfrage nach Bitcoin. Damit lässt sich kein nachhaltiger Wert der Bitcoins begründen, allenfalls ein kleiner Restwert weit unterhalb des aktuellen. Die allermeisten Bitcoin-Käufe erfolgen in der Hoffnung auf höhere Preise.

Bitcoins und die übrigen Kryptowährungen sind also kein Geld, wie viele Anleger annehmen, sondern Spielscheine eines Schneeballsystems.[107] Gekauft werden sie fast ausschließlich in Erwartung höherer Kurse – wie es bei einem Schneeballsystem der Fall ist. Das Versprechen schnellen Reichtums lockt Anleger in diese völlig substanzlosen Investments in der Hoffnung, dass ein späterer Anleger noch mehr zu zahlen bereit ist. Doch in einer endlichen Welt lassen sich nicht unendlich viele neue Anleger finden, weswegen ein derartiges Schneeballsystem von Anfang an dem Untergang geweiht ist.

Allerdings ist es das erfolgreichste Schneeballsystem aller Zeiten. Weltweit kann jeder mit Internetzugang und selbst ohne daran teilhaben – ein derart großes Zielpublikum hat noch kein Schneeballsystem zuvor erfolgreich adressiert. In unserer Ära der finanziellen Mega-Blase wurde es sogar von staatlichen Stellen »geadelt«, indem Finanzprodukte

106 Dies ist bei kriminellen Transaktionen der Fall, aber auch um Kapitalverkehrskontrollen zu umgehen, etwa bei Geldtransfers aus China, oder um die Freiheitsrechte zu wahren, etwa bei der Enthüllungsorganisation WikiLeaks, der die Kreditkartenfirmen auf Anweisung der US-Regierung den Geldhahn zudrehten.

107 Sie sind somit auch keine Währung; der Name »Kryptowährung« hat sich allerdings eingebürgert.

darauf zugelassen wurden – die natürlich auch nur in Erwartung höherer Preise gekauft werden. Die Bundesbank hat sich hingegen kritisch geäußert und dabei ebenfalls auf die Argumentation mit den drei Geldarten zurückgegriffen.[108] Paradoxerweise hat gerade auch der Finanzsektor Milliarden-Beträge für die Entwicklung kryptographischer Buchungsmethoden aufgewendet, die den Finanzsektor ja zumindest teilweise überflüssig machen sollten. Wie erfolgreich das Schneeballsystem ist, sahen Sie bereits anhand des beispiellosen Anstiegs von 137 Millionen Prozent. Die Abbildung zeigt dazu auch den Marktwert aller Kryptowährungen ab 2020.

Marktkapitalisierung aller Kryptowährungen, Billionen US-Dollar, 2020 bis 2022

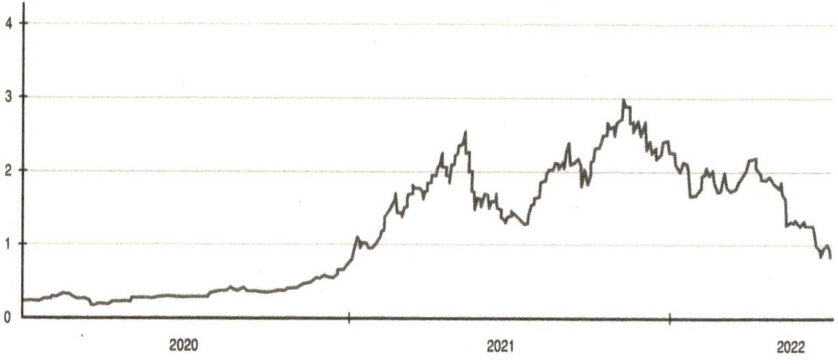

Quelle: Coingecko

Anfang 2016 lag der Marktwert noch bei 7 Milliarden US-Dollar, Anfang 2020 bereits bei 195 Milliarden US-Dollar und in der Spitze der Blase im November 2021 lag er bei über 3 Billionen US-Dollar! Das ist mehr als der Wert aller deutschen Aktien zusammen, hinter denen immerhin eine starke Industrie steckt. Es ist auch mehr als die jährliche

108 Thiele, Carl-Ludwig; Diehl, Martin: »Kryptowährung Bitcoin: Währungswettbewerb oder Spekulationsobjekt: Welche Konsequenzen sind für das aktuelle Geldsystem zu erwarten?« ifo Schnelldienst, 2017, 70, Nr. 22, S. 3-6; www.ifo.de/DocDL/sd-2017-22-thiele-diehl-etal-bitcoin-2017-11-23.pdf.

Wirtschaftsleistung Italiens. Die Blasenbildung war auch durch den niedrigen Zins getrieben, und sie endete mit den steigenden Inflationsraten und den parallel zunehmenden Anstiegsbefürchtungen beim Zins. Dementsprechend reduzierte sich der Marktwert auch ab Herbst 2021 parallel mit den ebenfalls in einer Blase befindlichen Aktienmärkten nach unten und drittelte sich, während Gold stieg.

Bitcoins sind kein zweites Gold! Sie sind kein härteres Geld als die gängigen Währungen, sie sind Spielscheine. Sehr viel tiefere Bitcoin-Preise sind vorgezeichnet, wenn die Größte Blase aller Zeiten weiter platzt!

Rohstoffe sind langfristig zurückgeblieben

Doch kommen wir nach festverzinslichen Wertpapieren, Aktien, Immobilien und Bitcoins zu den Instrumenten, die in inflationäre Phasen steigen. Volkswirtschaftlich die größte Bedeutung haben dabei die Verbrauchsrohstoffe. Steigende Rohstoffpreise dürften für einen anhaltenden Kostendruck bei den Konsumenten sorgen. Rohstoffe stehen am Anfang der Wertschöpfungskette und steigen tendenziell parallel mit der Inflation. Doch 2022 stiegen die Rohstoffpreise nicht nur, weil mehr Geld in Umlauf gerät. Seit der ersten Jahreshälfte erweisen sich die Sanktionen des Westens gegen Rohstoffimporte aus Russland, die Gegenmaßnahmen, die Kriegshandlungen und zunehmender Protektionismus weltweit als zusätzliche Kurstreiber. Rohstoffpreise profitieren ferner von den geringen Investitionen in den 2010er-Jahren.

Im Zuge des exzessiven Ausbaus der Finanzwirtschaft in den vergangenen Jahrzehnten hat sich bei vielen Politikern und anderen Marktbeobachtern die Auffassung durchgesetzt, alle Probleme seien einfach mit mehr Geld zu lösen. Während aber im industriellen

Bereich die Produktion meist kurzfristig ausgeweitet werden kann, ist dies bei Rohstoffen prinzipiell nicht möglich. Rohstoffe zu fördern und zu verarbeiten, erfordert einen hohen Aufwand an Menschen und Material, langjährigen Vorbereitungen und nicht zuletzt Rohstoffen, um diese Anlagen zu fertigen. Wo dies nicht geschehen ist, herrscht ein Mangel – und das womöglich über viele Jahre. Der Mangel drückt sich nicht nur in höheren Preisen aus, sondern bedeutet konkret, dass weniger produziert wird. Das drückt auf das Wirtschaftswachstum und bedeutet in den ärmeren Ländern Hunger. Es bedroht insbesondere die rohstoffverbrauchende Industrie und begünstigt die rohstoffproduzierenden Unternehmen. Die Ölkrisen der 1970er-Jahre bieten einen milden Vorgeschmack auf größeren Rohstoffmangel.

Ein kaum beachteter Aspekt ist nämlich, dass die Rohstoffpreise nur etwa doppelt so hoch wie Anfang der 1980er-Jahre stehen und nur sechsmal höher als 1950. Das ist angesichts des enormen Bevölkerungs- und Wirtschaftswachstums und stetiger Inflation seitdem bei zugleich begrenzter Verfügbarkeit der Rohstoffe wenig. Der Chart zeigt die Entwicklung ab 1935 anhand des BLS-Spot Rohstoffpreisindex, der die Preise von 22 Rohstoffen umfasst.

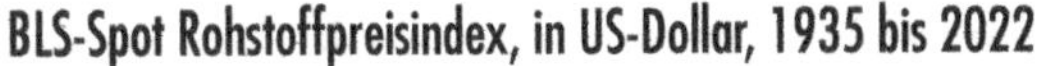

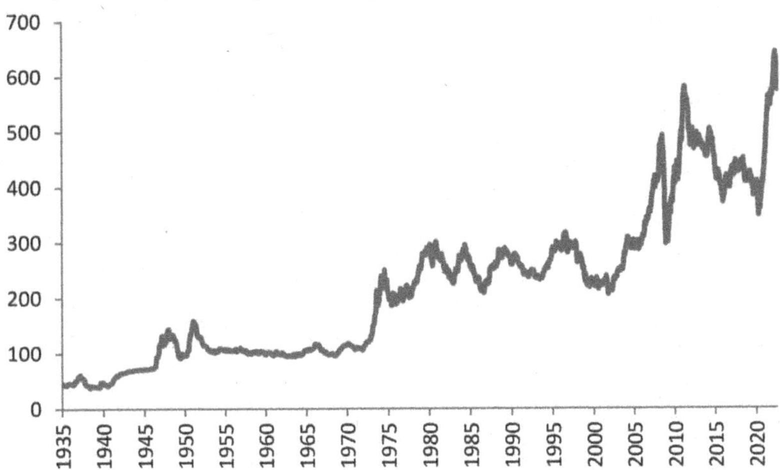

Quellen: BLS, FRASER, FRED, Bridge, CRB, Barchart

Vier Eigenschaften die Gold zu einer eigenen Anlageklasse machen

Eine Anlage ist in einer Inflation besonders aussichtsreich, und sie stieg auch während der letzten größeren Inflationsphase in den 1970er-Jahren ordentlich: Gold. Manche Anleger halten Gold lediglich für einen Rohstoff unter vielen. Dem ist aber nicht so, und das hat Folgen für seine Kursentwicklung in Inflationsphasen. Sehen Sie sich dazu vier wichtige Eigenschaften von Gold an:

1.) Gold ist ein liquides Wertaufbewahrungsmittel. Darin unterscheidet es sich von anderen Sachwerten wie Unternehmen oder Verbrauchsrohstoffen, die ihren Wert aus ihrem Ertrag oder ihrer Funktion beziehen und die nicht so leicht transferiert werden können.

2.) Im Unterschied zu kreditbasierten Währungen gibt es bei Gold keine Gegenpartei, die Konkurs gehen könnte. Es kann seinen Wert nicht durch eine Pleite verlieren, es ist somit gegen Bankenpleiten und Finanzkrisen gewappnet.

3.) Im Unterschied zu kreditbasierten Währungen kann Gold auch nicht durch Banken, Notenbanken oder Staaten beliebig vermehrt werden. Seine Menge ist natürlich begrenzt, es kann nur mit hohem Aufwand und Kosten aus dem Boden geholt werden. Aus dieser Eigenschaft resultiert seine Schutzfunktion gegen Inflation.

4.) Gold ist staatenfrei und staatenübergreifend. Staaten oder Währungsräume wie die Eurozone können verschwinden, Währungen können für wertlos erklärt oder ihr Wert anderweitig eingeschränkt werden. Die meisten Währungen vergangener Zeiten sind auch längst verschwunden. Das Gold einer Goldmünze von vergangenen Staaten früherer Jahrhunderte hat auch heute einen Wert.

Nur Gold, und in geringerem Maße Silber, hat diese Eigenschaften. Gold steht als liquider Sachwert in direkter Konkurrenz zu den kreditbasierten Währungen wie Euro oder US-Dollar, ohne deren negative Eigenschaften in Form des Risikos der Geldentwertung, des Konkurses oder der schlichten Leistungsverweigerung aufzuweisen.

Aufgrund dieser Eigenschaften hat Gold als sogenanntes Warengeld eine mehrtausendjährige Tradition. Daher ist es sehr unwahrscheinlich, dass es seine Wertspeicherfunktion in näherer Zukunft verliert. Gold bildet damit eine eigene Anlageklasse. Diese unterscheidet sich auch von anderen Rohstoffen, deren Wert sich aus ihrem Verbrauchswert ergibt. Als direkte Konkurrenz der kreditbasierten Währungen profitiert Gold gerade dann, wenn diese Probleme haben.

Gold schützt Ersparnisse vor Entwertung

Der Goldkurs profitierte bereits in der Inflationsphase der 1970er-Jahre. Doch der wichtigere Zusammenhang besteht nicht zur Inflation selbst, sondern zum Realzins. Darunter versteht man die auf Sparguthaben gezahlten Zinsen abzüglich der Inflationsrate. Der Zusammenhang zu den Zinsen resultiert dabei daraus, dass Gold unverzinst ist, während bei Währungsanlagen Zins möglich ist. Je höher der Zinssatz auf Spareinlagen, desto unattraktiver wird Gold. Der Zusammenhang zur Inflationsrate resultiert aus der im Unterschied zu den Währungen natürlich begrenzten Menge bei Gold.

Daher gerät Gold tendenziell unter Druck, wenn die Realzinsen hoch sind. Sind sie hingegen niedrig oder negativ, ist das positiv für den Goldpreis. Die Abbildung zeigt diesen Zusammenhang. Oben wird der Goldpreis in logarithmischer Skalierung ab Ende der 1960er-Jahre dargestellt. Unten ist der Realzins für die USA auf Basis der einjährigen Staatsanleihen eingezeichnet. Eingerahmt sind die Phasen mit einem niedrigen oder negativen Realzins.

Goldpreis in US-Dollar je Unze, Realverzinsung in Prozent, 1968 bis 2022

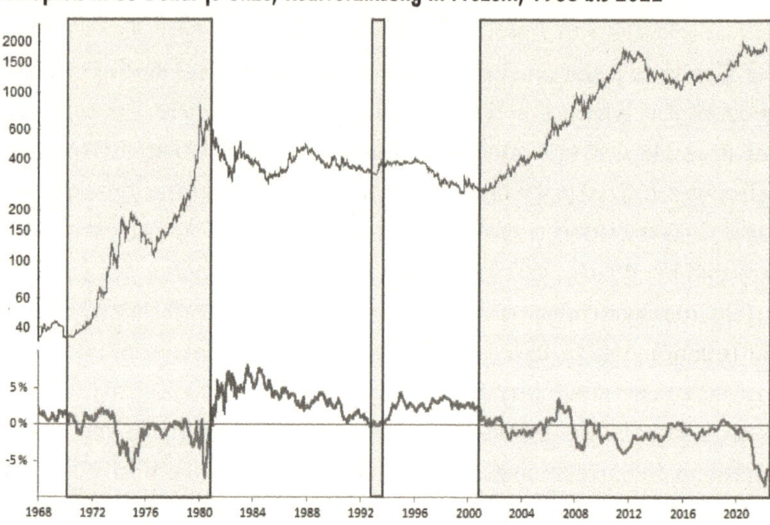

Quelle: FRED, LBMA, eigene Berechnungen

Wie in den eingerahmten Feldern sichtbar, stieg der Goldpreis zweimal über längere Zeit stark an. Zum einen in den 1970er-Jahren, als bei relativ hohen Inflationsraten die Zinsen die Geldentwertung nicht ausglichen. Dann geschah es wieder ab 2001, als im Niedrigzinsumfeld die Sparer ebenfalls schleichend durch Geldentwertung enteignet wurden. In der Mitte ist die Episode 1993, als der Realzins das erste Mal nach über zehn Jahren wieder niedrig stand, der Goldpreis gestiegen war, die FED eine Art Wiederholung der 1970er-Jahre befürchtete, und die westlichen Zentralbanken entschieden hatten, den Goldpreis nicht über 400 US-Dollar je Feinunze steigen zu lassen (es folgte die mehrjährige Seitwärtsbewegung im Goldpreis in der ersten Phase der Goldpreismanipulation).

Zugleich sehen Sie, dass in den 20 Jahren ab Anfang der 1980er-Jahre bis kurz nach der Jahrtausendwende der Goldpreis insgesamt fiel. Anfang der 1980er-Jahre waren die Zinsen hoch und die hohe Inflationsrate begann zu fallen. Sparer und erst recht Anleihehalter konnten sich jahrelang über hohe Zinsen freuen, die zum Teil deutlich über der Inflationsrate lagen. Sie sahen daher keinen Grund, Gold zu kaufen. Insgesamt zeigt die Abbildung deutlich, dass über längere Zeiträume der Realzins den Goldpreis beeinflusst. Wenn die Sparer inflationsbereinigt Wertverluste erleiden, verlassen sie vermehrt die sich auflösenden Währungen und wechseln in den direkten Konkurrenten Gold, dessen Wert nicht durch Inflation gefährdet ist.

Da die Verschuldung der Staaten, Unternehmen und privaten Haushalte in der Endphase der Mega-Blase sehr hoch ist, können die Zentralbanken einen massiven Anstieg der Zinsen auf das Niveau der Inflationsrate nicht zulassen. Die hohe Verschuldung erzwingt, dass Realverzinsung niedrig beziehungsweise negativ ist. Dieses für Gold positive Umfeld dürfte erst dann vollständig zu Ende sein, wenn die weltweite Überschuldung abgebaut sein wird, also wenn die Größte Blase aller Zeiten komplett geplatzt ist.

Gold steigt in starken Inflationen mehr als Rohstoffe

In seiner Funktion als liquider Wertspeicher mit Schutz vor Problemen der Währung, insbesondere bei stärkerer Inflation, unterscheidet sich Gold (und Silber) von den übrigen Rohstoffen. Zwar werden auch Verbrauchsrohstoffe wie Öl oder Kupfer als Reserve gelagert, das Ausmaß der Lagerbestände relativ zur Förderung beziehungsweise zum Verbrauch ist aber weitaus geringer als bei Gold.

Die wenigsten Anleger legen sich Rohöl zu, um ihre Ersparnisse vor Geldentwertung zu schützen. Lagerkosten und Verderbnis stehen solchen Investitionen entgegen. Allenfalls kaufen sie Terminkontrakte, was wegen der ausbleibenden Folgeinvestitionen in das physische

Material deren Preise wiederum nur temporär anhebt. Aus diesem Grund fließen die Mittel, die Schutz vor der Geldentwertung suchen, in stark inflationären Phasen fast ausschließlich in Gold und Silber, aber so gut wie nicht in Verbrauchsrohstoffe. Daher steigen die Preise von Gold und Silber prozentual weitaus stärker als die von Rohstoffen. Deren Preise steigen zwar auch mit der Inflation, aber eben nicht als Wertspeicher.

Die Abbildung zeigt den Unterschied anhand der Inflation der 1970er-Jahre. Die durchgehende Linie weist die Kursentwicklung des Goldpreises von 1970 bis 1980 auf US-Dollar-Basis mit Startwert 100 aus. Die gestrichelte Linie zeigt die Entwicklung des Refinitiv Equal Weight Commodity Index. Dieser Index war früher als CRB-Index bekannt und eine der wichtigsten Messlatten für die Rohstoffpreise am Spotmarkt.[109] Deutlich erkennbar ist die weitaus bessere Performance von Gold in Relation zu den Rohstoffen.

109 Der Index umfasst gleichgewichtet die Kurse von 17 Rohstoffen im nahen Kontrakt ohne Rolladjustierung. Die Kurshistorie reicht bis 1956 zurück, 2021 wurde seine Veröffentlichung eingestellt. Bei anderen Spot-Indices (CRB BLS Commodity Price Index und S&P GSCI Spot Index) ergeben sich für die 1970er-Jahre ähnliche Kursanstiege.

Gold, Refinitiv Equal Weight Commodity-Index (»alter CRB«), indexiert, 1970 bis 1981

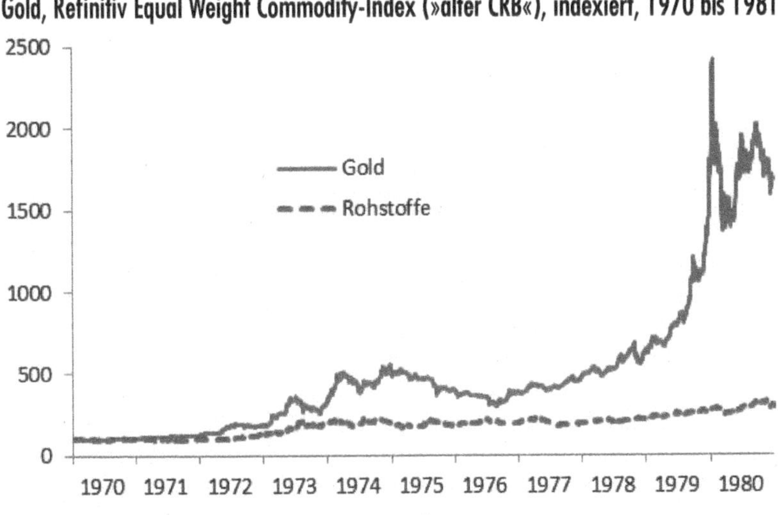

Quellen: Refinitiv, Bridge, CRB, LBMA

Der Goldpreis ist massiv zurückgeblieben

Doch wie ist die Goldpreisentwicklung in Inflationsphasen im Detail? Seit 1970 gab es in den USA drei größere Inflationsanstiege. Der Erste begann im August 1972 und endete nach gut zwei Jahren im November 1974. Die Inflationsrate stieg dabei von 2,9 auf 12,2 Prozent beziehungsweise um 9,3 Prozentpunkte. Die zweite Phase dauerte vom Dezember 1976 bis zum März 1980. In ihr stieg die Inflationsrate von 5,0 auf 14,6 Prozent beziehungsweise um 9,6 Prozentpunkte. Die jüngste Inflations-Episode begann im Mai 2020 und endete (bisher) im Juni 2022. Die Inflationsrate stieg in der aktuellen Phase von 0,2 auf 9,1 Prozent beziehungsweise um 8,9 Prozentpunkte. Die drei Inflationsperioden waren somit vom Ausmaß her ähnlich groß.

Doch wie verhielt sich der Goldpreis? In der ersten Phase 1972/1974 stieg er von 65,5 auf 181,9 US-Dollar je Feinunze oder um 177,7 Prozent, in der zweiten 1976/1980 von 131,5 auf 497,5 US-Dollar je Feinunze beziehungsweise um 278,3 Prozent. In der jüngsten 2020/2022 Inflationsepisode fiel er hingegen, und zwar von 1710,45 auf 1706,15 US-Dollar je Feinunze oder um 0,3 Prozent![110]

Goldpreisanstiege in großen Inflationsphasen, indexiert, Zeitspannen angeglichen

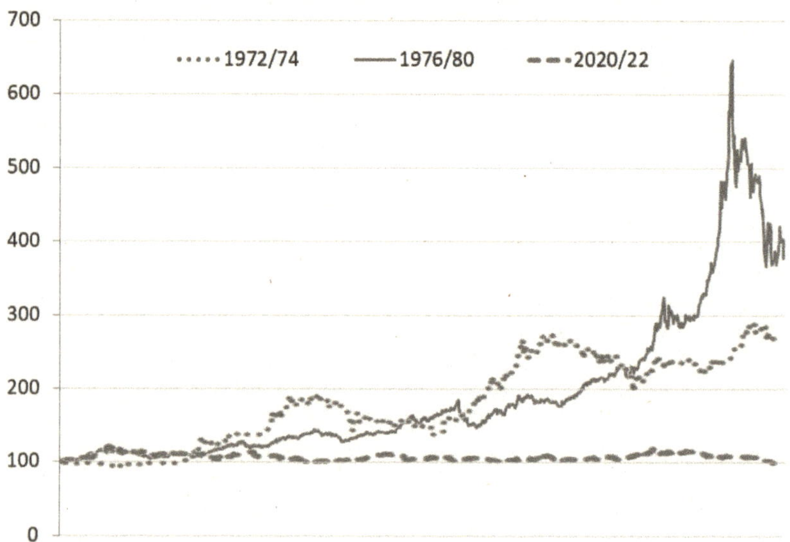

Quelle: LBMA

Der Goldpreis entwickelte sich in den 1970er-Jahren also erwartungsgemäß und reagierte mit starken Kurssteigerungen auf die rasche Geldentwertung. In der Inflation 2020/22 zögerten die Anleger, hingegen, ihr Geld vor der Geldentwertung in Sicherheit zu bringen.

110 Die Inflationsraten wurden jeweils Mitte des Folgemonats angesetzt, also in etwa zu dem Zeitpunkt, als sie veröffentlicht und somit Anlegern bekannt wurden. Festgelegt wurden die Inflationsphasen jeweils vom temporären Minimum zum Maximum.

Einer der Gründe sind erneute Goldpreisinterventionen.[111] Sie sollen anscheinend wie zu Beginn der Drückungen 1993 die Inflationserwartung senken. Verkäufe vor allem über den Terminmarkt sorgen für niedrigere Goldkurse, schrecken so Anleger von Investitionen in Gold ab, reduzieren damit die reale Nachfrage nach dem Edelmetall und erzielen so niedrigere Kurse.[112] Ein solcherart gedrücktes Kursniveau kann viele Monate lang Bestand haben, aber nicht dauerhaft, wie die Verachtfachung des Goldpreises zwischen 2002 und 2011 trotz Drückungen zeigt. Für Anleger bedeuten die im historischen Vergleich durch Goldinterventionen massiv zurückgebliebenen Goldkurse günstigere Einstiegskurse und ein besseres Chance/Risiko-Verhältnis.

Zentralbanken dürften den Goldanstieg verlängern

Doch während die US-Finanzinstitutionen immer noch gegen einen steigenden Goldpreis vorgehen, orientieren sich andere Zentralbanken zunehmend um. Viele Jahrhunderte lang bestanden die Reserven von Staaten ganz überwiegend aus Gold. Gold konnte als das einzige staatenfreie liquide Wertaufbewahrungsmittel perfekt für den Ausgleich beim Handel zwischen Staaten und als Notreserve dienen. Zudem war

111 Eine massive Manipulations-Episode fand am 9. August 2021 statt und damit in einer Zeit, als die Inflationsraten weit über den Erwartungen zu liegen begannen. Im frühen Handel in Australien wurden in ein schwaches Volumen Gold-Terminkontrakte im Volumen von 4 Milliarden US-Dollar verkauft. Kein erfahrener Händler würde eine so große Position auf einen Schlag in den dünnen Markt geben, da er schlechte Ausführungskurse bekäme. Wer aber den Kurs manipulieren möchte, handelt so. Daher fielen die Kurse, anstatt angesichts der hohen Inflation zu steigen.

112 Diese Manipulationsmethode funktioniert nur im Anlagekontext und nicht bei Verbrauchsrohstoffen, da nur Anleger, nicht Verbraucher, durch fallende Kurse abgeschreckt werden können.

es nicht von Inflation, Bankrott und Bruch von Zahlungsversprechen bedroht. Das änderte sich in der zweiten Hälfte des vergangenen Jahrhunderts.

Der Chart zeigt den Anteil des Goldes an den Reserven für die weltweiten Zentralbanken ab 1880. Bis zum Zweiten Weltkrieg lag dieser in der Nähe von etwa 90 Prozent, der Rest bestand überwiegend aus Britischen Pfund, die als »so gut wie Gold« galten. Dann übernahmen die USA machtpolitisch die Rolle des britischen Imperiums. Der Anteil des Goldes an den Reserven sank. Immer mehr ausländische Zentralbanken akzeptierten anstelle von Gold Fremdwährungen, insbesondere in Form von US-Schuldverschreibungen. Zu den Gründen gehörten wie besprochen Dollarstandard und Petrodollar. Aktuell liegt der Goldanteil bei nur noch etwa 14 Prozent. Der Rest sind Devisenreserven, das meiste (knapp zwei Drittel) davon in US-Dollar. Silber spielt nur noch eine Marginalrolle, die Bedeutung von Aktien hat zugenommen, ist aber insgesamt noch gering.

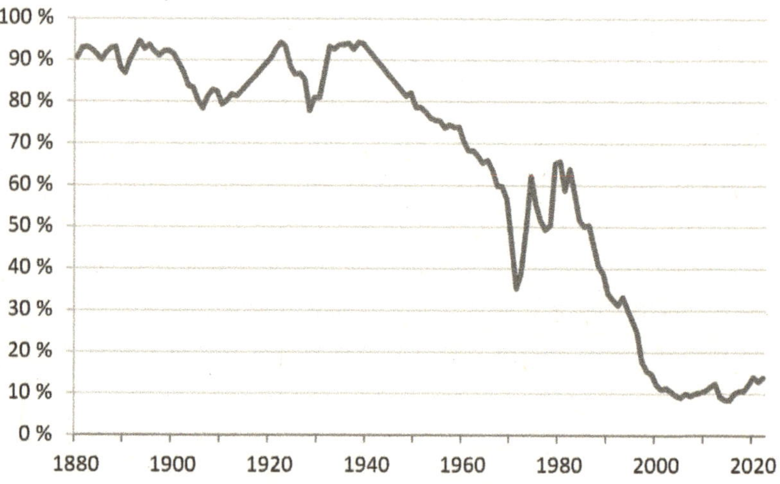

Quellen: Peter Lindert, Datastream, WGC, eigene Schätzungen

Wie könnte sich die Rolle des Goldes im Kontext des Platzens der Größten Blase aller Zeiten entwickeln? Wie kein anderer Anleger muss eine Zentralbank auf die Liquidität ihrer Anlagen achten, sodass vor allen Dingen Währungen und eben Gold in Frage kommen. Verlieren nun die Anlagen in den Währungen im Zuge des inflationären Blasenplatzens durch Inflation an Wert, werden immer mehr Zentralbanken auf Gold umschwenken. Hierbei ist natürlich insbesondere die Frage, inwieweit und vor allem wie lange die USA, die die wichtigste Währungsreserve stellen, ihre Währung stabil halten können und wollen. Sie profitieren als großer Schuldner von der Inflation, da Ausländer den größten Schaden haben, werden dann aber ihr laufendes Defizit ausgleichen müssen.

Dieser Prozess der Umschichtungen in Gold durch ausländische Zentralbanken wird dann noch verstärkt werden, wenn Gold im Unterschied zu den Währungen an Wert gewinnt. Gold wird für die Zentralbanken zur profitablen Anlage und weitere Gelder anziehen. In diesem Fall kann der Goldmarkt außerdem höhere Volumina aufnehmen. Zwar ist der Goldmarkt hochliquide, einige Zentralbanken verwalten aber sehr große Summen. Wenn der Preis von Gold deutlich höher steht, wird es für große Zentralbanken als Anlageziel aufnahmefähiger.

Auch ein politischer Grund spricht neuerdings für Gold im Zentralbankbereich. Die USA und weitere westliche Staaten haben 2022 Devisenreserven eingefroren (im Falle Russlands) und sogar beschlagnahmt (im Falle Afghanistans). Eine Devisenreserve muss aber politisch neutral, rechtlich sicher und absolut unantastbar sein. Andernfalls würden sich Länder erpressbar machen und ein Verlustrisiko eingehen. Wenn wegen eines Krieges Reserven eingefroren werden, dann können sie es auch wegen Menschenrechtsverletzungen, Handelsstreitigkeiten oder aus irgendwelchen anderen Gründen. Dieses Risiko können Länder nur minimieren, wenn sie ihre Devisenreserven abbauen. Streuen hilft nur begrenzt, wie das Beispiel Russlands zeigt. Das betrifft nicht nur den US-Dollar, sondern auch andere Währungen, wie den Euro, bei denen ebenfalls Zahlungsversprechen gebrochen wurden. Der langfristige Schaden durch diese Einfrierungen kann gar nicht hoch genug eingeschätzt werden. Schließlich erschweren sie auch jede Währungs-Alternative zum US-Dollar. Davon profitiert Gold. Es ist die einzige Reserve, die vor Einfrierung und Konfiszierung sicher ist. Daher war Gold neben Silber ja auch über Jahrhunderte und Jahrtausende »eiserne« Staatsreserve – wir gehen anscheinend wieder in diese Richtung.

All diese Gründe favorisieren Gold bei der Reservehaltung der Zentralbanken. Die historische Sondersituation des ungedeckten Dollarstandards ist dabei wohl so schnell kaum wiederholbar. Zu den Voraussetzungen gehörten schließlich die völlige wirtschaftliche Dominanz, eine gewisse Währungsstabilität und eine hohe rechtliche Zuverlässigkeit. Diese drei Punkte sind alle beim US-Dollar nicht mehr gegeben. Eine andere Währung ist nicht in Sicht, die diese Punkte erfüllen kann. Ein Korb aus verschiedenen Währungen kommt aus praktikablen Gründen etwa beim Außenhandel sicher in Frage, ein weiterer klarer Nutznießer ist aber Gold. Ein Prozess der Umschichtung im Zentralbankbereich dauert allerdings viele Jahre. Er bietet dem Goldpreisanstieg dafür langfristig eine nachhaltige Stütze, der kaum ein Anleger Beachtung schenkt.

Silber neigt zur Outperformance gegenüber Gold

Bereits Gold entwickelt sich in stark inflationären Phasen gut. Doch es kann tendenziell noch von Silber geschlagen werden. Zwar ist Silber im Unterschied zu Gold mittlerweile überwiegend ein Verbrauchsrohstoff und kein Anlagemetall. Silber kann aber zu Anlagezwecken erworben werden, und dann gelten diesbezüglich die Gesetzmäßigkeiten für Anlagegüter.

Der Chart zeigt das Gold/Silber-Verhältnis. Ein Wert von 100 beispielsweise bedeutet, dass Gold pro Gewichtseinheit hundertfach teurer ist als Silber. Steigt die Linie, steigt Gold prozentual relativ zu Silber stärker; fällt sie, ist es umgekehrt und Silber steigt prozentual stärker relativ zu Gold.

Gold/Silber-Verhältnis

Quelle: LBMA, eigene Berechnungen

Im Zuge der Coronakrise stieg das Verhältnis im März 2020 kurzfristig auf etwa 125. Nach diesen Irritationen lag es zwischen 60 und 90. Das Gold/Silber-Verhältnis fiel 1979/1980 bis auf 15, und 2011 auf etwa 30. Beide Zeitpunkte markierten Höchststände von Edelmetallhaussen. 2006 stellte sich eine ähnliche Entwicklung bei einem kleineren Kursschub ein. Wieso neigt Silber zu einem prozentual stärkeren Anstieg als Gold, wenn sich eine Hausse am Edelmetallmarkt einstellt?

Hintergrund dieser Entwicklung des Gold/Silber-Verhältnisses ist der weit höhere oberirdische Lagerbestand an Gold relativ zum Jahresverbrauch im Vergleich zu dem bei Silber. Da mehr Gold in Tresoren vorrätig ist, kommt bei Anstiegen auch von dort etwas auf den Markt. Die zusätzliche Nachfrage der Edelmetallinvestoren kann bei Silber weniger aus dem Bestand befriedigt werden als bei Gold. Das führt dazu, dass in Edelmetallhaussen Silber prozentual meist stärker steigt als Gold.

Der Edelmetallkauf birgt Risiken

Auch wenn Gold selbst solide ist, gilt dies nicht für alle Menschen, die damit zu tun haben. Wiederholt kam es vor, dass Gold angeblich im Namen von Kunden gelagert wird, dann aber nicht vorhanden war. Auch gibt es weit überteuerte Goldverkäufe in Form von Medaillen. Kaufen Sie daher physische Ware bei vertrauenswürdigen Händlern! Bevorzugen Sie gängige Anlagemünzen mit einer Unze Gewicht wie Krügerrand oder Maple Leaf, Känguru oder Philharmoniker. Bei ihnen ist die Spanne zwischen An- und Verkauf kaum höher als selbst bei den größten für Privatanleger gängigen Barren. Der spätere Verkauf dürfte aber auch in Krisenzeiten recht gut möglich sein. Bewahren Sie die Kaufquittung gut auf, damit Sie gegebenenfalls den Kaufzeitpunkt nachweisen können, denn Kursgewinne unterliegen in Deutschland für Privatpersonen beim Verkauf nach mehr als einem Jahr nicht der Steuer. Zum 1.1.2020 wurden anonyme Goldkäufe unter dem Vorwand der Geldwäsche- und Terrorismusbekämpfung durch die Herabsetzung der Grenze auf gerade einmal 2000 Euro deutlich erschwert.[113] Lagern Sie Ihr Gold sicher! Nichts wäre fataler, als wenn gewiefte Diebe es Ihnen wegnähmen.

Bei Silber ist die Anlage komplizierter. Zwar können Silbermünzen vom Edelmetallhändler als »differenzbesteuert« erworben werden, was einen Teil des Umsatzsteueraufschlags erspart.[114] Dennoch ist die Spanne zwischen An- und Verkauf mitunter sehr hoch, sodass nur ein sehr langfristiger Anlagehorizont in physischen Münzen Sinn ergibt. Zollfreilager in der Schweiz bieten eine Alternative, sind aber mit Kosten verbunden. Achten Sie in diesem Fall auf die Seriosität des Anbieters und darauf, dass die eingelagerten Edelmetallbestände versichert sind.

Droht ein Goldverbot?

Oft kommt die Frage nach einem Goldverbot auf. Niemand kann ein Goldverbot ausschließen, aber ist eines aus heutiger Sicht wahrscheinlich? Viele Anleger fürchten sich davor, dass es erneut zu einem Goldverbot kommen kann, da es in den USA 1933 dazu kam. Die USA waren schließlich demokratisch und rechtsstaatlich verfasst. Allerdings war die damalige Ausgangssituation eine völlig andere: Es herrschte ein Goldstandard, und es drohte in der deflationären Weltwirtschaftskrise ein Banken-Run. Da nicht genug Gold vorhanden gewesen wäre,

113 Auf mehrfache Rückfrage konnte mir das Bundesfinanzministerium keine Antwort auf die Frage geben, wie denn durch den Kauf von Gold Geldwäsche betrieben werden kann. Selbst wenn dies möglich wäre, dürfte der Aufwand in keiner sinnvollen Relation zum Nutzen stehen. Zudem wird hier erheblich in die Rechte der Bürger und wirtschaftlichen Interessen der Handelsunternehmen eingegriffen.

114 Zum Zeitpunkt der Anhebung der Umsatzsteuer auf Silbermünzen auf EU-Druck im Jahr 2014 war das Bundesfinanzministerium getreu seiner jahrzehntelangen Tradition noch edelmetallfreundlich eingestellt.

wenn alle Bankkunden Gold gefordert hätten, wären Bankpleiten die Folge gewesen. Der damalige US-Präsident Franklin D. Roosevelt entschied sich deshalb für das Goldverbot.

Heute treffen Gründe, die mit dem Goldstandard zusammenhängen, nicht mehr zu, da wir keinen mehr haben. Aus anderen Gründen aber wäre ein Goldverbot natürlich weiterhin denkbar. Bereits das erste ungedeckte Papiergeld der Geschichte im alten China wurde von einem Goldverbot begleitet – um 1400 löste sich dort übrigens dieses Papiergeld wertlos auf, und für Jahrhunderte konnte sich Papiergeld nicht wieder durchsetzen. Bei einer starken Inflation könnte es auch künftig zu Goldverboten kommen, sei es aus ideologischen Gründen, oder um das schlechte Geld durch Ausschaltung eines attraktiven Wettbewerbs besser erscheinen zu lassen. Dem steht aber entgegen, dass Gold als harte Parallelwährung in einer starken Inflation der Volkswirtschaft Vorteile böte. Außerdem hat Gold auch insgesamt eine viel geringere monetäre Bedeutung als in der Vergangenheit, das staatliche Interesse dürfte daher geringer sein. Zudem wäre ein Goldverbot wohl kaum international durchsetzbar, und auch seine nationale Umsetzung wäre in der Praxis fraglich. Ein Land, das es dennoch täte, gäbe sich eine enorme Blöße. Aber dennoch können sich Politiker für ein Goldverbot entscheiden. Jeder Goldbesitzer sollte das im Hinterkopf behalten und gegebenenfalls Vorkehrungen treffen, ohne aus den Augen zu verlieren, dass es gerade in Krisenzeiten auf den unmittelbaren Zugriff auf das Gold ankommen kann.

Vergangene Inflationen bieten Anlegern Orientierung

Es zeichnen sich also Rohstoffe, Edelmetalle und die zugehörigen Aktien als Profiteure eines inflationären Platzens der Größten Blase aller Zeiten ab. Doch wie war es in der Vergangenheit? Zwar gab es in den USA seit langem keine so starke Inflation wie die, die beim inflationären Platzen der Größten Blase aller Zeiten droht. Dennoch gab es inflationäre Phasen und Studien,[115] die die Gewinner und Verlierer im inflationären Umfeld untersuchten. Das ermöglicht es Anlegern, sich empirisch untermauert auf das kommende inflationäre Umfeld einzustellen. Das Balkendiagramm zeigt Ihnen dazu die aufs Jahr gerechneten inflationsbereinigten Renditen von verschiedenen Anlagen in Phasen mit Inflationsraten oberhalb von 5 Prozent in den USA ermittelt über hundert Jahre in den USA. In Grau sind Rohstoffe abgebildet, in Schwarz Aktien, vertikal gestrichelt Gold, schräg gestrichelt festverzinsliche Wertpapiere und gepunktet Immobilien.

115 Neville, Henry; Draaisma, Teun; Funnell, Ben; Harvey, Campbell; van Hemert, Otto in Zusammenarbeit mit dem britischen Vermögensverwalter Man Group: »The Best Strategies for Inflationary Times«, The Journal of Portfolio Management, August 2021, https://eprints.pm-research.com/17511/58502/index.html?77409.

Inflationsbereinigte Renditen im Inflationsumfeld, annualisiert, USA, 1920 bis 2020

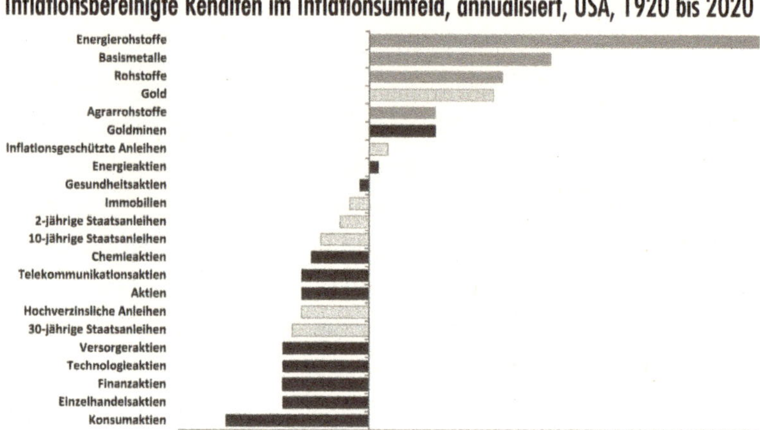

Quellen: Man Group; Neville, Draaisma, Funnell, Harvey, van Hemer

Sie erkennen sofort, dass Rohstoffe und Gold mit Abstand am besten abschnitten. Aktien, Anleihen und auch Immobilien brachten Anlegern hingegen Verluste. Lediglich Energieaktien und inflationsgeschützte Anleihen konnten Gewinne erzielen. Wohlgemerkt handelt es sich um Inflationsphasen der vergangenen hundert Jahre, die eher verhalten waren und beim Platzen der Größten Blase aller Zeiten deutlich überboten werden können. Dementsprechend drohen beispielsweise bei Anleihen oder Aktien größere Verluste.

Die Studie berücksichtigt zudem den Zeitraum ab 1920, der Goldpreis war aber bis 1971 fixiert und wurde dazwischen nur einmal (Anfang 1934) aufgewertet. Das Potenzial für Gold bei Inflationen wird so gesehen zu gering ausgewiesen. Hinzu kommt, dass die Inflation beim Platzen der Größten Blase aller Zeiten stärker ausfallen dürfte, was speziell die Kursaussichten von Gold als liquides Anlagemetall weiter erhöht.

Das Leben aller Bürger wird erschwert!

Währungszerrüttungen, wie es sie extrem in Deutschland Anfang der 1920er-Jahre gab oder in Osteuropa Anfang der 1990er-Jahre, drohen angesichts des inflationären Platzens der Größten Blase aller Zeiten im gesamten Westen und vielen weiteren Teilen der Welt. Die Probleme, die hierbei im Alltag auftreten könnten, sind erheblich. Bei einer Währungszerrüttung fehlen die Kalkulationsbasis und das zuverlässige Medium für Wirtschaftstransaktionen, im Falle des inflationären Platzens der Größten Blase aller Zeiten ist auch der internationale Warenaustausch gefährdet. Damit drohen echte Mängel. Das monatliche Real-Einkommen kann parallel durch die Inflation deutlich geringer werden, auch das Pensions- und Sozialsystem wird geschwächt.

Wer frühzeitig Vorkehrungen trifft, kann den Schaden reduzieren. Wer beispielsweise Dinge, die er sowieso benötigen wird, bereits jetzt anschafft, muss sich künftig nicht darum kümmern. Wer sich überlegt, was er oder seine Familie in den kommenden Monaten und Jahren benötigen wird, findet vielleicht eine nötige Anschaffung, die er vorziehen kann. Besser jetzt dafür Ersparnisse auflösen oder auf irgendetwas Luxuriöses verzichten, als künftig diese nötige Anschaffung nicht durchführen zu können.

Bei Währungszerrüttungen kann die Grundversorgung für Wochen oder gar Monate stark eingeschränkt sein, eine Politik der Sanktionen vergrößert die Gefahren. Vorbereitung kann den Schaden abmindern und sollte im persönlichen und allgemeinen Interesse auch erfolgen. Wer Vorräte der regelmäßig benötigten Dinge für einige Monate vorrätig hat anstelle für einige Wochen wie normalerweise sinnvoll, kann diesen Zeiten entspannter entgegenblicken. Für die Anschaffung muss niemand in Panik geraten, sie kann auch sukzessive und überlegt geschehen. Niemand muss Sachen erwerben, die er dann wegwirft. Es ist sinnvoll, die Vorratshaltung wie in früheren Zeiten üblich auszuweiten.

Das Gold-Basisinvestment in Form von Standardmünzen sollte sicher gelagert werden. Ein Teil sollte im Notfall schnell zugänglich sein. Bargeld in kleinen Scheinen hilft bei Bankenkrisen, ist aber im Falle einer stärkeren Inflation dem schnellen Wertverfall preisgegeben. Silbermünzen können hier Abhilfe schaffen, weisen aber mittlerweile wie erwähnt leider oft eine hohe Spanne zwischen An- und Verkauf auf. Diese Vorbereitungen können im Krisenfall das Leben erheblich erleichtern. Es gibt keinen Grund zur Panik, aber Anlass für Vorbereitungen und aufmerksames Beobachten der Lage.

Der Prozess des Platzens der Größten Blase aller Zeiten wird gemessen an früheren Zerrüttungen des Finanzsystems eher ein langjähriger sein. Die Bedrohungslage kann somit auf Jahre bestehen, bis die Überschuldung durch die Inflation stark zurückgekommen ist und das Finanzsystem sich stabilisiert hat. Die Hauptbedrohung ist dabei die finanzielle Belastung, die für einzelne Bürger und Familien erheblich werden kann.

Die Realeinkommen sind gefährdet

Die Einkommen der Arbeitnehmer sind durch die schwindende Kaufkraft gefährdet. Es ist legitim, einen angemessen höheren Lohn zu fordern! Die Arbeitnehmer haben die Inflation nicht zu verantworten. Die Inflation entstammt auch keiner mysteriösen Lohn-Preis-Spirale. Warum sollten die Arbeitnehmer akzeptieren, dass ihr Anteil am Gesamteinkommen durch die Inflation sinkt? Wenn andere Sektoren – meistens der Staat – ihren Anteil durch die Inflation ausweiten anstatt gegenzusteuern, steht den Arbeitnehmern selbstverständlich zu, hier einen Ausgleich einzufordern. Lediglich wenn etwas zusätzlich ins

Ausland fließt – durch höhere Importpreise etwa bei Energieträgern –, muss es bei allen nationalen Wirtschaftssektoren zu Abstrichen kommen, wenn die Relationen gewahrt bleiben sollen.

Inflation erhöht die Einkommenssteuer

Außerdem muss die Politik in Deutschland angesichts der Inflation beim progressiven Steuersatz tätig werden, wenn sie nicht ihre demokratische Legitimation verlieren will. Beim progressiven Steuersatz erhöht sich die Einkommenssteuer, je mehr man verdient. Eine 10-prozentige Lohnerhöhung reicht daher nicht aus, 10 Prozent Inflation auszugleichen! Ansonsten erhöht der öffentliche Sektor durch die »kalte Progression« seinen Anteil am Gesamteinkommen. Das System des festen progressiven Steuersatzes ist daher nur legitim bei absoluter Preisstabilität, also bei 0 Prozent Inflation.[116] Je höher die Inflation ist und je länger sie besteht, desto mehr wird der demokratische Souverän, das Volk, hintergangen. Schließlich wurde die durch die Inflation real bewirkte Steuererhöhung nicht explizit vom Parlament beschlossen, sondern indirekt und intransparent durch die Geldentwertung eingeführt.

Stellen Sie sich auf eine radikale Wende von Wirtschaft, Gesellschaft und Politik ein!

Das inflationäre Platzen der Größten Blase aller Zeiten wird kein »Zuckerschlecken«. Es wird für Westeuropa die größte Wende in Wirtschaft, Gesellschaft und Politik seit dem Zweiten Weltkrieg. Es wird

116 Eine automatische Anpassung würde denselben Zweck erfüllen, ist aber die zweitbeste Lösung.

keine kurze vorübergehende Krise wie die Finanzkrise 2008 und es wird auch keine relativ moderate Inflation wie die der 1970er-Jahre. Hohe Inflationsraten erzeugen eine völlig andere Welt, als wir gewohnt sind. Stellen Sie sich darauf ein, auch geistig!

Das Platzen der Größten Blase aller Zeiten politisch so zu managen, ohne dass es zu schweren wirtschaftlichen, gesellschaftlichen und politischen Verwerfungen kommt, wäre bereits eine Mammut-Aufgabe. In den vergangenen Jahren häuften sich aber Handelskriege und Sanktionen. 2022 kam es nach dem Einmarsch der russischen Armee in die Ukraine zu umfangreichen Sanktionen mit gravierenden wirtschaftlichen Folgen wie sehr hohen Energiepreisen in Europa und einem hohen Handelsbilanzdefizit der EU. In den 1930er-Jahren nach dem Platzen der 1920er-Blase hat die Politik durch Handelskriege, die am Ende allen schadeten, die Lage dramatisch verschärft. Kurzsichtige Politik, die die mittel- und langfristigen Folgen ihrer Entscheidungen kaum abzuschätzen vermag, droht auch heute. Es ist daher fraglich, ob die Politik den Schaden minimiert – oder am Ende nicht sogar vergrößert. Sorgen Sie daher selbst vor!

Das inflationäre Platzen der Größten Blase aller Zeiten hat begonnen!

Das Weltfinanzsystem befindet sich in einer dramatischen Lage. Über Jahrzehnte wurde ein riesiger Schuldenberg aufgebaut, dem ein gleich hoher Berg an finanziellen Forderungen gegenübersteht. Dieser Guthabenberg sorgte bisher für extrem hohe Preise an den Aktien- und Immobilienmärkten. Die Größte Blase aller Zeiten war entstanden.

Doch Guthaben können auf Dauer nur durch ausreichend hohe Zinsen davon abgehalten werden, in Umlauf zu geraten. Bei hohen Inflationsraten müssten somit die Zinsen auf ein ähnlich hohes Niveau steigen. Das aber würde wegen des hohen Schuldenstands wiederum die Schuldner ruinieren und eine schwere Wirtschaftskrise auslösen. Wenn dies jedoch nicht geschieht, hebt die Auflösung von Guthaben die Verbraucherpreise an. Aus diesem Dilemma gibt es keinen krisenfreien Ausweg. Meistens entscheidet sich die Politik heutzutage für den inflationären Weg.

Somit hat der Schuldenberg die Basis für eine Situation geschaffen, aus der sich das Finanzsystem wahrscheinlich zu befreien versucht, es aber nicht krisenfrei vermag. Zentralbanken und Regierungen dürften zur Bekämpfung der wirtschaftlichen Folgen aus allen Rohren mit viel frisch gedrucktem Geld feuern, parallel wird sich eine Flut an Ersparnissen auf die Konsumgütermärkte ergießen. Dadurch entsteht ein inflationärer Flächenbrand, der selbst weitere Gelddruckaktionen und Fluchtbewegungen aus Ersparnissen hervorruft.

Nichts kann das Platzen der Größten Blase aller Zeiten aufhalten, sie ist schlicht zu groß geworden. Ein regulärer, schrittweiser Abbau wäre andernfalls bereits nach der Finanzkrise 2008 erfolgt. Das Platzen kann nur verzögert werden. Es droht eine Krise, die alles in den Schatten stellt, was es in Westeuropa nach 1945 gab. Sie wird die Geldanlage, die Wirtschaft, die Gesellschaft und die Politik umfassen und umkrempeln. Das ist ein völlig neues Umfeld für Wirtschaft und Gesellschaft, das sich die meisten Anleger und Bürger heute noch nicht vorstellen können. Ein Trost für viele, aber nicht für alle: Wir fallen vom hohen Niveau. Politische Fehlentscheidungen können den Schaden allerdings vergrößern.

Bei dieser Krise werden viele Anleger größere Teile ihrer Ersparnisse verlieren. Auch das Alltagsleben kann bei hohen Inflationsraten schwer werden. Das Platzen der Größten Blase aller Zeiten wird dauern, die Invertierung jahrzehntelanger Fehlentwicklungen wird Jahre in Anspruch nehmen. Das genaue Ausmaß und den genauen Ablauf kennt vorher niemand, beides wird, sofern vorhanden, von der

Weisheit und der Besonnenheit der politischen Entscheidungsträger abhängen. Am Ende wird eine deutliche Entschuldung stehen – alles Übrige wäre nur ein Zwischenstand. Wirtschaft und Gesellschaft können dann wieder aufatmen und in aller Frische neu beginnen. Künftige Generationen werden sich über den Leichtsinn wundern, mit dem wir in die Größte Blase aller Zeiten gerutscht sind. Bis sie die nächste Mega-Blase schaffen – oder auch nicht!

Die größte Chance aller Zeiten

Marc Friedrich

Wir sind inmitten einer historischen Zeitenwende – weltweit! Wirtschaft, Politik, Gesellschaft. Nichts wird so bleiben, wie es war. Wir stehen vor großen Verwerfungen und dem größten Vermögenstransfer in der Geschichte der Menschheit. Krisen sind aber auch Chancen: Jetzt werden Vermögen auf Generationen gemacht oder vernichtet.

Der fünffache *Spiegel*-Bestsellerautor Marc Friedrich zeigt mit seinem Buch, wie jeder für sich und wir als Menschheit die Krise als einmalige Chance nutzen können. Gekonnt kontrovers, realistisch und verständlich wirft er einen Blick auf die Welt und offenbart, dass nichts mehr so sein wird wie zuvor.

m-vg.de/qr/bLvtT

384 Seiten | Hardcover | 22,00 € (D) | ISBN 978-3-95972-457-9

Die Prinzipien des Wohlstands

Moritz Hessel, Florian Homm

Dieses Buch lehrt die Essenz aus über vier Jahrzehnten Hedgefonds-Wissen. Es ist das einzige Buch, das Sie jemals lesen müssen, um in jeder Marktlage Geld zu verdienen. Hedgefonds-Legende und Ex-Milliardär Florian Homm und Portfoliomanager Moritz Hessel setzen auf »Total Return« – sprich: positive Ergebnisse unabhängig von Marktrenditen erzielen, wie sie auch bei den obersten 1 Prozent der Finanzelite zur Anwendung kommen. Setzen Sie den Grundstein für Ihre finanzielle Freiheit. Die Geheimnisse der reichen, glücklichen und erfolgreichen Menschen, inspirierend und praxisnah vermittelt.

m-vg.de/qr/bLvvR

464 Seiten | Hardcover | 25,00 € (D) | ISBN 978-3-95972-567-5